CUIDAR DA JUSTIÇA DE CRIANÇAS E JOVENS

A FUNÇÃO DOS JUÍZES SOCIAIS

ACTAS DO ENCONTRO

CÂMARA MUNICIPAL DO PORTO
FUNDAÇÃO PARA O DESENVOLVIMENTO
SOCIAL DO PORTO

UNIVERSIDADE CATÓLICA
PORTUGUESA
FACULDADE DE DIREITO DO PORTO

CUIDAR DA JUSTIÇA DE CRIANÇAS E JOVENS

A FUNÇÃO DOS JUÍZES SOCIAIS

ACTAS DO ENCONTRO

TÍTULO:	CUIDAR DA JUSTIÇA DE CRIANÇAS E JOVENS A FUNÇÃO DOS JUÍZES SOCIAIS. ACTAS DO ENCONTRO
Coordenação Científica:	MARIA CLARA SOTTOMAYOR
Coordenação Técnica:	ANTÓNIO LUÍS MESQUITA DA SILVA
Equipa Técnica:	ANA ISABEL FONSECA/LEONÍDIA DA COSTA FERNANDES
DESIGN:	JOÃO BORGES
EDITOR:	LIVRARIA ALMEDINA – COIMBRA www.almedina.net
LIVRARIAS:	LIVRARIA ALMEDINA ARCO DE ALMEDINA, 15 TELEF. 239851900 FAX 239851901 3004-509 COIMBRA – PORTUGAL livraria@almedina.net LIVRARIA ALMEDINA ARRÁBIDA SHOPPING, LOJA 158 PRACETA HENRIQUE MOREIRA AFURADA 4400-475 V. N. GAIA – PORTUGAL arrabida@almedina.net LIVRARIA ALMEDINA – PORTO R. DE CEUTA, 79 TELEF. 222059773 FAX 222039497 4050-191 PORTO – PORTUGAL porto@almedina.net EDIÇÕES GLOBO, LDA. R. S. FILIPE NERY, 37-A (AO RATO) TELEF. 213857619 FAX 213844661 1250-225 LISBOA – PORTUGAL globo@almedina.net LIVRARIA ALMEDINA ATRIUM SALDANHA LOJAS 71 A 74 PRAÇA DUQUE DE SALDANHA, 1 TELEF. 213712690 1050-094 LISBOA atrium@almedina.net LIVRARIA ALMEDINA – BRAGA CAMPUS DE GUALTAR, UNIVERSIDADE DO MINHO, 4700-320 BRAGA TELEF. 253678822 braga@almedina.net
EXECUÇÃO GRÁFICA:	G.C. – GRÁFICA DE COIMBRA, LDA. PALHEIRA – ASSAFARGE 3001-453 COIMBRA E-mail: producao@graficadecoimbra.pt OUTUBRO, 2003
DEPÓSITO LEGAL:	200926/03

Toda a reprodução desta obra, por fotocópia ou outro qualquer processo, sem prévia autorização escrita do Editor, é ilícita e passível de procedimento judicial contra o infractor.

DISCURSO DE ABERTURA

Prof. Doutor Francisco Carvalho Guerra

É com o maior Prazer e Alegria, que juntamente com o Senhor Presidente da Câmara do Porto, Dr. Rui Rio, intervenho nesta sessão de abertura. Esse prazer e essa alegria advêm, em primeiro lugar pelo tema escolhido para este encontro: "Cuidar da Justiça de Crianças e Jovens – A função dos Juizes sociais" – e em segundo lugar, porque a Universidade Católica e a Câmara dão as mãos para de algum modo prevenirem perigos, ajudarem na resolução de problemas e promoverem mais e melhor protecção às crianças e aos jovens.

Cumprimento e agradeço na Pessoa do Senhor Presidente da Câmara do Porto, esta iniciativa tão louvável e tão necessária nas nossas cidades.

Cumprimento e agradeço ainda os palestrantes, quer do Porto quer de fora, a devoção e carinho com que se dispuseram a colaborar neste encontro ao qual auguro o maior sucesso.

A todos, muito obrigado em nome da Universidade Católica e em meu nome pessoal.

DISCURSO DE ABERTURA DO ENCONTRO
"CUIDAR DA JUSTIÇA DE CRIANÇAS E JOVENS – A FUNÇÃO DOS JUÍZES SOCIAIS"
NA UNIVERSIDADE CATÓLICA

Senhor Presidente do Centro Regional do Porto da Universidade Católica
Portuguesa
Senhores magistrados e demais entidades académicas
Senhor Vice – Presidente da Câmara Municipal do Porto
Minhas Senhoras e meus Senhores,

Quero começar esta minha breve intervenção saudando a Universidade Católica, na pessoa do Presidente do Centro Regional do Porto, Exmo. Senhor Professor Doutor Francisco Carvalho Guerra, e agradecendo desde já a total disponibilidade que esta instituição demonstrou para participar, promover e acolher, juntamente com a Câmara Municipal do Porto, este Encontro subordinado ao tema "Cuidar da Justiça de Crianças e Jovens – A Função dos Juízes Sociais".

De facto, esta prestigiada Universidade tem contribuído de forma inestimável para a promoção da investigação e do ensino superior, bem como da cultura e da formação em geral. É pois este importante papel que tem vindo a desempenhar junto da sociedade portuguesa, em geral, e da sociedade portuense, em particular, que merece ser aqui referido e realçado pelo Presidente da Câmara Municipal do Porto.

Sinónimo daquilo que acabo de referir é a participação da Faculdade de Direito da Universidade Católica Portuguesa na organização deste evento. É notório o envolvimento do Centro Regional do Porto da Universidade Católica na construção da sociedade e no desenvolvimento da região onde se encontra inserida. O facto de hoje em dia este mesmo Centro contar com mais de 12 Licenciaturas, formando cidadãos para desempenharem as mais diversas funções na comunidade, representa um activo imprescindível para a Cidade do Porto e para Portugal. É opinião consensual de que todos os alunos que aqui tiraram a sua licenciatura são reconhecidos como tendo passado pelos bancos de uma Universidade que prima por um ensino de excelência. Não sou só eu que o digo, é a sociedade que amplamente o reconhece.

Feita esta incontornável referência cumpre-me proferir algumas apreciações quanto ao tema deste Encontro. A figura do Juiz Social para os Tribunais de Família e Menores foi instituída pela Lei n.º 156/78, de 30 de Junho. O objectivo principal da instituição dos Juízes Sociais é, como afirma o legislador no preâmbulo daquele diploma legislativo, procurar "(...) fundamentalmente trazer a opinião pública até aos tribunais e levar os tribunais até à opinião pública".

O legislador apercebeu-se, já em 1978, daquele que viria a ser um dos temas fulcrais do nosso mundo actual: a influência da opinião pública sobre o poder judicial. Mas, diga-se, que contrariamente àquilo que se possa pensar, esta influência nem sempre é perversa. Sinónimo disso é a função que deverão desempenhar os Juízes Sociais. Na verdade, quando estamos a tratar de crianças e adolescentes, como acontece, entre outras matérias, nos Tribunais de Família e Menores, a participação da sociedade civil na administração da justiça pode tornar-se de particular importância se atendermos ao facto de que a interacção, a troca de experiências e mesmo o sentir e o pulsar do "meio ambiente" que rodeia o menor que, de uma forma ou de outra, vai ser objecto de uma decisão judicial, torna esta mesma decisão mais conforme com a realidade e, portanto, mais justa e humana sob todos os pontos de vista.

A este propósito das decisões mais justas e, portanto, de uma melhor justiça, é importante não perder de vista que numa sociedade democrática os cidadãos tem crescentes exigências relativamente à efectiva tutela dos seus direitos, liberdades e garantias. A consolidação da democracia em Portugal proporcionou a aquisição de uma consciência relativamente àquilo que são os direitos dos cidadãos. Mas, como se pode verificar ao longo dos últimos anos, assistiu-se a uma incapacidade de responder com eficiência, pelos mais diversos motivos, ao crescimento exponencial das solicitações da sociedade e do consequente acréscimo de litigância.

O sistema judicial tem de ser o sustentáculo, o elemento charneira, dos direitos dos cidadãos e não, como se verifica actualmente, um obstáculo ao exercício desses mesmos direitos. Sem celeridade, eficácia, agilidade e efectividade não pode haver uma verdadeira justiça. Direi mesmo que é o próprio regime democrático que está em causa quando a justiça não funciona.

Minhas Senhoras e meus Senhores,

A Justiça tem que ser claramente protectora daqueles que são os elos mais frágeis da nossa sociedade entre eles, as crianças e os adolescentes. Mas, mais do que isso, é necessário falar de Justiça Social em que a igualdade de oportunidades para todos se deve tornar uma realidade. A nossa sociedade é tremendamente desigual o que, aliás, se tem vindo a agravar com o decorrer dos anos. É, pois, fundamental lutar contra a pobreza e contra as assimetrias sociais conseguindo arranjar instrumentos que permitam uma redistribuição equitativa e justa dos activos de que dispomos.

Sabemos hoje que desemprego, pobreza e crime são fenómenos que se encontram inelutavelmente associados. Necessitamos de prestar uma especial atenção às políticas de prevenção que favoreçam a socialização e a integração eficaz de todas as crianças e jovens, particularmente através da família, da comunidade e da escola. É aqui que assume particular papel a dialéctica entre aqueles que administram a justiça e a sociedade civil.

Na verdade os interesses das crianças e dos mais jovens devem ser o princípio orientador que se encontra por detrás de todos os procedimentos e sistemas de justiça que os afectam. A protecção e promoção dos direitos fundamentais quer das crianças quer dos mais jovens deve ser, sem margem para dúvidas, a preocupação central de qualquer actividade desenvolvida neste sector.

Daí a importância da concreta instituição de figuras jurídicas como são os Juízes Sociais. A intervenção das Câmaras Municipais na escolha e nomeação destes colaboradores da justiça, que apesar de não serem Juízes de Direito são uma espécie de pontas de lança da sociedade junto dos Tribunais, uma espécie de consciência crítica dos Senhores Magistrados Judiciais, pode assumir uma importância que hoje, reconhecidamente, ainda não têm. Por este ou aquele motivo, perfeitamente atendível e, direi mesmo, até humano, os Tribunais vão-se alheando desta ou daquela realidade, e até ganhando uma certa insensibilidade para determinado tipo de questões que, com a intervenção da tal consciência crítica, terão menos probabilidade de ocorrerem ou, pelo menos, poderão ser fortemente atenuados.

Por outro lado levar os cidadãos a participarem activamente na tomada de decisões promove uma aproximação entre a sociedade e a administração judicial que nestes últimos tempos tão alheadas uma da outra têm andado. A comunidade está – com razão – inquieta com a actual situação.

Espero pois que iniciativas como esta não constituam um oásis no meio de um deserto e que seja possível continuar a discutir e a debater, com a participação dos cidadãos, problemas não só relacionados com os mais jovens e com o sistema judicial, mas também relacionados com tudo aquilo que possa influenciar positivamente o futuro, trazendo mais justiça social, já que ela acaba por ser no fundo o ponto de partida para tudo o resto. No que à Câmara Municipal do Porto diz respeito trata-se de um objectivo que não abdicaremos de prosseguir.

Faço, assim, votos de que os trabalhos que vierem a ser desenvolvidos por todos os participantes deste Encontro sejam profícuos, permitindo alcançar os objectivos pretendidos.

Muito obrigado.

1.º PAINEL
**AS CRIANÇAS E OS JOVENS EM PERIGO,
A FAMÍLIA E A COMUNIDADE**

O PODER PATERNAL COMO CUIDADO PARENTAL E OS DIREITOS DA CRIANÇA

MARIA CLARA SOTTOMAYOR

> *We are people too and shouldn't be treated like low-lifes just because we are younger. I think kids deserve the same sort of respect that we are expected to give to so-called adults.**

A história e a criança como pessoa

As crianças são o futuro da humanidade. São pessoas. Pensam, sentem e sofrem. São os membros mais fracos da sociedade humana e por isso, os mais abusados e os que têm menos voz. As crianças não trabalham nem pagam impostos, por isso são vistas como um encargo dos adultos, que julgam ter poder sobre elas.

Falar dos direitos da criança é, antes de mais, reconhecer à criança o estatuto de pessoa, titular de direitos fundamentais e vê-la, no espaço social, como uma *pessoa* dotada de sentimentos, necessidades e emoções, que em muitos aspectos se assemelham aos dos adultos. A fragilidade e a dependência não esgotam a imagem social

---

* Palavras de uma adolescente do sexo feminino citadas *in* MORROW, Virginia, *We are people too: Children's and young people's perspectives on children's rights and decision making in England*, The International Journal of Children's Rights, vol. 7, n.º 2, 1999, p. 167.

da criança. Esta, embora precise do apoio e da protecção dos adultos para se desenvolver, também dispõe de capacidade de autonomia e de auto-determinação, de acordo com a sua maturidade[1] e não deve ser educada para a submissão ao adulto. Daí que os modelos de justiça de crianças devam ter em conta a criança e o jovem como actores sociais, portadores de uma perspectiva própria sobre as decisões que lhe dizem respeito.

Este sentimento de infância e a concepção da criança como pessoa, embora pareçam uma evidência, que de tão verdadeira nem precisaria de ser afirmada, são recentes na história da humanidade e não foram, ainda, assimilados pela sociedade e pela cultura.

A história do direito ensina-nos que as crianças, na antiguidade, na Mesopotâmia, eram objecto de autoridade absoluta do pai, que tinha o poder de vida ou de morte sobre os filhos, podia dar as suas filhas em casamento em troca do preço da noiva mesmo durante a infância desta ou consagrá-las a uma vida de virgindade no templo[2]. Um homem podia, ainda, oferecer a sua mulher, concubinas e filhos como garantias das suas dívidas e no caso de falta de pagamento, estas podiam ser transformadas em escravas[3].

O direito romano, que constituiu a base do direito europeu, concedia também ao *paterfamilias* um direito de vida ou de morte sobre os filhos, um direito de venda e um direito de exposição, regime gradualmente suavizado devido à influência do cristianismo e a mudanças sociais e económicas. Esta tradição patriarcal tem também raízes religiosas. Basta pensarmos no Antigo Testamento e no facto de os Dez Mandamentos consagrarem o dever dos filhos honrarem pai e mãe, omitindo qualquer referência a um dever dos pais educarem, alimentarem e cuidarem dos seus filhos.

---

[1] Sobre os casos em que a lei reconhece ao menor capacidade de decisão vide OLIVEIRA, Guilherme de, *O acesso dos menores aos cuidados de saúde*, RLJ, Ano 132.º, 1999, n.º 3898, pp. 16-17.

[2] Cfr. LERNER, Gerda, *The Creation of the Patriarchy*, New York, 1986, p. 89.

[3] *Idem* p. 89.

Lembremos, ainda, que nas sociedades pré-industriais, as crianças eram tratadas como adultos em miniatura e começavam a trabalhar aos 6-7 anos, nas fainas agrícolas e domésticas. A demografia da época, caracterizada por altas taxas de fecundidade e de mortalidade infantil, enfraquecia os vínculos afectivos entre pais e filhos.

Foi no século XVII, mesmo antes das alterações demográficas, que se atribuiu uma importância nova à personalidade da criança, devido a uma mais profunda cristianização dos costumes e ao surgimento do sentimento moderno de infância e de escolaridade, criado por moralistas e educadores[4]. Neste contexto, a burguesia urbana do século XVIII concebeu uma nova maneira de olhar a infância, considerando a criança como um ser merecedor de carinho e de protecção[5].

A classificação, pelo direito, da criança como sujeito de direitos remonta ao movimento individualista do século XIX e à teoria geral do direito elaborada por Savigny, a qual constituiu a base da ciência jurídica da família romano-germânica do direito. Contudo, esta qualidade de sujeito era considerada uma mera técnica de participação no tráfico jurídico e não implicava o reconhecimento da dignidade de pessoa humana.

O sistema patriarcal de sociedade e de família inspirou o movimento moderno de codificação, originado no século XIX, o qual manteve a estrutura hierárquica da família e a concepção do poder paternal como um poder de domínio do pai em relação aos filhos, desempenhando a mãe uma função meramente consultiva. Este regime durou até às reformas dos códigos civis, que nos países europeus congéneres do nosso, se realizaram na década de 70 e de 80 do século XX.

---

[4] Cfr. ARIÈS, P., *A criança e a vida familiar no Antigo Regime*, Tradução portuguesa, Paris, 1973, p. 7 e p. 212.

[5] Cfr. ALMEIDA, Ana N./ANDRÉ, Isabel Margarida/ALMEIDA, Helena N, *Sombras e marcas: os maus tratos às crianças na família*, Análise Social, Vol. XXXIV, 1999, pp. 93-94.

O século XX, após a experiência de violação dos direitos humanos praticada durante a segunda guerra mundial, trouxe a *Declaração Universal dos Direitos do Humanos* de 1948, a qual é aplicável às crianças como pessoas. Contudo, a comunidade internacional sentiu que era importante contemplar *os direitos das crianças,* em documentos internacionais especiais, reconhecendo a especificidade destas, que reside na sua fragilidade e dependência, assim como no seu processo de desenvolvimento em direcção a uma progressiva autonomia.

No Direito Internacional, a criança foi pela primeira vez objecto de preocupação dos Estados, no período pós-Guerra, na Declaração de Genéve de 1924, que continha cinco princípios que acentuavam o bem-estar das crianças, o seu normal desenvolvimento, alimentação, saúde e protecção contra a exploração. Mas foi em 20 de Novembro de 1959, que as Nações Unidas declararam, pela primeira vez, os direitos das crianças, na Declaração de 1959. Neste documento, a criança era vista como objecto de preocupação e de uma política social de protecção, mas não como uma pessoa autónoma, capaz de decidir o seu próprio destino. Foi a Convenção Internacional dos Direitos da Criança de 1989 que, pela primeira vez, reconheceu à criança capacidade de auto-determinação e direito a participar e a ser ouvida em todos os processos que lhe digam respeito. Por último, temos a Convenção Europeia sobre o exercício dos direitos das crianças de 1996, a qual não consiste numa enumeração dos direitos das crianças, mas num programa de promoção dos direitos das crianças à informação e à participação nos processos que a afectem, por exemplo, a fixação de residência e o direito de visita, prevendo-se, ainda, o direito da criança nomear um representante sempre que os seus interesses estejam em conflito com os interesses dos pais.

No seguimento da evolução da consciência jurídica em relação ao valor das crianças como pessoas, o modelo de protecção de crianças adoptado em Portugal, deixou, com a reforma de 1999 (DL 142//99, de 1 de Setembro) de ser um modelo autoritário, em que o Estado define unilateralmente o interesse da criança, mas um modelo participativo, em que a criança tem o direito a que a sua perspectiva seja ponderada nas decisões que a afectam, quer no processo tutelar educativo quer no processo cível[6].

Contudo, se considerarmos a situação real das crianças, durante o século XX, designado como o século da criança, por ser a época em que as leis e a sociedade mais se preocuparam com as crianças, verificamos que a infância como a *idade do ouro*, caracterizada pela inocência, pela felicidade ou pela protecção e segurança, é um mito. As crianças continuam a ser tratadas como objecto ou propriedade dos pais, a viver na pobreza, sem lar nem segurança social e abusadas sexualmente por aqueles encarregados de cuidar delas.

Traçando um panorama do que foi o século XX para as crianças, verificamos que talvez nunca, como hoje (embora os dados do passado sejam difíceis de obter), os seus direitos foram violados, precisamente no século que os reconheceu em documentos internacionais. O século XX foi o século do Holocausto, que exterminou milhões de crianças, dos sistemas totalitários, da venda de crianças para escravatura em África, da morte de crianças no Iraque devido aos boicotes económicos do Ocidente, que impede a chegada de medicamentos; o século do racismo, das duas grandes guerras e outros conflitos, particularmente, em África, em que as crianças são guerreiras e agridem outras crianças até à morte; o século do fenómeno das crianças de rua, da discriminação das crianças deficientes, as mais vulneráveis ao abuso físico e sexual, o século da descoberta do abuso institucional e do abuso sexual de crianças, que data das décadas de 80 e 90; e ainda, nos últimos 20 anos, o flagelo das crianças afectadas por sida. O século XX foi também o século em que a sociedade internacional despertou para as práticas discriminatórias contra as crianças do sexo feminino[7], como a violação, a prosti-

---

[6] Cfr. GERSÃO, Eliana, *As novas leis de protecção de crianças e jovens em perigo e a tutela educativa Uma reforma adequada aos dias de hoje*, Infância e Juventude, n.º 2, 2000, pp. 9 e ss.

[7] Sobre a discriminação do género das crianças do sexo feminino, em especial o caso das violações contra adolescentes Palestinianas, o padrão sócio--cultural do medo da violação e o problema do abuso do género durante as guer-

tuição forçada, o tráfico, os casamentos forçados, a mutilação genital e o homicídio de crianças do sexo feminino recém-nascidas, na China.

A estratégia de conceder direitos às crianças para combater a violência e o desrespeito pela sua dignidade como pessoas, se, por um lado, apresenta uma inegável força retórica e valor simbólico, contém também o perigo de obscurecer a situação real das crianças. Não é, portanto, nem um veículo perfeito nem o único, devendo ser completada por estratégias sociais e culturais, por um compromisso dos Estados e das sociedades na aplicação dos seus recursos no apoio à família e no combate ao crime sexual organizado contra as crianças e pela criação de estruturas que permitam o exercício efectivo dos direitos e a sua execução. Seria o caso, por exemplo, de um Tribunal internacional para crianças que funcionasse através do modelo de petição individual como o Tribunal Europeu dos Direitos Humanos e que permitiria às crianças, pedir a condenação do seu Estado pela violação dos seus direitos fundamentais[8].

O sistema de protecção de crianças e jovens e os maus tratos

No nosso país, o sistema de protecção de crianças e jovens tem detectado, sobretudo, crianças que não vêem satisfeitas as suas necessidades básicas, por carências económicas da família e falta de apoio do Estado, e crianças abandonadas. O incesto, o abuso sexual

---

ras políticas, denunciando que a pouca documentação e a escassa cobertura dos *media* se deve a dois factores: 1) o abuso de mulheres cometido por inimigos políticos não é considerado uma violação pessoal mas uma violação contra a identidade colectiva da Nação; 2) a natureza conservativa e patriarcal da sociedade que impõe que estes crimes não sejam divulgados, vide SHALHOUB-KEVORKIAN, Nadera, *Crimes of War, Culture, and Children's Rights: The Case of Female Palestinian Detainees under Israeli Military Occupation*, in DOUGLAS, Gilligan/SEBBA, Leslie, *Children Rights and Traditional Values*, Aldershot, 1998, pp. 228-248.

[8] Neste sentido, FREEMAN, Michael, *The End of the Century of the Child?*, Current Legal Problems, 2000, p. 514.

dentro de instituições e dentro da família, a violência e os maus tratos psíquicos aparecem com valores muito baixos, o que não significa que na realidade estas situações sejam tão raras como demonstram as estatísticas, mas antes que se trata de situações não detectadas pelo sistema, orientado predominantemente para a negligência económica.

Nos processos tutelares findos, em 1999, os menores maltratados ou em situações de perigo, foram no total 1359. Destes, 221 foram vítimas de maus tratos, 39 de exercício abusivo da autoridade, encontrando-se a maioria em situações de abandono ou desamparo (527) e em situações de perigo para a saúde, segurança, educação ou moralidade (572).

Os casos que todos os anos chegam às comissões de protecção de crianças e de jovens referem-se, principalmente, a crianças vítimas de abusos físicos, negligência ou em risco grave por falta de condições educacionais e financeiras da família. Os pais das crianças são geralmente analfabetos ou com um nível baixo de educação, sem habilitações profissionais, normalmente com problemas de saúde física ou mental, alcoolismo ou toxicodependência, vivem em casas sem condições de habitabilidade, num nível muito abaixo da linha da pobreza, não podendo prestar aos filhos cuidados básicos de alimentação, saúde e de higiene[9]. Trata-se, portanto, de um problema de falta de apoio económico do Estado à família e da falta de instrução e carências educacionais dos adultos. A prevenção deste problema social reside no apoio económico à família, sobretudo, às

---

[9] Sobre os dados das Comissões de Protecção de Menores em 1996 *vide* GERSÃO, Eliana, *A Reforma da Organização Tutelar de Menores e a Convenção Sobre Os Direitos da Criança,* Revista Portuguesa de Ciência Criminal, Ano 7, 4.º, 1997, pp. 600-601. Em 1997, a tendência manteve-se idêntica, predominando os casos de negligência, o desamparo e outras situações de perigo. Quanto às medidas adoptadas a generalidade das comissões recorre ao acompanhamento, mantendo o menor inserido na família biológica, tendo os valores da colocação institucional passado para segundo lugar. Cfr. INFANTE, Fernanda, *Comissões de Protecção de Menores, Síntese dos Relatórios de Actividade,* Ano de 1997, Lisboa, 1998.

famílias monoparentais, na educação parental e na educação dos futuros cidadãos.

Os dados existentes sobre violência doméstica contra as mulheres, criminalidade familiar que mais visibilidade tem, neste momento, devido à acção dos movimentos feministas, demonstram que há uma forte relação entre a violência doméstica contra as mulheres e o abuso das crianças. Estas, para além de serem vítimas directas de violência, intencionalmente ou por acidente, enquanto tentam defender a mãe, são necessariamente, nos contextos de violência conjugal, *vítimas indirectas* de violência[10]. A violência contra a mãe é uma forma de abuso psicológico das crianças[11]. O facto de os filhos assistirem ou meramente se aperceberem da violência conjugal provoca, nestes, problemas comportamentais, psíquicos e físicos, como doenças psicossomáticas, regressão de desenvolvimento, sono agitado, insónias, nervosismo crónico, depressão, pesadelos, comportamento agressivo, insucesso escolar, isolamento e baixa auto-estima[12].

---

[10] Sobre as vítimas indirectas de violência *vide* GONÇALVES, Rui Abrunhosa, Prefácio ao trabalho de SANI, Ana Isabel, *As crianças e a violência,* Braga, 2002, p. 14: "E o que é que será pior? Ser-se vítima de violência directa ou assistir a ela na pessoa de alguém a quem muito queremos?". Para uma análise do estado da questão na investigação científica *vide* SANI, Ana Isabel, *As crianças e a violência, ob. cit.,* pp. 38-50.

[11] Cfr. SANI, Ana Isabel, *As crianças e a violência, ob. cit.,* pp. 38-39.

[12] Cfr. MORLEY, Rebecca, *Is Law Reform a Solution To Domestic Violence? A Look At Recent Family Law Reform On Protection From Domestic Violence,* in SOTTOMAYOR, M. C./TOMÉ, M.J., *Direito da Família e Política Social,* Porto, 2001, p. 207 e PARKINSON, Patrick/HUMPHREYS, Catherine, *Children who witness domestic violence – the implications for child protection,* Child and Family Law Quarterly, Volume 10, n.º 2, 1998, pp. 147-159.

O abuso sexual de crianças e jovens

> *I was not sexually abused. Yet I was sexually abused. We were all sexually abused. The images and attitudes, the reality we breathe in like air, it reaches us all. It shapes and distorts us, prunes some of our most tender, trusting, lovely and loving branches. We learn that this is who a woman is. This is what men think of women. This is what we are taught to think about ourselves.* *

O abuso sexual representa um valor residual dentro dos casos denunciados às Comissões de Protecção. Pensa-se que as estatísticas não reflectem a realidade e que a violência e o abuso sexual de crianças, dentro da família, continuam escondidos. Verifica-se, em relação a este fenómeno, uma abstenção de intervenção formal, por razões mal conhecidas e pouco investigadas[13] mas que devem estar ligadas à forma como a sociedade e, em particular, os adultos que lidam com a criança, percepcionam o abuso. Por um lado, a natureza privada da vida familiar tende a legitimar uma representação da criança que a encara como propriedade exclusiva dos pais, por outro lado, as crianças muitas vezes não contam o abuso, por medo de represálias do pai ou por sentimentos de culpabilidade em relação a uma futura prisão do pai, ou ainda devido à generalizada falta de crédito na comunicação infantil, assim como a uma visão da criança como alguém que seduziu[14].

---

* E. BASS & L. THORNTON, eds., *I Never Told Anyone*, New York, 1983, p. 53.

[13] Cfr. BELEZA, Teresa Pizarro, *Nota prévia ao texto de Nelson Lourenço e Maria João Leote de Carvalho*, in LOURENÇO, N./CARVALHO, M. J., *Violência Doméstica: Conceito e Âmbito. Tipos e Espaços de Violência,* Themis, ano II, n.º 3, 2001, p. 95.

[14] Cfr. ALBERTO, Isabel, in CARMO, Rui do/ALBERTO, I./GUERRA, P., *O Abuso Sexual de Menores, Uma Conversa Sobre Justiça Entre o Direito e a Psicologia,* Coimbra, 2002, pp. 75-76, designando o silenciamento da criança por síndroma do secretismo. Referindo-se à forma como alguns juízes, em Inglaterra, na década de 80, trivializavam o abuso sexual de crianças e consideravam as vítimas como participantes no abuso, vide FREEMAMN, Michael, *The moral status of children, Essays on the Rights of the Child,* 1997, p. 296.

O sofrimento das crianças é um *sofrimento silenciado*[15] pela indiferença dos adultos e pela menorização social dos seus sentimentos e da sua capacidade de sofrer. A cultura do silêncio é uma forma de opressão e um sinal de falta de poder, fenómeno que não é criado pela criança mas antes pela sociedade em que ela está inserida e que não se quer denunciar a si mesma. O silêncio das crianças é o fruto de uma responsabilidade colectiva que a sociedade não quer assumir, preferindo encobrir a violência sexual de que estas são vítimas.

A desmistificação deste silêncio pode ser realizada através de uma educação dos adultos e das crianças e daí, a importância de políticas preventivas, como a educação parental e a educação sexual das crianças e dos jovens[16].

Para que os jovens aprendam a dizer não a relações sexuais desiguais e abusivas e aprendam a denunciar os crimes e os abusos de que são vítimas, é necessário ensinar-lhes *a que é que hão-de dizer não*[17], transmitir-lhes uma sexualidade baseada no respeito pelo outro e por si mesmo e dirigida à comunicação de sentimentos, de afecto e de emoções, o que não significa impôr morais, pois a sexualidade não é uma realidade meramente orgânica mas inclui a pessoa humana no seu todo.

---

[15] Expressão de ELZA PAIS referida em LOURENÇO, N./CARVALHO, M. J., *Violência Doméstica... ob. cit.,* p. 107.

[16] Afirmando como a educação sexual não é meramente motivada pela preocupação com o bem-estar das crianças, mas simultaneamente relacionada com as preocupações, ansiedades e projecções dos adultos, em relação a uma particular forma de ordem social e sexual, quer da parte dos conservadores quer da parte dos progressistas, e que, ensinar de forma reflectida sobre questões sexuais, é aceitar mudanças em si mesmo, *vide* MONK, Daniel, *Health and Education: Conflicting Programmes for Sex Education,* in *Of Innocence and Autonomy, Children, Sex and Human Rights,* Edited by ERIC HEINZE, London, 2000, p. 190.

[17] Cfr. FREEMAN, Michael, *The moral status of children, Essays on the Rights of the Child,* The Netherlands, 1997, p. 297.

Em relação ao abuso sexual de crianças, a investigação demonstra que o padrão mais comum é o sexo masculino do agressor e o sexo feminino da vítima. A maioria dos criminosos são homens e a maioria das vítimas são do sexo feminino, factor interpretado como a expressão de uma cultura sexual patriarcal assente na desigualdade entre o homem e a mulher, na relação hierárquica entre o adulto e a criança e na visão da criança como um objecto[18]. A descoberta de uma relação entre o crime e o sexo do agressor, omitido pelas primeiras investigações realizadas neste domínio, sem que se detectasse nos agressores qualquer patologia ou doença, permitiu concluir que as causas do crime residem na construção cultural da sexualidade masculina assente na eliminação da emotividade, na agressão e procura de poder sobre os outros e na atracção pelos vulneráveis[19]. A construção do abuso sexual, como uma inevitabilidade biológica ou como casos excepcionais e patológicos, revelou-se falsa.

A dificuldade no despertar da sociedade e das ciências sociais e jurídicas para este problema explica-se pelo facto de nas representações culturais, o abuso sexual de crianças ser considerado um vício dos pobres, ligado à baixa inteligência e à promiscuidade provocada por más condições de habitação[20], em que tanto o agressor como a vítima são vistos como culpados. Por outro lado, a concepção da infância como uma fase da vida caracterizada pela insignificância e resiliência, acompanhada da crença numa recuperação rápida da criança, contribuiu para a desvalorização e trivialização do abuso no discurso social, em contraposição aos autores do crime, homens vistos como mais importantes para a sociedade[21]. Neste contexto, seria importante que o ensino universitário do direito des-

---

[18] Cfr. FREEMAN, M., *The moral status of children... ob. cit*, pp. 266-267; pp. 274-276.
[19] Cfr. FREEMAN, M., *The moral status of children... ob. cit.*, p. 275.
[20] Cfr. FREEMAN, M., *The End of the Century of the Child?, ob. cit.*, p. 529.
[21] Cfr. SMART, C., *A History of Ambivalence and Conflict in the Discursive Construction of the Child Victim of Child Sexual Abuse*, Social and Legal Studies, volume 8, 1999, p. 403.

mistificasse estas concepções, pois caso os tipos legais de crime sejam estudados somente na perspectiva normativa, perpetuam-se, na consciência dos futuros juristas, estes preconceitos, devido a um discurso jurídico que é positivista, conceitual e frio. O problema do abuso sexual de crianças e jovens não pode ser estudado ou explicado como um problema técnico-jurídico, girando à volta dos factos ou actos, requisitos do tipo legal, mas como um problema humano, que exige a colaboração das outras ciências sociais, e que exige, sobretudo, sensibilidade, respeito e amor pelas vítimas.

O abuso sexual de crianças, apesar de recentemente descoberto, não é de forma alguma um problema marginal em termos quantitativos. Em Portugal, assim como na maioria dos países da Europa, não há dados fiáveis, porque a sociedade só recentemente despertou para este problema, o qual permanece escondido. Sabe-se, contudo, segundo dados da Procuradoria Geral da República, que, em 2001, num universo de 275 processos instaurados por crimes sexuais, com igual número de crimes denunciados e 293 vítimas, cerca de um terço das situações envolvem abuso sexual de crianças dentro da família, com destaque para os casos em que o denunciado é o pai, o padrasto e o avô, salientado-se que cerca de dois terços das vítimas são do sexo feminino[22].

---

[22] No sentido de os abusos sexuais envolverem como vítimas sobretudo crianças do sexo feminino, entre os 9 e os 14 anos, sendo os agressores geralmente conhecidos da criança, a maior parte das vezes, o pai ou padrasto, cfr. AMARO, Fausto, *Aspectos Socioculturais dos Maus Tratos e Negligência de Crianças em Portugal,* Revista do Ministério Público, Ano 9.º, 1988, n.º 35 e 36, p. 87. Confirmando que nos casos de abuso sexual, os agressores são geralmente familiares do sexo masculino vide GONÇALVES, Jeni Canha Alcobio Matias, *Criança Maltratada, O papel de uma pessoa de referência na sua recuperação, Estudo prospectivo de 5 anos,* Coimbra, 1997, p. 24. No mesmo sentido, na Bélgica, um estudo sobre crianças abusadas sexualmente que chegam ao Centro de Medicina Confidencial determinou que se tratava de crianças com uma idade média de 10 anos e meio, na sua maioria do sexo feminino (84%), abusadas maioritariamente por homens (90%) e que em 82% dos casos se tratava de abusos intra-familiares. As lesões físicas só surgem em 2% dos casos, a maior parte das crianças mostra sobretudo sintomas de sofrimento psicológico. Cfr. MARNEFFE,

Algumas das crianças abusadas, dentro da família, criam distância, isolamento e supressão dos sentimentos como uma defesa contra a relação incestuosa na infância, aprendem a dissociar-se dos seus corpos como um meio de se adaptarem ao abuso, sendo a forma mais extrema de dissociação, a criação de múltiplas personalidades[23]. Muitas mulheres vítimas de abuso relatam, tal como muitos sobreviventes de campos de concentração e tortura, que se separam do seu corpo para não sentirem dor, e a consequência mais devastadora do abuso sexual para a sexualidade das mulheres, acontece quando as vítimas se sentem amadas e confortadas durante o incesto[24], o que não significa, de forma alguma, uma decisão autónoma e livre ou prazer, mas uma forma de cooperar com o sofrimento.

As crianças vítimas de incesto, no momento da revelação do abuso, sofrem de depressão, problemas de comportamento, tentativas de suicídio, períodos de confusão mental e de uma cólera imensa dentro de si[25]. A longo prazo, revelam problemas de auto-estima e confiança em si próprias, de perturbações de memória e de dificuldades na vida afectiva e sexual, perturbações na vida relacional e social e angústias em relação à maternidade, provocada pelo medo de que esta esteja marcada pelo passado ou que se reproduza a mesma agressão[26], comportamentos auto-destrutivos, como tentativas de suicídio, depressão, ansiedade, sentimentos de culpa e de vergonha, maior tendência para consumo de drogas ou de álcool e uma maior vulnerabilidade à revitimização[27].

Catherine, *Les Conséquences du Passage à L'Acte Pédophile Sur L'Enfant*, in AAVV, *La Pédophilie, Approche pluridisciplinaire*, Bruxelles, 1998, pp. 103-104.

[23] Cfr. DARLINGTON, Yvonne, *Moving on, Womens Experiences of Childhood Sexual Abuse and Beyond*, 1996, pp. 7-8.

[24] Cfr. MACKINNON, C., *Toward a Feminist Theory of the State*, Harvard, 1989, pp. 146-147.

[25] Cfr. MARNEFFE, *Les Conséquences du Passage à L'Acte Pédophile Sur L'Enfant... ob.cit.*, p. 109.

[26] Cfr. MARNEFFE, *Les Conséquences du Passage à L'Acte Pédophile Sur L'Enfant... ob.cit.*, p. 109.

[27] DARLINGTON, Yvonne, *Moving on, Womens Experiences of Childhood Sexual Abuse... ob. cit.*, pp. 10-11.

A forma de interrogatório da criança vítima também é muito importante e exige muita sensibilidade dos orgãos aplicadores do direito para que não se transforme numa dupla vitimização. No direito português existe já uma lei de protecção das testemunhas vulneráveis em razão da idade, pensada precisamente para as crianças vítimas de abuso sexual. Estas podem ser escutadas mediante o recurso a teleconferência, a qual pode ser efectuada com distorção da imagem ou da voz, a fim de evitar o reconhecimento da sua identidade (art. 5.° da Lei n.° 93/99, de 14 de Julho). Estas medidas tem carácter excepcional e fundam-se no risco de intimidação da testemunha (art. 1.°, n.° 4, e art. 4.°). Trata-se, na minha opinião, de um passo evolutivo importante, no sentido de dar voz às vítimas no processo penal e de tornar juridicamente relevante o seu sofrimento e dignidade. Cabe ao tribunal a decisão, mediante uma avaliação em concreto, de acordo com os princípios da necessidade e da adequação à protecção das pessoas e à finalidade do processo (art. 1.°, n.° 4), sistema perfeitamente compatível com uma sociedade democrática[27-a].

Os entrevistadores devem ter uma formação específica em técnicas de entrevista e em psicologia infantil, para evitar as deficiências detectadas na maneira como as autoridades policiais e judiciárias recolhem o relato das crianças vítimas de abusos sexuais[28]. É importante, neste contexto, que os magistrados e a polícia tenham formação sobre o fenómeno dos abusos sexuais. Deve deixar-se a criança recordar livremente, perguntando-se apenas o que aconteceu, sem interrupções e sem se exigir que ela se recorde de datas

---

[27-a] A lei espanhola vai ainda mais longe (Lei Orgânica 14/1999) dispondo que não se praticarão testemunhos cara a cara quando as vítimas sejam menores de idade, salvo se o juiz o considere imprescindível e não lesivo para o interesse das crianças. Cfr. ALONSO PEREZ, Francisco, *Delitos contra la libertad e indemnidad sexuales (Perfectiva Juridica y Criminológica)*, Madrid, 2002, pp. 28 e 29.

[28] Cfr. SOMERS, Paule/VANDERMEERSCH, Damien, *O registo das audições dos menores vítimas de abusos sexuais: primeiros indicadores de avaliação da experiência de Bruxelas*, Tradução de Pedro Miguel DUARTE, Infância e Juventude, 1998, n.° 1, p. 102.

e de sítios[29]. Trata-se de um método que foi utilizado na Bélgica, designado por método da entrevista não dirigida ou do relato livre, segundo o qual a criança é convidada a evocar os factos de maneira livre, pelas suas palavras e ao seu próprio ritmo, e em que se evitam perguntas dirigidas ou sugestivas[30]. A audição da criança é registada em vídeo, para evitar o trauma de a criança ser obrigada a relatar o facto a várias entidades[31] e uma confrontação directa com o abusador, que gera medo e falta de liberdade na criança. A videoconferência serve também para registar as emoções, choros, silêncios, hesitações, respostas gestuais e olhares das vítimas, os quais são sempre apagados pela linguagem escrita[32]. Deve criar-se à criança um ambiente de confiança e de protecção, de forma a que ela perceba que o sistema acredita nas suas declarações; a entrevista não deve durar mais de 20/30 minutos; a criança tem o direito de se fazer acompanhar de uma pessoa da sua confiança e à audição pode assistir um psicólogo/a ou pedo-psiquiatra, encarregado/a de um exame médico-psicológico da criança[33]. Excesso de perguntas, interrogatórios intermináveis centrados na obtenção de dados e não na procura de uma solução para a família, reduzem a criança ao abuso, constituindo uma violência para esta e reflectindo a culpabilidade do inquiridor em relação à sua própria sexualidade[34]. Deve salvaguardar-se o mais possível o conforto e bem-estar psicológico da vítima, pois a sexualidade constitui uma problemática que a criança domina mal e que afecta o seu pudor e intimidade[35] e ter em conta

---

[29] Cfr. FREEMAN, M., *The moral status of Children... ob.cit.*, p. 294.

[30] SOMERS, Paule/VAN SDERMEERSCH, Damien, *O registo das audições dos menores vítimas de abusos sexuais... ob. cit.*, p. 114.

[31] *Idem*, p. 112.

[32] *Idem*, pp. 128-129.

[33] *Idem*, pp. 107-109, 112-116 e 119-121. No mesmo sentido, cfr. art. 27.º da Lei n.º 93/99, de 14 de Julho.

[34] Cfr. MARNEFFE, *Les Conséquences du Passage à L'Acte Pédophile... ob. cit.*, p. 104.

[35] SOMERS, Paule/VANDERMEERSCH, Damien, *O registo das audições dos menores vítimas de abusos sexuais... ob. cit.*, p. 133.

que, imprecisões ou contradições nas afirmações da criança não constituem sinais de mentira e que a erosão das lembranças e as dificuldades em estabelecer a sequência cronológica dos factos são normais nas crianças vítimas de abusos sexuais, sobretudo, se se tratar de abusos repetidos[36].

No direito penal português, o incesto deixou de ser crime autónomo em 1852, passando a constituir uma mera agravante especial das penas[37]. Note-se que o Código Penal de então, de tradição libe-

---

[36] *Idem*, pp. 124-125.

[37] Para uma evolução histórica do tratamento jurídico-penal do incesto e para a forma como o Código Penal tipifica e pune os abusos sexuais de crianças no contexto de relações familiares *vide* CUNHA, Maria da Conceição Ferreira da, *Breve reflexão acerca do tratamento jurídico-penal do incesto,* Revista Portuguesa de Ciências Criminais, Ano 12.º, n.º 3, 2002, pp. 343-370. O legislador português optou por não punir o incesto, criando uma multiplicidade de tipos legais de abuso sexual de crianças, com diferentes requisitos e causas de agravação das penas, conforme a idade e a relação entre o agressor e a vítima, não exigindo requisitos de consentimento em relação a menores de 18 anos, tratando-se de abusos sexuais dentro da família ou cometidos por quem tem a seu cargo a assistência ou a educação da criança. Pensamos que esta expressão, «confiança para educação ou assistência», consagrada no art. 173.º do C.P. deve ser entendida não só como uma confiança baseada na lei ou numa decisão judicial, mas também como uma confiança de facto, traduzida numa relação de dependência económica ou de facto, devido à integração da vítima numa unidade familiar. Neste sentido, cfr. CUNHA, Maria da Conceição Ferreira, *ob. cit.*, pp. 362-363. A lei deveria ser alterada neste ponto, para que não se verifiquem interpretações demasiado restritivas desta norma que deixem desprotegidos os jovens, como sucedeu no acórdão do S.T.J., de 13-11--2002, C.J., Acórdãos do Supremo Tribunal de Justiça, Ano X, Tomo III, 2002, pp. 224-227. A punição deve alargar-se não só aos casos de família fundada nos laços de sangue, de afinidade ou de adopção mas também no âmbito da família de facto, quer no âmbito do art. 173.º quer como causa de agravação, a prever no art. 177.º, n.º 1, al. a). Esta última situação não está prevista no Código Penal mas é defendida, *de iure constituendo,* por CUNHA, Maria da Conceição Ferreira de, *ob. cit.,* pp. 369-370, constituindo uma alteração importante, dado o número crescente de uniões de facto e de novas formas de família. Sobre vários estudos empíricos que demonstram que a criança do sexo feminino, filha de pais divorciados, corre um risco mais elevado (que não corre a criança do sexo masculino) de ser abusada sexualmente pelo pai, por algum membro da família reconstituída, como

ral[38], pretendia descriminalizar os crimes contra a moral, com base no princípio de que o Estado deve ser neutro e não tutelar determi-

---

o padrasto ou o companheiro da mãe, por terceiros a cuja guarda é confiada ou por algum homem estranho à família, do que as crianças que vivem com ambos os pais unidos, cfr. WILSON, Robin Fretwell, *Fractured families, fragile children, the sexual vulnerability of girls in the aftermath of divorce,* Child and Family Law Quarterly, Vol. 14, N.° 1, 2002, pp. 1-23.

[38] Para uma visão crítica do dogma liberal da separação entre direito penal e ética *vide* PATTO, Pedro Vaz, *Direito penal e ética sexual,* Direito e Justiça, Volume XV, 2001, Tomo 2, 123 e ss. Julgo, no mesmo sentido, que a necessidade de intervenção crescente do Estado na área da sexualidade para tutelar os mais fracos, corresponde a uma evolução da forma de entender a relação entre o Estado e a Sociedade que se verificou também noutras áreas do Direito. Discordo, contudo, da posição do autor relativamente à punição específica e com penas mais graves da homossexualidade com menores relativamente a actos heterossexuais (*idem* p. 144). Tendo em conta que mais de 90% dos abusadores de crianças são do sexo masculino, tal solução corresponderia a emitir um juízo de valor ético-jurídico menos grave em relação a actos sexuais praticados com crianças do sexo feminino e/ou a entender que a ofensa à integridade ou liberdade da vítima do sexo feminino é menor, o que considero inaceitável. Na mesma linha, embora aceite a posição do Autor quanto à relevância ética do bem jurídico tutelado pelas normas penais que punem os crimes sexuais, não estou de acordo com a ideia expressa pelo Autor, segundo a qual a homossexualidade seria objecto de uma maior reprovação ética. Julgo que a ética sexual tutelada penalmente é uma ética de liberdade e de respeito pela dignidade da pessoa humana como um fim em si, que censura a instrumentalização ou a coisificação da pessoa humana no domínio da sexualidade. A reprovação ética do direito penal deve dirigir-se à violência e ao abuso, independentemente da orientação sexual. Considerar que a orientação sexual do agressor tem relevância ético-jurídica significa admitir que o facto estatístico de a heterossexualidade ser mais comum, torna, de alguma forma, mais *natural,* o abuso ou a violência heterossexual, quando comparado com o abuso de natureza homossexual. No mesmo sentido, afirmando que a maior frequência estatística da heterossexualidade até podia levar à necessidade social de punir mais a violência ou o abuso heterossexual *vide* BELEZA, Teresa Pizarro, *Sem sombra de pecado. O Repensar dos Crimes Sexuais na Revisão do Código Penal, in* Jornadas de Direito Criminal, Revisão do Código Penal, I Volume, Centro de Estudos Judiciários, Lisboa, 1996, p. 181.

nadas morais[39]. Contudo, a recente descoberta do abuso sexual de crianças e jovens, dentro da família, conduziu o legislador, e prova-

---

[39] O século XIX foi a época do advento do liberalismo e do individualismo, mas foi também o século que, cobrindo a família com o manto da *privacidade*, criou imunidades jurídicas e sociais aos agressores das mulheres e das crianças dentro da família, as quais subsistem até aos nossos dias na mentalidade das pessoas e do orgãos aplicadores do direito. Cfr. SIEGEL, Reva B., *The Rule of Love: Wife Beating as Prerrogative and Privacy,* The Yale Law Journal, volume 105, n.º 8, 1996, pp. 2117-2207. A utilização do liberalismo para determinar as fronteiras entre a criminalização e a descriminalização, na área do comportamento sexual, revelou-se, após a década de 80 do século XX, com a descoberta do abuso sexual de crianças e jovens, do assédio sexual contra as mulheres e das violações dentro do casamento, desajustada da realidade. O liberalismo concebe a pessoa humana como um ser abstracto e desligado da sua inserção cultural e social. No contexto de uma sociedade sexista, de domínio masculino *implícito*, como são as nossas sociedades, a fim de garantir a igualdade de facto entre os sexos, é importante punir o assédio sexual, proposta que foi rejeitada pela Comissão Revisora do Código Penal, em 1993 (cfr. sobre este ponto BELEZA, Teresa Pizarro, *Sem sombra de pecado... ob. cit.,* p. 164) e a pornografia, a qual difunde uma sexualidade baseada na subordinação da mulher e na violência. Sobre a necessidade de punir a pornografia como forma de garantir a igualdade entre os sexos vide MACKINNON, C., *Towards a Feminist Theory of the State,* Harvard, 1989, pp. 139-140. No mesmo sentido, com base na danosidade social da pornografia traduzida no perigo de servir de incentivo à prática de crimes sexuais contra crianças vide PATTO, Pedro Vaz, *Direito penal e ética sexual, ob. cit.,* p. 140. Confirmando a ligação entre pornografia e crimes sexuais vide RUSSELL, Diana E. H., *Sexual Exploitation,* 1984, pp. 125-126, *in* MACKINNON, C., *Sex Equality,* New York, 2001, p. 1557 (40,9% de uma amostra etnicamente estratificada de 198 mulheres que tinham sido violadas, revelaram que o violador utilizou pornografia, sendo a proporção significativamente mais alta para as mulheres brancas, 58,7%; também alguns violadores confirmaram o papel da pornografia nos crimes que cometeram). Denunciando que a pornografia; (a) predispõe alguns homens para quererem violar mulheres ou intensifica a predisposição noutros homens já predispostos; (b) derruba as inibições internas de alguns homens contra a realização do seu desejo de violar e (c) derruba as inibições sociais de alguns homens contra a concretização do seu desejo de violar. Vide RUSSELL, Diana E. H., *Pornography and Rape: a Causal Model in Making Violence Sexy: Feminist Views on Pornography, apud* MACKINNON, C., *Sex Equality, ob. cit.,* p. 1558. Neste sentido, julgo que não se pode negar que a pornografia está

velmente, conduzirá no futuro, a aumentos do espaço de criminalização e ao agravamento das penas[40]. Cada época traduz, na forma como regulamenta e pune os crimes sexuais, as suas preocupações, e como a legislação tem sido elaborada por homens ao longo de séculos, a *perspectiva feminina* só recentemente e lentamente tem sido considerada no Código Penal. E isto, apesar de as mulheres serem as potenciais vítimas de violação, ao contrário dos homens, que raramente se encontram nessa situação.

O Estado liberal evoluiu para um Estado Social de Direito, que em vez do papel neutro e passivo típico da concepção liberal de Estado, intervém para defender os mais fracos, as crianças e os jovens e para corrigir desequilíbrios de poder entre os membros da sociedade, nomeadamente, o desequilíbrio de poder histórico entre os homens e as mulheres. A uma época que se preocupava em garantir a liberdade sexual positiva dos jovens contra intervenções excessivas do Estado e da sociedade (décadas de 60 e 70), sucede actualmente uma época preocupada em proteger liberdade, o desenvolvimento e a integridade física e psíquica das crianças e dos jovens contra abusos cometidos pelos adultos no domínio sexual, o que nada tem a ver com moralismos conservadores mas antes com uma protecção mais intensa da liberdade dos jovens e também das mulheres, principais vítimas de crimes sexuais.

---

ligada, por implicar a incitação a actos violentos e erotizar a infância, ao aumento da incidência de crimes sexuais contra mulheres e crianças. Tal facto serve de fundamento a restrições à liberdade de expressão e de imprensa, pois a protecção do livre desenvolvimento das crianças e a dignidade da pessoa humana são valores manifestamente muito superiores.

[40] Conforme veio a acontecer, depois da apresentação desta comunicação, com a discussão pública provocada pelas violações de crianças e jovens na Casa Pia e pelas redes de pedofilia, a propósito das penas dos crimes sexuais contra crianças e jovens, das idades das vítimas dos tipos legais de lenocínio e de abuso sexual de crianças, dos prazos de prescrição e do fracasso do sistema policial-judicial, durante 30 anos. Sobre o excesso de garantismo processual, que limita o acesso à justiça dos cidadãos, conforme o seu poder económico e que permite o arquivamento indevido de processos penais, *vide* GOMES, Conceição, *A evolução da criminalidade e as reformas processuais na última década: alguns contributos,* Revista Crítica de Ciências Sociais, Outubro, 2001, p. 75.

A suposição liberal de que homens e mulheres são pessoas igualmente posicionadas na sociedade e com idêntida liberdade de decisão sexual, revelou-se não ser verdadeira, nas décadas mais recentes, como demonstram os estudos feministas sobre o assédio sexual no local de trabalho, sobre a violação dentro do casamento e sobre o *date rape* ou *non violent rape* (violação não violenta)[41]. A hierarquia de géneros existente entre o homem e a mulher, assim como o treino social das mulheres para o medo e para a passividade perante as agressões masculinas, como referem BELEZA[42] e COLLI, denunciam que existe uma estreita relação entre comportamento sexual desviante e comportamento sexual socialmente aprendido. A sexualidade masculina é caracterizada por elementos de agressividade, de superioridade física e pela prevalência de factores racionais sobre as emoções, enquanto que a mulher é ensinada à passividade e à resistência perante a relação sexual, as quais devem ser vencidas pelos homens[43]. A jurisprudência aplica esta exigência de resistência física mesmo no crime de actos sexuais com adolescentes (art. 174.º), originado no antigo crime de estupro, e cujo texto não exige a resistência da vítima nem o uso de ameaça ou violência por parte do autor, bastando o *abuso de inexperiência*. Trata-se de um caso em que está em causa uma adolescente de 14 anos com quem um homem adulto teve cópula apesar de a adolescente ter pedido insistentemente ao autor que parasse. O julgador não aplicou o art. 174.º, em virtude de não ter considerado verificado o requisito da inexperiência. Contudo, para integrar o tipo legal do art. 174.º, nem sequer

---

[41] Cfr. FRIEDLAND, Steven I., *Date Rape And The Culture of Acceptance*, Florida Law Review, volume 43, 1991, n.º 3, pp. 487-527; WEST, Robin, *The Difference in Womens Hedonic Lives: A Phenomenological Critique of Feminist Legal Theory*, in *At the Boundaries of Law, Feminist and Legal Theory*, edited by FINEMAN, M.A./THOMADSEN, N. S., New York, 19991, pp. 115-124 e pp. 130-132.

[42] Cfr. BELEZA, Teresa Pizarro, *Mulheres, Direito, Crime ou A Perplexidade de Cassandra*, Lisboa, 1990, p. 306.

[43] Cfr. COLLI, Antonianna, *La Tutela della Persona nella Recente Legge sulla Violenza Sessuale all'Epilogo di un Travagliato Cammino Legislativo*, Rivista Italiana di Diritto e Procedura Penale, 1997, p. 1165.

é necessária a falta de consentimento da vítima. Julgo, pois, que este caso preenche os requisitos do tipo legal de violação, uma vez que o conceito de violência pode ser entendido num sentido amplo, abrangendo a violência psíquica ou moral[44]. Consequentemente, a conduta do autor, que o julgador reconhece ter agido com plena consciência do carácter ilícito e criminoso do seu comportamento, constitui um crime de violação, dada a recusa de consentimento da jovem, considerando-se suficiente que esta tivesse dito ao autor, insistentemente, para parar, uma vez que a diferença de idades e de força física entre ambos, tornava inútil a resistência física[45]. É paradoxal que o Tribunal tenha considerado provado que a menor disse ao autor para parar e simultaneamente entendido que houve consentimento em ter relações sexuais de forma, livre, consciente e esclarecida porque não gritou durante as relações sexuais. O Tribunal considera, ainda, a virgindade um mero indício de inexperiência que não impede a existência de um conhecimento ou consentimento efectivos e esclarecidos da prática de actos sexuais, esquecendo, contudo, a diferença de idades entre o autor e a vítima. O consentimento livre só sucede entre iguais e não entre homens adultos e adolescentes[46]. Esta sentença está em total desacordo com o que defende a doutrina citada pelo juiz para a fundamentar. F. DIAS diz expressamente que a inexperiência *será afastada se o processo que conduziu à cópula tiver ficado a dever-se a instigação ou iniciativa*

---

[44] SOTTOMAYOR, M.C., *A situação das mulheres e das crianças 25 anos após a Reforma de 1977,* Comemorações dos 35 anos do Código Civil de 1966, *Direito da Família e das Sucessões,* em vias de publicação. Defendendo também que o conceito de violência, como elemento típico do tipo legal de violação (art. 164.º), abrange a violência psicológica *vide,* CUNHA, M.C.F., *Crimes sexuais contra crianças e jovens,* in *Cuidar da Justiça de Crianças e Jovens,* Câmara Municipal do Porto, Faculdade de Direito da U.C.P., Outubro, 2002.

[45] Admitindo que a actuação do agente comece com uma tentativa de sedução e acabe em violação e rejeitando a doutrina que considerava que os crimes de violação e de estupro se excluem mutuamente *vide* F. DIAS, *Comentário Conimbricense... ob.cit.,* p. 568.

[46] TEIXEIRA, Paulo Duarte, Tribunal de Círculo de Santa Maria da Feira, Decisão instrutória de 1997.04.29, Proc. 117/97, Sub Iudice, Jan.-Março/1998, pp. 1-4.

da mulher; mas já não terá de o ser só porque a vítima dispõe de conhecimentos da vida sexual (itálico nosso) ou teve já mesmo anteriormente experiências sexuais[47]. Neste caso não se provou que a vítima tivesse instigado a cópula nem que tivesse tido qualquer iniciativa, pelo contrário, era o autor que a perseguia e provou-se que sem as manobras dolosas do autor, as relações sexuais não teriam ocorrido[48]. Os factos alegados pelo julgador para negar a inexperiência da vítima (conhecimentos sobre a natureza e conteúdo sexual do acto, um desenvolvimento cognitivo-intelectual médio/alto da jovem, um acentuado nível de desenvolvimento físico, psíquico e intelectual, uma inserção urbana) são completamente irrelevantes para afastar o conceito de inexperiência. Igualmente irrelevantes são os factos de a menor ter estado sentada 15 minutos na cama e de não ter gritado durante as relações, o que o julgador interpreta como um consentimento tácito e falta de oposição séria, requisitos que nem sequer são exigidos pelo art. 174.º, o qual pressupõe que a cópula é livremente consentida, só que se chegou a ela por meio típico de sedução[49], facto que o julgador reconhece provado, como vimos. Esta decisão mais parece um julgamento do juiz sobre o comportamento da vítima, a quem exige que, pelo facto de ser virgem, desenvolvida intelectualmente e com inserção urbana, frequentando um curso de crisma, se opusesse de uma forma mais determinada às manobras de sedução do arguido, concluindo que a vítima não evitou de uma forma séria e resoluta os avanços do arguido, apesar de conhecer as suas intenções libidinosas[50], e equiparando esta interpretação dos factos a uma forma de provocação ou de instigação[51].

---

[47] Cfr. F. DIAS, *Comentário Conimbricense ao Código Penal... ob. cit.*, p. 567.

[48] Tribunal de Círculo de Santa Maria da Feira, Decisão instrutória, cit., pp. 3-4.

[49] Cfr. F. DIAS, *Comentário Conimbricense... ob. cit.*, p. 564.

[50] Decisão instrutória, Tribunal de Círculo de Santa Maria da Feira, *ob. cit.*, p. 4.

[51] Trata-se do estereótipo de que a mulher violada é vista como tendo pedido a violação. Cfr. MACKINNON, C., *Toward a Feminist Theory of the State*, 1989, p. 141.

Mais uma vez, como é típico nos crimes sexuais, é a vítima que está a ser julgada, não o réu. Por outro lado, o facto de o tipo legal ter abolido a virgindade como requisito legal, só veio alargar o âmbito de incriminação do tipo, admitindo que uma adolescente não virgem seja inexperiente, e não restringi-lo, como parece afirmar o julgador, imputando à virgindade de uma adolescente de 14 anos, conhecimentos sobre sexualidade susceptíveis de impedir a inexperiência. A virgindade, não sendo tutelada pelo direito, como valor ético-social, continua, no entanto, dada a juventude da vítima, a ter significado típico[52] e o conceito de abuso de inexperiência analisa-se predominantemente não em função do perfil da vítima mas da existência de sedução, ou seja, (...) explorar (ou aproveitar-se da) inexperiência sexual da vítima e, consequentemente, da menor força de resistência que por isso terá diante da cópula ou do coito[53].

A jurisprudência relativa aos crimes sexuais ignora o efeito numa adolescente de 14 anos (que não é conforme afirma o juiz uma mulher mas uma criança!) da chamada *hierarquia de género e de idade*, o que cria medo na adolescente, submissão ao adulto e incapacidade de reagir. O julgador não pode equiparar este caso às situações de liberdade sexual positiva de dois adolescentes da mesma idade, em relação aos quais faz sentido a não intervenção do direito penal, quando se verifica o consentimento de ambos.

Perante sentenças deste tipo, em que a ideologia do liberalismo e da separação entre o direito penal e a moral social é utilizada erradamente para negar a liberdade sexual negativa de uma adolescente[54], penso que era útil que o legislador aumentasse as idades das

---

[52] Cfr. F. DIAS, *Comentário Conimbricense do Código Penal, Parte Especial, Tomo I*, Artigos 131.º a 201.º, Coimbra, p. 567.

[53] Cfr. F. DIAS, *Comentário Conimbricense... ob. cit.*, p. 566.

[54] O julgador utilizou erradamente o discurso da dogmática penal acerca do bem jurídico tutelado pelos crimes sexuais, não a moral social, mas antes a liberdade e auto-determinação sexual, para remeter estes crimes para uma zona livre de direito, ligada à moral, e na qual o legislador não teria legitimidade para intervir, recusando relevância jurídico-penal à liberdade sexual negativa da jovem e ao seu livre desenvolvimento.

crianças vítimas do crime de abuso sexual, para 18 anos, acabando com o tipo legal de estupro e de actos homossexuais com adolescentes, escalonando as penas consoante a idade da vítima, como faz o direito penal belga[55] e exigindo que, quando a vítima tenha entre 16 a 18 anos, haja uma diferença de idade significativa entre o autor e a vítima[56], a qual deve fazer *presumir o abuso*, mesmo não havendo relação familiar ou de dependência[57]. Caso contrário, na interpretação do conceito de abuso de inexperiência prevalecerá a perspectiva masculina, que se identifica mais com o estuprador do que com a vítima. Por detrás das generalidades com que fundamenta a sentença, aparentemente neutras, escondem-se, sem dúvida, preconceitos sexistas do julgador e uma benevolência para com o arguido[58], assim como uma culpabilização da vítima, tantas vezes revelada em decisões judiciais relativas a crimes sexuais.

O ónus da prova da resistência, mesmo estando em causa situações de coação sexual contra mulheres adultas, é uma forma de

---

[55] Cfr. LELIÈVRE, Claude, *Programme de Lute Contre la Pédophilie: Quel Bilan?*, in AAVV, *La Pédophilie, Approche pluridisciplinaire*, Bruxelles, 1998, p. 230.

[56] Reconhecemos que, uma vez que os jovens adquirem capacidade nupcial aos 16 anos, esta última solução levanta dúvidas, e talvez fosse de a incluir não no tipo legal de abuso sexual de crianças, mas num outro, semelhante ao actual art.174.° e 175.°, mas em que a diferença de idade entre o agente e a vítima funcionaria como uma presunção de abuso de inexperiência.

[57] Referindo a questão de desequilíbrios de poder entre os parceiros sexuais, em virtude da diferença de idade, susceptível de coarctar a liberdade de decisão do jovem, *vide* GERSÃO, Eliana, *Crimes sexuais contra crianças,* Infância e Juventude, n.° 2/97, p. 20.

[58] Esta benevolência para com o arguido significa, simultaneamente, uma benevolência com todos os homens que usam de manobras de sedução para abusar de adolescentes. Note-se que a preocupação do juiz ao afirmar que a identificação da inexperiência com a virgindade implicaria, levada ao extremo, uma responsabilidade crminal quase objectiva, está em contradição com o facto de ter considerado provadas as manobras dolosas sem as quais o acto sexual não teria ocorrido. Parece que o julgador está mais preocupado em defender a liberdade sexual positiva dos homens, ainda que através de sedução dolosa, do que a liberdade sexual negativa das adolescentes, bem jurídico que o tipo legal visa proteger.

culpar a vítima e de provocar um interrogatório de tal forma cerrado que desloca o eixo do processo da conduta do réu para a da vítima. Penso que, dada a desigualdade histórica de poder entre os sexos e os diferentes processos culturais de construção da sexualidade feminina e masculina, não são de aceitar preocupações com acusações falsas contra homens para reduzir o espaço de criminalização da lei ou para proceder a interpretações desta que beneficiem o adulto. Para além disto, o risco de processos falsos contra homens, num sistema em que mesmo os processos verdadeiros são muitas vezes arquivados por falta de provas ou devido a preconceitos sexistas do poder judicial, representa um risco mínimo, que não tem um significado maior do que em qualquer outro tipo legal de crime[59].

No domínio dos crimes sexuais, as alterações de 1995 ao Código Penal de 1982, mantendo a tradição da não punição do incesto, em nome da liberdade[60], foram significativas, visando, sobretudo, uma nova colocação sistemática dos crimes sexuais, entre os crimes

---

[59] Penso que está ultrapassada na sociedade portuguesa, conforme ilustra este caso, em que de forma clara se percebe que foi atingido o livre desenvolvimento sexual da adolescente através de processos proibidos de sedução, a utilização do antigo crime de estupro como uma forma de controle da sexualidade feminina ou como um meio de os pais incitarem as filhas a deixarem-se seduzir por homens de situação económico-social superior, a fim de disporem de um instrumento de coacção para alcançar um casamento conveniente. Sobre a evolução histórica do crime de estupro vide F. DIAS, Comentário Conimbricense... ob. cit., pp. 560-563 e BELEZA, José, O Princípio da Igualdade e a Lei Penal. O crime de estupro voluntário simples e a discriminação em razão do sexo, Coimbra, 1982.

[60] Em Portugal, quanto ao incesto entre adultos, há apenas conhecimento de casos na literatura (Os Maias de Eça de Queiróz) e o famoso caso de Espanha, de dois irmãos que viviam juntos sem conhecimento do laço de parentesco que os unia, o que não tem comparação com o número de casos conhecidos de incesto, em que há abuso de crianças e mulheres jovens, mesmo tendo em conta que a maior parte destes casos ficam à margem do sistema penal. Não se pode esquecer, neste contexto, que devido às hierarquias de idade e de género, dentro da família, relações sexuais entre adultos e menores passam-se num contexto de abuso, independentemente da utilização de violência ou de ameaças e de consentimento da vítima, que a lei não considera válido.

contra a liberdade e auto-determinação sexual[61], a introdução de um tipo legal autónomo de abuso sexual de menores, que, contudo, só abrangia o coito anal, devido ao caso da Guarda[62], a abolição da atenuação especial da pena em virtude da especial relação entre o agente e a vítima ou da provocação, o agravamento das penas, em virtude da particular vulnerabilidade da vítima[63] e o alargamento das causas de agravação da pena a relações de afinidade até ao 2.º grau e de adopção, no caso de crimes praticados contra crianças e jovens, reflectindo o aflorar de uma nova consciência social em relação à gravidade dos crimes sexuais quando comparados com os

---

[61] Para uma crítica ao Código Penal de 1982 quanto à colocação sistemática dos crimes sexuais, classificados como crimes contra os fundamentos ético-sociais e não como crimes contra a liberdade vide BELEZA, Teresa Pizarro, *A Mulher no Direito Penal,* Cadernos Condição Feminina, n.º 19, 1984, p. 23. Defendendo já, desde 1983, o alargamento do conceito de violação ao coito anal ou oral e criticando a exclusão da violação de um homem por outro homem do tipo legal de violação, posições que vieram a ser consagradas no Código Penal apenas em 1998, *idem* p. 23.

[62] Cfr. Tribunal Judicial da Comarca da Guarda, Acordão de 1991.11.11, in *Sub iudice,* 1992, n.º 2, pp. 95-106, em que a violação de uma criança de dois anos através de coito anal não foi considerada pelo Tribunal *acto análogo à cópula,* punido como violação, no CP 1982, com pena de 2 a 8 anos mas como um crime de atentado ao pudor com violência agravado. Para uma referência a este caso vide BELEZA, Teresa Pizarro, *O conceito legal de violação,* Revista do Ministério Público, 1994, n.º 59, pp. 51-64. A equiparação do conceito de cópula praticada com menores de 14 anos ao coito anal foi realizada pela reforma de 1995 e o alargamento ao coito oral pela reforma de 1998. Julgo que o excessivo formalismo dos juízes conduziu a decisões injustas para as crianças podendo perfeitamente, se a lógica do coração e dos sentimentos de compaixão pela criança entrassem nas decisões judiciais, ter-se interpretado de forma mais ampla o conceito de acto análogo, provocando uma viragem no que até ao momento tinha sido a opinião da doutrina e da jurisprudência dos Tribunais Superiores. Por isso defendemos que a eliminação das emoções das decisões judiciais é perigosa, provocando brechas na protecção dos mais fracos.

[63] Defendendo a vulnerabilidade da vítima por ser criança ou idoso como causa agravante de todos os crimes contra as pessoas vide BELEZA, Teresa Pizarro, *Sem sombra de pecado... ob. cit.,* p. 170.

crimes patrimoniais[64] e uma preocupação da sociedade com a fragilidade e o sofrimento das vítimas. As crianças vítimas de abuso sexual, sobretudo, quando o abuso é sistemático, como é o caso dos abusos intra-familiares e dos abusos dentro das instituições, sofrem de stress pós-traumático, ficando o horror gravado nos circuitos emocionais do cérebro e sendo revivido ciclicamente ao longo da vida, como aconteceu com os sobreviventes da Guerra do Vietname ou com as vítimas do Holocausto[65]. Note-se que a ligação entre a vítima e o autor torna mais doloroso e traumatizante o abuso, por significar uma traição de alguém de quem a criança esperava amor e em quem confiava.

Julgo que o bem jurídico tutelado pelas normas penais que punem os crimes sexuais contra crianças e jovens é, não só o livre desenvolvimento do jovem mas também a *qualidade emocional da sua vida*, uma vez que os danos psíquicos causados se projectam no futuro, afectando também a vida adulta. A lei não exige violência ou ameaça por parte do autor, pois o desvalor do abuso não reside na falta de consenso da criança ou do jovem, que a lei presume inválido[66],

---

[64] Criticando já, desde 1983, a desproporção de penas entre os crimes patrimoniais e os crimes contra as pessoas, denunciando que o legislador de 1982 se preocupava mais com o património do que com a liberdade e a integridade das pessoas *vide* BELEZA, Teresa Pizarro, *A Mulher no Direito Penal, ob. cit.*, pp. 25-26.

[65] Cfr. GOLEMAN, Daniel, *Inteligência Emocional,* tradução portuguesa, 1996, pp. 224-225.

[66] A lei considera que abaixo de certa idade, 14 anos, não se pode falar de consenso da criança, mesmo que não haja violência, pois esta não tem qualquer capacidade de opôr resistência. A maioria das vítimas tem menos de 10 anos. Neste sentido GERSÃO, Eliana, *Protecção de Menores,* Centro de Direito da Família, Faculdade de Direito da Universidade de Coimbra (2001/2002), *Abuso sexual de crianças e jovens,* p. 5, citando dados do Hospital de Santa Maria, de acordo com os quais 45% das crianças, vítimas de abuso sexual, com menos de 10 anos, aí assistidas, tinham menos de 5 anos. Ao mesmo resultado chegam os estudos de Ana Nunes de Almeida, segundo os quais metade das vítimas de crimes sexuais tinha menos de 5 anos. *Vide* estas informações no trabalho de GERSÃO, Eliana, *Protecção de Menores... ob. cit.*, p. 5, nota 8.

mas antes na sua precocidade, que a lei presume *iuris et de iure*, prejudicial ao livre desenvolvimento sexual das crianças[67].

A utilização de crianças em filmes ou fotografias pornográficas assim como a exibição de material pornográfico a menores de 14 anos, estão incluídos no conceito de abuso sexual de crianças, punido no art. 172.º, n.º 3, b), c) e d) do C.P.[68], embora estranhamente a punição até

---

[67] Causa-me perplexidade a dúvida de FIGUEIREDO DIAS, *Comentário Conimbricense...*Tomo I, *ob. cit.*, p. 542, sobre a consistência desta presunção devido à pública e maciça sexualização do quotidiano, numa época em que se assiste à revelação crescente de abusos sexuais de crianças, a estudos empíricos sobre o sofrimento destas, assim como a opiniões de cultores das ciências humanas e sociais a demonstrar os prejuízos causados ao livre desenvolvimento da juventude a curto e a longo prazo. Cfr. GOLEMAN, Daniel, *Inteligência Emocional, ob. cit.*, pp. 224-225; MARNEFFE, Catherine, *Les Conséquences du Passage à L'Acte Pédophile Sur L'Enfant, ob. cit.*, p. 109; *I Never Told Anyone, Writings by Women Survivors of Child Sexual Abuse*, Edited by Ellen BASS and LOUISE THORTON, 1983; DARLINGTON, Yvonne, *Moving On, Womens Experiences of Childhood Sexual Abuse And Beyond, ob. cit.*, 1996.

[68] Gostaria a este propósito de comentar a afirmação de FIGUEIREDO DIAS, in *Comentário Conimbricense do Código Penal*, Parte Especial, Tomo I, Artigos 131.º a 201.º, Coimbra, 1999, p. 545, sobre a qualificação de um instrumento como pornográfico, para o efeito das al. b) e c) do n.º 3, art. 172.º, segundo a qual "A qualificação de um instrumento (de qualquer uma das espécies descritas no tipo) como pornográfico deve exprimir, segundo o seu conteúdo objectivo, que ele é idóneo, segundo as circunstâncias concretas da sua utilização, a excitar sexualmente a vítima (...)". Julgo que, quando crianças ou adolescentes são utilizados para filmagens ou fotografias pornográficas que a vítima é usada como objecto para excitar os adultos e que o que caracteriza a pornografia não é, nestes casos, manifestamente, a idoneidade para excitar a vítima, que pode nem entender o conteúdo sexual das filmagens ou das fotografias, devido à sua pouca idade, mas a intenção do abusador de obter gratificação sexual. Consequentemente, enfatizando o significado do abuso para o perpetrador, o abuso sexual é visto como um crime que reduz a criança a um objecto sexual. Neste sentido, FREEMAN, *The moral status of children... ob. cit.*, p. 261. Quanto à exibição de pornografia perante crianças e jovens, o autor tem em mente a vítima adolescente masculina, pois a vítima feminina reage não com excitação mas com sentimentos de desgosto e de ofensa. A reacção à pornografia varia consoante o sexo da vítima: enquanto que a maioria dos homens fica excitado (77%) a maioria das mulheres não fica excitada (68%), relatando que se sentem ofendidas e desgostosas. Cfr. MA-

três anos seja idêntica à do furto (art 203.º) e inferior à pena prevista para o furto qualificado (art. 204.º)[69], o que lesa o princípio da reforma de 1995, que pretendeu corrigir a desproporção de penas entre os crimes contra as pessoas e os crimes contra o património.

CKINNON, C., *Sex Equality*, ob. cit., p. 1533. Embora, este inquérito se refira a adultos, julgamos que o número de adolescentes, de ambos os sexos, que se choca será maior. Claro que não é preciso a prova destes danos para se verificar o tipo legal de crime. Os danos causados ao livre desenvolvimento das crianças e dos adolescentes presumem-se *iuris et de iure*, em relação a todos os casos de abuso sexual tipificados no art 172.º do C.P. Julgo que, uma vez que o bem jurídico tutelado é o livre desenvolvimento da vítima, deve prevalecer a perspectiva desta quanto ao conceito de pornografia, o qual será definido não só como aquilo que é susceptível de excitar sexualmente a vítima mas também como aquilo que a perturbe, assuste, impressione ou revolte, pelo conteúdo degradante nele contido para a imagem da mulher e da criança, cujo corpos são reificados, sendo irrelevante que o material pornográfico tenha ou não um conteúdo artístico, literário, social ou político. Sobre o conceito de pornografia como uma erotização da dor e da humilhação da mulher, como a subordinação sexual explícita das mulheres, apresentadas como objectos sexuais destinados a ser usados pelos homens e que experimentam prazer em ser violadas *vide* DWORKIN, Andrea, *Against the Male Flood: Censorship, Pornography, and Equality*, Harvard Womens' Law Journal, Vol. 8, 1985, pp. 9-13. Creio que preocupações excessivas em separar o direito penal da moral podem conduzir a desproteger precisamente o bem jurídico que se quer tutelar: o livre desenvolvimento da criança. Não esqueçamos, como diz BAPTISTA MACHADO, *Introdução ao Direito e ao Discurso Legitimador*, Coimbra 1983, p. 61-62, que há uma ligação profunda entre o Direito e a Moral e que os grandes valores jurídicos são ao mesmo tempo valores éticos. Não se trata de sentimentos de moralidade, de cuja tutela o legislador penal tanto quer fugir, mas de reconhecer que a pornografia, *objectivamente*, é uma *coisificação do corpo* das mulheres e das crianças, constituindo uma violação do princípio da igualdade entre os sexos, da dignidade da pessoa humana e do dever de respeito acrescido que a sociedade exige aos adultos em relação às crianças, em ordem a garantir o direito destas ao desenvolvimento harmonioso da personalidade (art. 69.º, n.º1 da CRP).

[69] No sentido de que a reforma ainda não eliminou a deficiente hierarquização dos bens jurídicos do Código Penal de 1982 *vide* BELEZA, Teresa Pizarro, *Sem sombra de pecado...* ob. cit., p. 182, relativamente à baixa punição da utilização de menor de 14 anos em filme pornográfico, no art 172.º, n.º 3, al. b), com pena de prisão até três anos, comparada com a pena prevista para o furto qualificado (art. 204.º), pena de prisão até 5 anos ou pena de prisão de 2 a 8 anos.

Afigura-se-me como provável que à medida que os crimes sexuais contra crianças e jovens dentro e fora da família, e designadamente dentro de instituições de acolhimento, se tornem mais visíveis[70], seja necessário alargar o âmbito de aplicação dos tipos legais e que o facto de o Código Penal ter já sofrido, nesta matéria, várias alterações desde 1982, reflecte a indecisão e a pouca informação do legislador sobre esta matéria. Conforme, justamente refere T. BELEZA, o legislador português não se baseia em investigação empírica já existente em Portugal para legislar e conhece pouco a realidade sociológica, baseando-se mais no diz-se ou no consta e na formação dogmática e comparatística dos autores dos projectos e da Revisão[71].

É ainda de questionar se as penas actualmente previstas para os crimes sexuais são suficientemente elevadas, tendo em conta a importância do bem jurídico em causa e a *perspectiva* ou a *experiência* da vítima de violação, a qual sente o crime como uma *ameaça à vida* e como uma *experiência de terror*[72] ou como uma perda do *sentido da vida*[73].

---

[70] As crianças que vivem nos meios mais carenciados, em instituições ou abandonadas na rua, sofrem de um risco acrescido de serem vítimas de pedófilos, pois têm mais carências afectivas, procurando a atenção de quem quer que seja e os pedófilos sabem que é junto destas crianças que mais facilmente podem atingir os seus fins. Cfr. MARNEFFE, Catherine, *Les Conséquences du Passage à L'Acte Pédophile Sur L'Enfant*, ob. cit., p. 108. As sequelas apresentadas pelas crianças inserem-se num traumatismo ligado a factores psicógicos e sociais mais complexos e amplos do que o abuso sexual em si. *Idem* p. 108. A superação do trauma para estas crianças, que não têm família, é muito mais difícil do que para aquelas que têm uma família, que através do afecto e do amor, as ajuda a recuperar.

[71] Cfr. BELEZA, Teresa Pizarro, *A revisão da Parte Especial na reforma do Código Penal: legitimação, reequilíbrio, privatização, individualismo*, in Jornadas sobre a revisão do Código Penal, PALMA, Maria Fernanda/BELEZA, Teresa Pizarro (organizadoras), Lisboa, 1998, p. 103.

[72] Cfr. WEST, Robin, *Caring for Justice*, New York, 1997, p. 102.

[73] Vejam-se as declarações de uma criança do sexo feminino vítima de violação reproduzidas neste Encontro por MANITA, Celina, *Quando as portas do medo se abrem...Do impacto psicológico ao(s) testemunho(s) de crianças vítimas de abuso sexual*: "Dantes havia uma estrela na minha vida, a minha vida tinha um sentido. Agora, perdi o sentido da vida".

Tratando-se de abusos por pessoas próximas ou familiares, os danos são ainda maiores, como o dano da invasão, da traição e da exposição, da perda da sensação de segurança e da privacidade, sendo o corpo e o lar identificados como o perigo[74].

Em países onde já se procedeu a investigações mais aprofundadas, por exemplo, em Inglaterra, calcula-se que cerca de 20% (havendo quem aponte valores de uma em cada três) das crianças do sexo feminino são sexualmente abusadas na infância[75] e que um terço das crianças sexualmente abusadas são vítimas de outras crianças ou adolescentes[76]. Nesta última situação, verificou-se que os orgãos policiais não têm interesse em investigar crimes cometidos por crianças contra crianças[77].

A propósito das medidas a aplicar aos menores agressores de outras crianças, nomeadamente, em relação às medidas de institucionalização, e ao seu regime, aberto, semi-aberto ou fechado, julgo importante considerar que, nestes casos, não está em causa um conflito entre os sentimentos de defesa social dos adultos e a necessidade de educação do agressor no seu meio natural de vida. Trata-se da necessidade de defender o livre desenvolvimento e a integridade psíquica das crianças vítimas, daquelas que lhe são próximas por laços familiares, por exemplo, irmãs e irmãos[78], e das

---

[74] Cfr. WEST, Robin, *Caring for Justice*, ob. cit., p. 102.

[75] Cfr. FREEMAN, M., *The End of the Century of the Child?*, ob. cit., p. 533.

[76] Cfr. HORNE, L.; GLASGOW D.; COX, A.; and CALLUM R., *Sexual Abuse of Children by Children*, Journal of Child Law, vol.3, 1990, p. 147 apud FREEMAN, M., *The End of the Century of the Child?*, ob. cit., p. 533.

[77] Levantando a hipótese de as entidades policiais não terem interesse em investigar a criminalidade praticada por crianças e jovens até aos 16 anos para explicar a divergência entre os dados estatísticos acerca do número de menores que praticam crimes, o qual tem diminuído, e a visibilidade mediática da criminalidade juvenil, cfr. PEDROSO, João, *A justiça de menores entre o risco e o crime: uma passagem... para que margem?*, ob. cit., p. 141, sem se referir, contudo, especificamente, à criminalidade sexual, mas tendo em vista a criminalidade oculta ligada às redes de tráfico de droga e dos gangs juvenis, nos bairros suburbanos como Lisboa e Porto.

[78] Uma recente sentença de um Tribunal italiano reconheceu, para além do direito de indemnização da vítima de violência sexual de grupo, uma menor de

crianças da mesma comunidade do agressor e das vítimas[79]. A consciência de que o agressor menor, terá sido também, muitas vezes, vítima de maus tratos e que necessita de apoio da sociedade, não

---

17 anos com deficiências psíquicas, pelo danos patrimoniais, não patrimoniais, biológicos, psíquicos e existenciais causados pelo crime, um direito de indemnização à família da vítima (os pais e uma irmã) pelo *dano existencial,* causado directa e imediatamente pelo crime de que foi vítima a menor e traduzido nas alterações que o crime trouxe ao quotidiano da vida familiar e à serenidade da família, assim como as exigências pessoais e familiares necessárias para cuidar da vítima. A jurisprudência e a doutrina consideram o dano existencial distinto do dano não patrimonial dos parentes, provocado pelo sofrimento emocional da família em virtude do crime, o qual só em caso de morte da vítima dá aos parentes direito a uma compensação. Cfr. Trib. Agrigento, sez. Penale, 4 giugno 2001, *in* Familia, Rivista di diritto della famiglia e delle successioni in Europa, n.º 1, 2002, pp. 253-269, com um comentário concordante de FLORIT, Raffaella, *Violenza sessuale su minori e risarcimento del danno esistenziale per i familiari, id.,* pp. 260-270.

[79] A criminologia feminista e realista refutou a tese da irracionalidade do medo das mulheres, devido à existência na sociedade de violência oculta, sexual e doméstica, contra as mulheres. Cfr. MACHADO, Carla/AGRA, Cândido, *Insegurança e Medo do Crime: A Ruptura da Sociabilidade à Reprodução da Ordem Social,* Revista Portuguesa de Ciência Criminal, Ano 12, N.º 1, 2002, p. 94. Num inquérito de vitimização realizado em Portugal, na área metropolitana de Lisboa, em 1989, verificou-se que só 5% das mulheres vítimas de crimes sexuais é que os denunciavam. Cfr. ALMEIDA, Maria Rosa Crucho de, *As Relações entre Vítimas e Sistema de Justiça Criminal em Portugal,* Revista Portuguesa de Ciência Criminal, Ano 3, fasc. 1, 1993, p. 105. O inquérito português determinou ainda que dois terços das vítimas não consideraram insignificantes as infracções de que foram objecto e cerca de três quartos não tiveram qualquer ajuda económica ou moral, revelando o isolamento social destas. *Idem* p. 107. Sobre o impacto do medo da violação nas adolescentes do sexo feminino e nas mulheres adultas, como algo com o qual todas as mulheres têm de aprender a viver e com o qual apenas um reduzido número de homens alguma vez se confronta *vide* WEST, R., *Caring for Justice,ob. cit,* pp. 114-115. Para um estudo da literatura feminista sobre a violação e o medo da violação na vida das mulheres *vide* GORDON, M. & RIGER, S., *The Female Fear,* New York, 1989; BROWNMILLER, S., *Against Our Will: Men, Women and Rape,* 1975; HENDERSON, *Real Rape (Book Review),* Berkleys Women Law Journal, 1987, n.º 3, p. 192; MACKINNON, C., *Toward a Feminist Theory of the State,* Harvard, 1989.

pode fazer esquecer sentimentos de justiça e de protecção para com as crianças vítimas. O *medo* sentido pelas crianças[80] é susceptível de prejudicar gravemente o seu crescimento, repercutindo-se na sua vida de adultas e afectando para além das vítimas directas, as chamadas vítimas indirectas, justificando-se, assim, a restrição da liberdade do menor agressor que resulta da institucionalização. O sistema de justiça de menores assentou sempre na convicção, fundamentada nos dados estatísticos, segundo a qual a maioria dos menores agentes de factos ilícitos criminais são jovens carenciados economicamente[81] que praticam pequenos furtos[82], o que se trata de situações resultantes de injustiças sociais e que carecem de medidas assistenciais e não de institucionalização[83]. Contudo, o discurso proferido para os crimes patrimoniais não pode ser generalizado aos crimes que envolvem violência sexual. O número reduzido, nas estatísticas, de adolescentes do sexo masculino agressores sexuais de crianças[84], provavelmente, como toda a criminalidade sexual,

---

[80] Não encontramos nenhum estudo de criminologia sobre o medo das crianças e adolescentes que vivem em comunidades onde há violadores de crianças mas supomos que, dada a maior vulnerabilidade das crianças em relação às mulheres adultas, este medo, assim como o sentimento de se ser uma vítima potencial de violência sexual, serão maiores em dimensão, mais traumatizantes e marcantes no desenvolvimento das crianças.

[81] Referindo os abusos dos sistemas de protecção em relação às crianças das classes pobres e a sua selectividade, deixando de fora a delinquência juvenil das classes médias e altas vide GERSÃO, Eliana, *A Reforma da Organização Tutelar dos Menores... ob. cit.*, pp. 578-579 e p. 582.

[82] Sobre os dados estatísticos a propósito do tipo de facto ilícitos criminais praticados por menores vide PEDROSO, João, *Direito dos Menores, um direito social?*, in *O Direito de Menores Reforma ou Revolução?*, Coordenação de Joana Marques Vidal, Lisboa, 1998, pp. 64-65.

[83] Note-se que, estranhamente, as medidas de internamento e de institucionalização se aplicam mais a raparigas do que a rapazes, apesar de as raparigas terem um contacto muito menor com a justiça. Cfr. PEDROSO, João, *A justiça de menores entre o risco e o crime: uma passagem... para que margem?, ob. cit.*, p. 148.

[84] Sobre a menor visibilidade social das ofensas cometidas contra os idosos, as crianças e as mulheres, vide MACHADO, Carla/AGRA, Cândido da, *Insegurança e Medo do Crime ... ob. cit.*, pp. 92-93. Referindo-se à pouca violência

esconde uma violência oculta que não chega a surgir no sistema tutelar. Os estudos sobre a delinquência juvenil não devem esquecer a especificidade deste tipo de criminalidade e o seu carácter traumatizante para as vítimas, assim como a necessidade de políticas educativas especiais para o agressor e de medidas protectivas e de apoio às vítimas, que salvaguardem a sua segurança e estabilidade psicológica, por exemplo, o acompanhamento psicológico e afectivo da vítima e a institucionalização do agressor numa comunidade diferente daquela em que vivem as vítimas, para que estas não tenham que o voltar a ver, sendo revitimizadas psicologicamente. Penso que a par da preocupação com a ressocialização do delinquente se devem considerar as necessidades de protecção e de estabilidade das vítimas crianças, prevalecendo a tranquilidade da sua vida, o seu direito à alegria de viver e à segurança, fundamentais para o livre desenvolvimento da sua personalidade e para a sociedade como um todo.

Uma sociedade em que as mulheres, e sobretudo, as adolescentes do sexo feminino, têm que enfrentar na vida quotidiana o assédio nas ruas, o medo é percebido como radicado na experiência comum e quotidiana das relações de género[85]. O maior medo das mulheres reside nos crimes violentos e sexuais[86], aumentando os danos físicos e psíquicos (o dano da confiança) e o risco iminente de vitimização, quando se verifica uma relação próxima entre ofensor e vítima[87].

Os estudos sobre os maus tratos dentro da família também concluem que os estereótipos de género estão presentes no tipo de maus tratos de que são vitímas, respectivamente, as crianças do sexo feminino e as do sexo masculino. As primeiras predominam nos

---

que caracteriza a criminalidade juvenil, mas considerando que o número de crimes sexuais cometidos por menores apresentaram contornos preocupantes em 1996 vide PEDROSO, João, *A justiça de menores entre o risco e o crime: uma passagem...para que margem?*, ob. cit., p. 143.

[85] Cfr. MACHADO, Carla/AGRA, Cândido da, *Insegurança e Medo do Crime...* ob. cit., p. 95.

[86] *Idem* p. 86.

[87] *Idem* pp. 94-95.

casos de abuso sexual, ausência de guarda e intoxicação intencional enquanto que as segundas estão mais representadas como vítimas de agressão física e emocional, negligência de cuidados básicos, abandono e trabalho abusivo[88].

O abuso e os maus tratos de crianças pertencem não ao espaço privado da família mas ao espaço público. A lei impõe a qualquer pessoa que tenha conhecimento de situações que ponham em grave risco a vida, a integridade física ou a liberdade da criança ou do jovem o dever de comunicar o facto às entidades com competência em matéria de infância ou juventude, às entidades policiais, às comissões de protecção ou às autoridades judiciárias (art. 66.º, n.º 2 da Lei 147/99, de 1 de Setembro). Os funcionários são obrigados a denunciar crimes de que tomarem conhecimento no exercício das suas funções e por causa delas (art. 242.º do CPP e art. 73.º da Lei Tutelar Educativa). A omissão de denúncia obrigatória constitui crime de favorecimento pessoal (art. 367.º do CP). Dada a existência, na realidade social, de numerosas omissões do dever denúncia por parte de funcionários ou directores de instituições de crianças, assim como por parte de familiares ou pessoas encarregadas da guarda da criança, a secção do C.P. relativa a crimes contra a autodeterminação sexual de crianças e jovens, deveria conter uma disposição especial que punisse a omissão de denúncia, para além de, conforme as circunstâncias, o agente poder ser condenado como cúmplice do abusador ou até, como autor de um crime de abuso sexual por omissão.

---

[88] Cfr. ALMEIDA, Ana N./ANDRÉ, Isabel Margarida/ALMEIDA, Helena N, *Sombras e marcas: os maus tratos às crianças... ob. cit.,* pp. 106-110; LOURENÇO, N./CARVALHO, M. J., *Violência Doméstica...,* p. 108.

Poder paternal

> *You cannot possibly love a child – your own or anothers – until you see him as a separate being with the inalienable right to grow into the person he was meant to be.**

O Direito Civil português manteve a expressão poder paternal, de cariz patriarcal, que faz lembrar a ideia de domínio inerente à *patria potestas* do direito romano. A palavra *poder* significa posse, domínio e hierarquia e está em contradição com a actual concepção de família participativa e democrática, baseada na igualdade entre os seus membros e em deveres mútuos de colaboração, de auxílio e de respeito. A palavra *paternal* refere-se à preponderância do pai que caracterizava a família patriarcal, definida pela posição hierarquicamente superior do chefe masculino, em relação à mulher e aos filhos.

Preferimos expressões como *responsabilidade parental* ou *cuidado parental*, que exprimem uma ideia de compromisso diário dos pais para com as necessidades físicas, emocionais e intelectuais dos filhos.

Há na linguagem legal outros vestígios de menorização das crianças, como a expressão menor, tão vulgarizada nos nossos hábitos que nem damos conta do seu significado, e a expressão *depósito de menor*, no art. 192.º, n.º 2 da OTM, a qual simboliza uma verdadeira despersonalização da criança, representada como um objecto[89].

---

* Cfr. FREEMAN, M., *The moral status of children, Essays on the Rights of the Child*, The Netherlands, 1997, p. 49, sobre a tese de KORCZAK, How to Love a Child, 1919.

[89] Cfr. ROCHA, Maria Dulce, *A Família: Lei e Conflito*, Actas dos V Cursos Internacionais de Verão de Cascais (6 a 11 de Julho de 1998). Câmara Municipal de Cascais, 1999, Vol. 4, p. 69.

Conteúdo do poder paternal

O essencial do conteúdo do poder paternal consiste nos cuidados quotidianos a ter com a saúde, a segurança e a educação da criança, através dos quais esta se desenvolve intelectual e emocionalmente. O conceito de cuidado é, assim, o centro da relação entre pais e filhos. O *cuidado parental* é uma *instituição altruísta,* dirigida a fazer prevalecer o interesse da criança

Historicamente, por força do sistema patriarcal, o desempenho do cuidado não coincidia com a detenção dos poderes de representação, educação e de decisão em relação aos filhos[90]. Os direitos das mulheres, dentro da família, foram objecto da luta dos movimentos feministas durante o século XIX e até à década de 70 do século XX, que introduziu o princípio da igualdade dos cônjuges. O valor do cuidado está ligado ao género feminino, pois foram as mulheres, através da maternidade, que trouxeram este valor à Humanidade. Por isso as tarefas de cuidado de dependentes foram desvalorizadas pela mesma invisibilidade que foi imposta às mulheres, ao longo da história. É importante que este valor, que define o grau de humanismo de uma sociedade, se torne num valor de toda a sociedade, homens e mulheres, e que lhe seja atribuído um significado económico, social e político relevante, pois dele depende a sobrevivência da espécie humana.

Autonomia e direitos da criança

O reconhecimento de autonomia dos filhos em relação aos pais (art. 1878.°), o direito dos filhos a exprimirem a sua opinião nos assuntos familiares importantes (art. 1878.° e 1901.°) e os deveres

---

[90] Sobre o percurso histórico do poder paternal desde o direito romano até às codificações modernas vide SOTTOMAYOR, M.C., *Breves reflexões sobre a evolução do estatuto da criança e a tutela do nascituro,* Iuris et de Iure, Nos 20 anos da Faculdade de Direito da UCP Porto, Porto 1998, pp. 175-183 e GUIMARÃES, Eliana, *O Poder Maternal,*1933, em particular, pp. 11-27.

mútuos de respeito, auxílio e assistência entre pais e filhos (art 1874), assim como a abolição do poder de correcção, são alterações, introduzidas ao Código Civil pela reforma de 1977, que significam que as relações pais-filhos deixam de ser estruturadas de forma hierárquica e que os filhos não constituem um mero prolongamento ou continuidade dos pais, antes, têm o direito ao respeito como pessoas diferentes dos seus pais, no seu feitio peculiar[91]. A criança tem o *direito ser ela própria,* o *direito à diferença* contra a homogeneização de modelos a que, por vezes, tendem as famílias em relação às crianças, que vêem assim bloqueado, através de uma educação para a sujeição ao poder, o desenvolvimento do seu espírito crítico e do pensamento problematizante.

Todavia, a autonomia do menor não pode conduzir a um individualismo extremo, pois os filhos são membros de uma família em estreita conexão com os pais e essa ligação, sobretudo, a vertente afectiva, faz com que os pais sejam aqueles que, em princípio, estão em melhor posição para orientar e educar a criança, durante a sua menoridade. Esta, pela sua fragilidade, carece de um protecção jurídica especial, sendo aconselhável que pais e filhos não sejam colocados em posições antagónicas mas numa relação de compreensão recíproca e de interdependência[92].

A substituição do poder de correcção pela educação

> *L'amour est le facteur de tout développement.*
> SCHELLING, *Les Ages du monde.*

A revogação do antigo art 1884.º do Código Civil de 1966 que consagrava o poder dos pais corrigirem moderadamente os filhos

---

[91] Cfr. OLIVEIRA, Guilherme, *Protecção de Menores. Protecção Familiar. Perspectivas*, in *Temas de Direito da Família*, Faculdade de Direito da Universidade de Coimbra, Centro de Direito da Família, Coimbra, 1999, p. 272.

[92] Para uma conciliação entre a autoridade dos pais e a auto-determinação do menor vide MEULDERS-KLEIN, M.T., *Droits Des Enfants Et Responsabilités Parentales: Quel Juste Équilibre?,* pp. 345-348, p. 354 e p. 362.

nas suas faltas também teve um efeito simbólico importante. A educação substitui a correcção, tendendo a diluir-se a tradicional distinção entre o adulto e a criança, que inferiorizava as crianças em relação aos adultos. Note-se que, em alguns países da Europa se foi mais longe, proibindo qualquer castigo físico. Em Portugal, são proibidos, nas escolas, os castigos que ofendam a integridade física e psíquica do aluno[93], mas a nossa cultura é tolerante em relação aos castigos aplicados pelos pais[94]. Temos, na nossa jurisprudência, exemplos de casos em que os Tribunais de 1ª instância entendiam que o poder de correcção era uma causa de exclusão da ilicitude do crime de ofensas corporais cometido pelos pais em relação aos filhos[95]. Penso que o direito de correcção, também designado por

---

[93] Cfr. art. 12.º, n.º 3 do Decreto-Lei n.º 20/98, de 1 de Setembro de 1998, onde se diz o seguinte: As medidas disciplinares não podem ofender a integridade física ou psíquica do aluno (...).

[94] Defendendo uma luta equilibrada contra as ideias da inevitabilidade e das vantagens dos castigos físicos ou da educação severa que ainda estão muito enraízados na nossa cultura, vide LEANDRO, Armando Gomes, *A Problemática da Criança Maltratada em Portugal. Aspectos Jurídicos e Judiciários,* Revista do Ministério Público, ano 9.º, 1988, N.º 35 e 36, pp. 62-63. No mesmo sentido, referindo que o poder paternal ainda é entendido como um direito de castigar fisicamente os filhos, cfr. AMARO, Fausto, *Aspectos Socioculturais dos Maus Tratos e Negligência de Crianças em Portugal,* Revista do Ministério Público, Ano 9.º, 1988, n.º 35 e 36, p. 88.

[95] *Vide* o acórdão da Relação de Coimbra, de 24 de Abril de 1991, CJ, XVI, Tomo 2, p. 113, em que se diz o seguinte: I – A lei civil permite aos pais tomar atitudes de correcção de filhos menores nas suas faltas, desde que tais atitudes sejam exercidas com moderação e norteadas pelo interesse do menor. II – Não é criminalmente punível, nos termos do art. 31.º, n.ºs 1 e 2 al. b) do CP, a conduta do pai que, depois de uma discussão com uma filha menor em que esta se refugiou no seu quarto, lhe veio a dar um encontrão e uma bofetada. Recentemente, esta posição, embora sufragada pelos Tribunais de 1ª instância, tem sido alterada pelos Tribunais superiores. *Vide* o Acórdão da Relação de Lisboa, de 04.10.2001, Base Jurídico-Documental do M.J. (www.dgsi.pt), em que a decisão de absolvição da mãe que agrediu a filha de dois anos foi revogada: «Provando-se que uma criança com apenas dois anos de idade é agredida, pela sua mãe, com uma tábua, justificando-se a absolvição desta pelo facto de, sendo a pequena filha

direito de castigo, não faz parte do conteúdo do poder paternal e a insistência da jurisprudência, em considerar este direito uma causa de exclusão da ilicitude, mais não significa do que um vestígio cultural da antiga *patria potestas* do Direito Romano, que criou um entendimento das relações pais-filhos como relações de domínio[96]. O direito dos pais educarem os filhos não abrange o direito de os agredir, de ofender a sua dignidade, integridade física e psíquica ou liberdade. Se nós os adultos não temos o direito de nos castigar uns aos outros quando erramos, e qualquer adulto erra e precisa de aprender, porque haveremos de ter o direito de castigar as crianças? Se comportamentos que praticados entre adultos constituem tipos legais de crime de integridade física ou de injúria, porque é que os mesmos factos são considerados lícitos quando praticados por um progenitor em relação aos filhos menores[97]? Tanto mais que a fragilidade e falta de poder da criança face ao adulto tornam a gravidade da violência ainda maior[98]. Isto sem prejuízo de considerarmos

---

da agressora, esta pode fazer o que bem quisesse e que tal facto não ultrapassa o poder de correção dos pais em relação aos filhos, é ter uma concepção da educação e desenvolvimento da criança e do exercício do poder paternal que não corresponde ao mundo civilizado». No mesmo sentido, *vide* o Acórdão da Relação de Évora, de 12.10.1999, C.J., Ano XXIV, t. V, 1999, pp. 291-294, onde se afirma que «Nem a falta de respeito, por parte de um filho, nem o poder-dever de o educar, excluem a ilicitude do recurso a violência, pelos seus progenitores. Por isso, integra o crime de ofensas corporais voluntárias a agressão física que extravasa claramente o âmbito do exercício do poder paternal». Tratava-se de um caso em que o pai agrediu a filha de dezasseis anos pelo facto de ter descoberto que esta tomava a pílula e consultava um ginecologista. A decisão do Tribunal da Relação de Évora, não aceitando que o poder-dever de educação possa funcionar como causa de exclusão da ilicitude do crime de ofensas corporais, consiste num marco importante de uma alteração da consciência social contra os costumes subjacentes à família patriarcal hierarquizada em função do género, em que o homem era o chefe da família e a moral sexual era dupla.

[96] Neste sentido, *vide* MONTEIRO, Filipe Silva, *O Direito de castigo ou O direito dos pais baterem nos filhos,* Análise Jurídico-Penal, Braga, 2002, p. 52.

[97] Interrogação colocada por MONTEIRO, Filipe Silva, *ob. cit.,* p. 59, e que subscrevemos inteiramente.

[98] *Idem* p. 59.

que o direito penal é uma *ultima ratio* e que políticas sociais e de educação dos pais são mais importantes no combate a este fenómeno. Julgo haver uma tolerância social em relação aos castigos aplicados às crianças que se reflecte na forma como a doutrina penalista e a jurisprudência tratam esta questão, considerando os castigos como factos atípicos, em virtude da sua adequação social ou como factos lícitos ou não culposos, abrangidos por causas de justificação ou de desculpação, como o direito de correcção dos pais[99].

Alguns países europeus optaram por proibir castigos físicos e psíquicos dos pais em relação aos filhos, como por exemplo, a Suécia e a Alemanha. A legislação proibitiva de castigos não visa punir penalmente os pais que recorrem a castigos leves, mas visa obter um efeito simbólico, tratando-se de uma estratégia para criar uma *nova cultura da infância,* em que as crianças são vistas como pessoas titulares de direitos[100].

Este tipo de legislação deve ser acompanhada de campanhas contra os castigos físicos e psíquicos e contra a violência dirigida às crianças dentro da família tal como as que foram já utilizadas para combater e prevenir a violência doméstica contra as mulheres.

---

[99] Sobre o tratamento jurídico-penal dos castigos impostos às crianças pelos pais, considerando-os abrangidos, não por um princípio de adequação social, por tal significar uma violação do princípio da legalidade, mas por causas de exclusão da ilicitude ou da culpa *vide* FARIA, Maria Paula Ribeiro de, *A Lesão da Integridade Física e o Direito de Educar Uma questão também Jurídica,* Juris et de Jure, Nos 20 anos da Faculdade de Direito da U.C.P. Porto, Porto, 1998, pp. 901-929. Sobre o mesmo tema *vide* MONTEIRO, Filipe, *O Direito de castigo ou O direito dos pais baterem nos filhos, ob. cit.,* pp. 60-67, afastando a teoria da adequação social e as causas de justificação dos castigos, posições doutrinárias baseadas na concepção sociológica, segundo a qual a maioria da população não censura os castigos aplicados pelos pais aos filhos.

[100] Cfr. FREEMAN, M., *The End Of The Century Of The Child?, ob. cit,* p. 546.

Inibições e limitações ao exercício do poder paternal

A titularidade do poder paternal é um direito originário dos pais, mas o seu exercício está sujeito à vigilância do Estado. No século XIX, o código civil de tradição liberal, o Código Civil de 1867, no art 141.º, apenas previa como causa de inibição do exercício do poder paternal um abuso cometido pelos pais susceptível de integrar uma infracção penal.

Foi na Primeira República que um grupo de mulheres fundou a Liga Republicana das Mulheres Portuguesas, uma organização política e feminista, que visava lutar pela protecção das crianças abandonadas e orfãs, assim como pelo acesso das mulheres e das crianças à educação e à instrução, criando a Obra Maternal, dirigida também ao combate ao alcoolismo e à prostituição, assim como a proteger e a educar as crianças sem família ou vítimas de explorações[101]. Neste contexto, surgiu a Lei de 27 de Maio de 1911, um dos diplomas mais avançados da época, que alargou os fundamentos da inibição do exercício do poder paternal, através de uma técnica de enumeração: negligência no dever de educar e de vigiar os filhos; mau comportamento notório ou escandaloso; maus tratos físicos habituais ou excessivos; privação de alimentos ou de outros cuidados indispensáveis à saúde dos filhos; incitação ao crime, ociosidade, mendicidade, libertinagem; emprego de menores em profissões proibidas ou imorais; condenação dos pais por certos crimes.

Nos anos 60 houve um novo avanço consagrado na Organização Tutelar de Menores de 1962, que veio acentuar o modelo de protecção e a intervenção dos tribunais tutelares na família[102], contendo também

---

[101] *Vide* ESTEVES, João Gomes, *A Liga Republicana das Mulheres Portuguesas, Uma organização política e feminista (1909-1991)*, Comissão para a Igualdade dos Direitos das Mulheres, 1991.

[102] Sobre as alterações introduzidas pela O.T.M. de 1962, que alargou a categoria de menores em perigo, *vide* BOLIEIRO, Helena Isabel Dias, *O Menor em Perigo, a sua Protecção e o Encaminhamento para a Adopção: Quando e em que Casos?*, in Trabalhos do Curso de Pós-graduação "Protecção de Menores – Prof. Doutor F. M. Pereira Coelho" – I, Coimbra, 2002, pp. 12-13.

uma enumeração dos fundamentos da inibição do poder paternal (art. 77.°) para onde remetia o art. 1915.° do Código Civil de 1966.

A reforma do Código Civil, datada de 1977, previu um alargamento das causas de inibição do poder paternal (art 1915.°, n.° 1 do código Civil), definidas através de uma cláusula geral, e incluindo não só causas subjectivas, baseadas na culpa dos pais (quando qualquer dos pais infrinja culposamente os deveres para com os filhos, com grave prejuízo destes) mas também causas objectivas (quando, por inexperiência, enfermidade, ausência ou outras razões, não se mostre em condições de cumprir aqueles deveres)[103]. O Código Civil prevê, ainda, a inibição de *pleno direito* em relação aos condenados definitivamente por crime a que a lei atribua esse efeito (art. 1913.°, n.° 1, al. a). Contudo, o Código Penal (art. 179.°) não consagra uma inibição automática do exercício do poder paternal, da tutela ou da curatela, de quem for condenado por crimes sexuais contra menores, estipulando uma margem de liberdade na apreciação judicial, de acordo com a gravidade do facto e a sua conexão com a função exercida pelo agente, e determinando que a inibição se estenda por um período de 2 a 15 anos. Julgo que a inibição do exercício do poder paternal devia ser automática[104], pois, a inibição não consiste numa sanção para o progenitor que infringe os seus deveres para com os filhos mas numa medida de protecção das crianças, não se mostrando necessária qualquer maleabilidade interpretativa relativamente à gravidade do facto e à conexão com a função exercida pelo agente para decidir acerca da necessidade para a segurança do menor da aplicação desta medida[105]. Entendo que

---

[103] Cfr. o acórdão de 18 de Janeiro de 2001, CJ, 2001, Tomo I, p. 94: «a inibição do poder paternal (...) abarca situações objectivas das quais resulte não estarem os pais em condições de cumprirem os deveres que o próprio poder paternal impõe, o que se compreende, pois estamos num domínio em que as medidas devem ser encaradas primacialmente em função dos interesses dos filhos».

[104] Neste sentido, *vide* BELEZA, Teresa Pizarro, *Sem Sombra de Pecado... ob. cit.,* p. 183.

[105] Concordamos com BELEZA, Teresa Pizarro, *idem*, p. 183, questionando «se (...) o nosso legislador, mergulhado nas suas preocupações de religitimação

a proibição contida no art. 30.º, n.º 4 da Constituição, segundo a qual nenhuma pena envolve como efeito necessário a perda de quaisquer direitos civis, profissionais ou políticos, não é aplicável à inibição do exercício do poder paternal relativamente aos agressores sexuais dos filhos menores. O poder paternal consiste num poder funcional ou num conjunto de direitos-deveres para com os filhos, cujo exercício está sujeito a vigilância do Estado e não num mero direito civil subjectivo.

Defendo também que a inibição do poder paternal inclui a suspensão do direito de visita do abusador. A interpretação da lei deve ser feita com o objectivo de impedir as falhas do sistema judicial, quando estão em causa a protecção dos mais vulneráveis e não deve permitir imperfeições do sistema que prejudiquem os mais fracos. Por vezes, devido a falta de comunicação entre o Tribunal Penal, onde corre o processo crime, e o Tribunal de Família, ou por esquecimento do julgador do processo penal em decretar a inibição do exercício do paternal, são decretados direitos de visita em relação a pais que abusaram sexualmente das filhas, situações que não sucederiam se a inibição do exercício do poder paternal e a suspensão do direito de visita decorressem automaticamente da sentença de condenação no processo crime.

Como alternativas à inibição do poder paternal, o código civil prevê, para casos menos graves, a aplicabilidade de medidas de assistência que permitem aos pais manter o exercício do poder paternal em tudo o que não seja inconciliável com as medidas decretadas (art. 1919.º, n.º 1), face a situações de perigo para a segurança, a saúde, a formação moral ou a educação de um menor (art. 1918.º). Note-se que a situação de perigo pode ter sido provocada por um comportamento dos pais culposo ou não, ou por influências do meio exterior, que a família não seja capaz de superar[106].

---

do Estado de Direito, não terá esquecido, de entre todos os cidadãos, os mais vulneráveis...»

[106] Cfr. em relação a este último aspecto, PIRES DE LIMA/ANTUNES VARELA, *Código Civil Anotado*, Volume V (Artigos 1796.º a 2023.º) Coimbra, 1995, anotação ao artigo 1919.º, p. 427.

O conceito de crianças e jovens em perigo da actual lei de protecção faz-se utilizando este conceito de perigo do código civil e enumerando um conjunto de situações susceptíveis de o integrar (art. 3.º, n.º 2 da Lei 147/99, de 1 de Setembro), incluindo, não só crianças vítimas de maus tratos, negligência, abandono, como os casos referidos no n.º 2 do art. 3.º da lei de crianças e jovens em perigo[107], mas também crianças que não estão adaptadas a uma vida social normal, que se dedicam à mendicidade, vagabundagem, prostituição, consumo de álcool ou drogas[108] e crianças com idade inferior a 12 anos que pratiquem um facto qualificado pela lei penal como crime, tal como resulta da coordenação entre a lei de crianças e jovens em perigo e a lei tutelar educativa (Lei n.º 166/99, de 14 Setembro, art. 1.º).

Em relação à prostituição de jovens, verifica-se que o nosso C.P., punindo o lenocínio e o tráfico de menores até aos 16 anos de idade, não está de acordo com a proposta de decisão quadro relativa

---

[107] O art. 3.º, n.º 2 define criança ou jovem em perigo da seguinte forma: Quando a criança está abandonada ou vive entregue a si própria; Sofre de maus tratos físicos ou psíquicos ou é vítima de abusos sexuais; Não recebe os cuidados e a afeição adequados à sua idade e situação pessoal; É obrigada a actividades ou trabalhos excessivos ou inadequados à sua idade, dignidade e situação pessoal ou prejudiciais à sua formação e desenvolvimento; Está sujeita, de forma directa ou indirecta, a comportamentos que afectem gravemente a sua segurança ou o seu equilíbrio emocional.

[108] Veja-se a alínea f) do n.º 2 do art. 3.º, em que se afirma que são crianças em perigo as que assumem comportamentos ou se entregam a actividades ou consumos que afectam gravemente a sua saúde, segurança, formação, educação ou desenvolvimento, sem que os pais, o representante legal ou quem tenha a guarda de facto se lhes oponham de modo adequado a remover essa situação. Interpretamos, esta norma, no sentido de abranger as situações que eram consideradas, ao abrigo da OTM de 1978, como crianças em risco ou em situação de inadaptação à sociedade. Assinalando que desde a década de oitenta se verifica uma tendência para o crescimento do número das crianças em risco cuja situação é levada a Tribunal, vide PEDROSO, João, *A justiça de menores entre o risco e o crime: uma passagem... para que margem?*, Revista Crítica de Ciências Sociais, N.º 55, Novembro 1999, p. 139.

à luta contra a exploração e a pornografia infantil, apresentada pela Comissão Europeia (Proposta da Comissão COM (2000) 854, Jornal Oficial C 62E, de 27.02.2001) ao Parlamento Europeu, em que se destaca que criança é qualquer pessoa com menos de 18 anos de idade, mesmo quando tenha já atingido um certo grau de maturidade. Por outro lado, a sociedade tende a ver as crianças vítimas de pornografia e de prostituição com ambiguidade, mais como culpadas do que como vítimas, fenómeno designado por ELIANA GERSÃO como *inversão de responsabilidades*[109], quando, na verdade, se trata de crianças abandonadas e desprotegidas, que são exploradas por adultos, e vítimas da negligência da família ou do Estado.

O modelos de protecção de crianças e a institucionalização

Os modelos de protecção de menores têm-se caracterizado, em Portugal, pela aplicação excessiva de medidas de internamento, sendo o nosso país, aquele que na União Europeia tem um maior número de menores internados em instituições[110]. Este número era de 14000, em 1997, facto reflexo de uma cultura judiciária que vê as crianças como objectos que se depositam em instituições. As críticas feitas a este sistema residem também na sua acentuada selectividade, pois apenas as crianças das classes sociais mais desfavore-

---

[109] Cfr. GERSÃO, Eliana, *Crimes sexuais contra crianças...*, ob. cit., pp. 21--27, em que a Autora critica a permissividade da legislação penal portuguesa quanto aos limites de idade previstos nos tipos legais de lenocínio, tráfico de menores e utilização de menor para pornografia, assim como os requisitos legais de incriminação.

[110] Para uma análise do sistema de protecção assente na institucionalização e sobre a reforma que separou o modelo de protecção para crianças em perigo do modelo tutelar educativo dirigido a crianças entre os 12 e os 16 que praticam factos ilícitos qualificados como crime, não se considerando estes dois modelos, no entanto, compartimentos estanques, uma vez que o modelo assistencial cobre crianças carenciadas que praticam furtos, *vide* RODRIGUES, Anabela, *Repensar o Direito de Menores em Portugal Utopia ou Realidade?*, Revista Portuguesa de Ciência Criminal, Ano 7, Facs. 3.º, 1997, pp. 355-386.

cidas são atingidas, ficando de fora a negligência emocional das crianças, nas classes sociais altas.

Afigura-se-me que a margem de erro do sistema reside, por um lado, na aplicação desproporcionada de medidas de institucionalização a casos de negligência económica, deficiente alimentação das crianças ou falta de condições habitacionais, as quais poderiam ser supridas pelo Estado, através de apoio económico às famílias, e por outro, num *deficit* de intervenção em relação a famílias em que há violência e maus tratos às crianças, ou de uma intervenção que penaliza a criança vítima, institucionalizando-a, em vez de obrigar o agressor a abandonar a residência.

Este sistema de protecção, que considera a criança como um indivíduo separado da sua família, conduzindo à institucionalização das crianças-vítimas, revelou-se desumano e traumatizante para a criança.

Investigações feitas neste domínio concluiram que as crianças institucionalizadas revelam regressão no desenvolvimento e correm o risco de serem novamente vitimizadas por negligência emocional, violência e abusos sexuais dentro das instituições. Em regra, a institucionalização não permite a manutenção da ligação da criança à figura primária de referência nem o estabelecimento de laços emocionais com uma nova pessoa de referência, o que tem por consequência a baixa auto-estima das crianças, solidão e sentimentos de isolamento[111]. O sistema de colocação em famílias de acolhimento, pelo seu carácter temporário, cria instabilidade e sofrimento à criança, pelas sucessivas separações a que estão sujeitas, o que gera uma impossibilidade de as crianças desenvolverem relações emocionais com as pessoas que cuidam delas, que são mesmo aconselhadas a manterem algum distanciamento afectivo para não sofrerem com as separações. Este sistema é criticável pelo facto de as crianças poderem ser retiradas às famílias de acolhimento ou a famílias que cuidam de facto delas sem qualquer tutela jurídica, mas que desem-

---

[111] Cfr. MNOOKIN/WEISBERG, *Child Family and State. Problems and Materials on Children and the Law,* New York, 2000, pp. 509-510.

penham funções parentais e em relação às quais a criança tem um sentimento de pertença. Julgo que, nestes casos, se os pais biológicos aparecerem a reclamar a criança, estas famílias devem ser notificadas para participarem no processo de regulação do poder paternal para pedirem a guarda[112], devendo a relação afectiva que entretanto desenvolveram com a criança ser protegida pela lei face aos direitos de pais biológicos com quem a criança nunca teve uma relação afectiva e que nunca assumiram responsabilidade por ela[113]. O critério prevalecente na regulação do poder paternal não é o vínculo biológico de paternidade ou de maternidade mas a *relação afectiva* da criança com os adultos que assumiram de facto *responsabilidade* por ela[114]. As relações semelhantes à filiação, ainda que meramente de facto, sem cobertura jurídica, devem benefeciar da mesma protecção constitucional do vínculo biológico de paternidade ou de maternidade. Prevalecem, nestes conflitos, não os direitos dos pais biológicos, mas o interesse da criança a integrar-se na família afectiva que de facto se responsabilizou por ela[115].

---

[112] Admitindo a legitimidade dos avós para num processo de regulação do poder paternal reclamarem o exercício do direito de visita *vide* o acórdão do STJ de 3 de Março de 1998, CJ, Acórdãos do Supremo Tribunal de Justiça, 1998, Tomo I, pp. 119-121.

[113] Sobre os direitos dos parentes, normalmente os avós, que cuidam da criança, desenvolvendo com esta uma relação semelhante à da filiação *vide* PAUPECK, Gabrielle A., *When Grandma Becomes Mom: The Liberty Interests Of Kinship Foster Parents*, Fordham Law Review, Volume LXX, 2001, n.º 2, pp. 527-560.

[114] Sobre o conceito de paternidade e de maternidade como responsabilidade numa relação *vide* BARTLETT, Katharine T., *Re-Expressing Parenthood*, Yale Law Journal, vol. 98, 1988, p. 298.

[115] Para um um caso em que o Tribunal transformou a guarda de facto a cargo dos avós em guarda de direito, pois estes demonstravam grande apego e afeição pelo menor, proporcionando-lhe bem estar e condições adequadas ao seu desenvolvimento, *vide* o Acórdão da Relação de Lisboa de 1 de Janeiro de 2002, CJ, 2002, Tomo I, pp. 95-96. Confiando a guarda de uma criança aos avós paternos, com quem a menor vivia desde quando tinha cerca de um mês de idade, *vide* o acordão do Tribunal da Relação do Porto de 10 de Janeiro de 1991 *in* Base Jurídico-Documental do MJ (www.dgsi).

A jurisprudência da biologia, aplicada friamente e sem ouvir a criança e as famílias que de facto cuidam dela, pode transformar-se numa violência para os sentimentos da criança e num obstáculo ao seu desenvolvimento[116]. Lamentamos a persistência de uma mentalidade, no sistema judicial, que encara a criança como um objecto, que necessita apenas de uma casa e de alimentação e que desconhece a importância do afecto e da relação emocional para o seu crescimento e felicidade.

Quando se trata de famílias que não podem criar os seus filhos, apenas por carência económica, as opções políticas do Estado, na distribuição dos recursos, deviam concentrar-se no apoio às famílias.

Considero também que o sistema legal em vez de oferecer um sistema de tudo ou nada, deveria, antes, criar figuras intermédias entre a adopção e a guarda, a chamada adopção aberta ou adopção com contacto entre a criança e a família biológica, para casos em que existe uma relação afectiva entre as crianças e os pais biológicos.

Para situações de perigo ou de maus tratos, em vez de institucionalizar a criança, é preferível recorrer ao apoio da família alargada, juntamente com apoio económico a esta. Respeita-se assim, a continuidade das relações afectivas da criança e esta integra-se mais facilmente no seio da sua família do que numa instituição, benefeciando de mais afecto e não sofrendo a solidão, o estigma e o traumatismo ligados à institucionalização.

---

[116] Cfr. acórdão da Relação do Porto de 11 de Outubro de 1994, CJ,Tomo IV, pp. 209-210, o qual revogou a sentença de 1ª instância que tinha confiado a guarda à avó com quem o menor vivia desde o nascimento; acórdão do Tribunal da Relação do Porto de 1 de Outubro de 1992, *in* Base Jurídico Documental do MJ(www.dgsi), negando aos avós o direito de obter a guarda dos netos, em caso de morte da mãe da criança, e apesar de o pai ter manifestado desinteresse relativamente ao sustento e destino do filho; o acórdão da Relação do Porto de 9 de Março de 1993 *in* Base Jurídico Documental do MJ (www.dgsi), em que se recusa a guarda do menor aos avós, em caso de falecimento do progenitor a cuja guarda se encontrava o menor, ainda que o menor tenha vivido com os avós e com o progenitor falecido, em comunhão de mesa e de habitação. Fazendo prevalecer os direitos dos pais, *vide* também o acórdão da Relação do Porto de 7 de Janeiro de 1998, CJ, Tomo I, 1999, p. 7.

Sistema do apoio à família ou de reabilitação da família

O sistema actual, que resulta da nova lei de crianças e de jovens em perigo, pretende trabalhar a família em conjunto, aplicando medidas com a colaboração dos pais e das crianças, no meio natural de vida da criança. O tribunal deve optar pelas medidas que impliquem a menor intervenção possível, de acordo com o princípio da intervenção mínima e da subsidariedade. Este sistema pressupõe que o abuso é uma disfunção familiar e que é possível a reabilitação da família, sendo vista a ruptura permanente de laços da criança com a família biológica como necessariamente má. Este modelo parece ajustado para os casos de negligência económica ou falta de acompanhamento dos pais em relaçãos às obrigações escolares dos filhos, mas exige, para funcionar e para ultrapassar o plano das meras intenções ou princípios programáticos, um grande investimento dos recursos do Estado no apoio económico às famílias e em equipas especializadas de acompanhamento da execução das medidas. Já relativamente aos casos de maus tratos e de abuso sexual, considero que este sistema dá demasiado poder à família, em particular, ao agressor, daí que estes crimes devam ser imediatamente encaminhados para os tribunais e para o M.P., em vez de constituirem uma tarefa das Comissões de Protecção, em cooperação com as famílias. Uma vez que a família é livre de decidir se a intervenção é possível ou não, este modelo pode desproteger a criança vítima de maus tratos, pois os interesses dos pais não coincidem com os interesses dos filhos e estes não têm poder para fazer valer os seus interesses contra os dos pais. Verifica-se o perigo, neste modelo, de que sejam reafirmados e perpetuados os desequilíbrios de poder dentro da família, os provenientes da idade e, sobretudo, as hierarquias de género, no contexto do abuso sexual[117]. O sistema de apoio à família pode conduzir mais à protecção dos adultos perante a intervenção do Estado do que à segu-

---

[117] Cfr. FREEMAN, M., *The End of The Century of The Child?*, ob. cit., p. 536.

rança e à promoção do bem-estar da criança, atribuindo à família e ao agressor demasiado poder de decisão[118].

A natureza participativa do modelo, assente no direito de o menor ser ouvido e participar nas decisões que lhe dizem respeito, tem sido imperfeitamente executado pelos tribunais. É necessário criar estruturas para que este direito possa ser exercido, em condições de respeito pela sensibilidade da criança e pelo seu direito à intimidade perante os pais.

O combate ao abuso deve assentar também em políticas de prevenção e no fortalecimento da posição dos membros da família não abusadores, por exemplo, através de decisões de guarda a favor de familiares da criança ou terceiras pessoas ligadas afectivamente à criança, como professores e vizinhos, juntamente com o apoio económico a quem cuida da criança, em substituição da sua colocação numa instituição[119]. Neste sentido, a medida de *apoio junto dos pais,* devia abranger a possibilidade de afastamento do agressor da residência[120] e de apoio económico ao progenitor, normalmente,

---

[118] *Idem* p. 539.
[119] *Idem* p. 540.
[120] Julgo que a medida de afastamento do agressor prevista no art. 152.º do Código Penal para o caso de maus tratos conjugais é também aplicável no caso de maus tratos às crianças, por analogia. Considero criticável, a lei de protecção de crianças e de jovens em perigo não referir expressamente esta medida como uma forma de remover o perigo em que a criança vítima de maus tratos ou de abuso sexual se encontra. A preferência da lei por medidas aplicadas no meio natural de vida (art. 4.º) e com a finalidade de afastar o perigo em que se encontra a criança (art 34.º), deve incluir a possibilidade de afastar o agressor da residência para que a criança continue integrada na sua família e não seja duplamente punida com a institucionalização. Também o art. 200.º do CPP, n.º 1 al. a) (Proibição de permanência, de ausência e de contactos) aponta neste sentido, prevendo a possibilidade de aplicar uma medida de coacção ao agressor, mediante a qual o juiz pode impor ao arguido, a obrigação de não permanecer, ou não permanecer sem autorização, na àrea de uma determinada povoação, frequesia ou concelho ou na residência onde o crime tenha sido cometido ou onde habitem os ofendidos seus familiares ou outras pessoas sobre as quais possam ser cometidos novos crimes. Informando que inexplicavelmente esta medida tão essencial para evitar a continuação da actividade criminosa é pouco aplicada pelos Tribunais vide GUERRA,

a mãe, a cuja guarda o filho ficasse confiado, e que, muitas vezes, não pode sair de casa com os filhos por razões de dependência económica. Também, como vimos, o apoio junto de um familiar ou a confiança a pessoa idónea que, não pertencendo à família, tenha estabelecido com a criança e os membros da família uma relação de afectividade recíproca, são soluções alternativas à institucionalização[121].

Talvez, no futuro, uma mudança de mentalidade (e também das condições económicas da população portuguesa), permita que se passe de uma *opacidade* entre as famílias nucleares estáveis e as crianças em perigo para uma assunção de *responsabilidade social pelos filhos dos outros*, que paralelamente com uma concepção de família centrada nos laços afectivos e não no vínculo biológico, impeça que tantas crianças vivam em instituições, desprovidas da afectividade de uma família.

Paulo, in CARMO, Rui do/ALBERTO, I./GUERRA, P., *O Abuso Sexual de Menores, ob. cit.*, p. 60. Julgo que tal timidez na aplicação da medida se deve ao facto de o Processo Penal estar informado por uma perspectiva demasiado garantística relativamente aos direitos do arguido, desconsiderando a necessidade de protecção da vítima. No sentido da necessidade de medidas de interdição do acesso do maltratante ao domicílio familiar, para obstar ao mau trato acrescido que resulta de se retirar a criança do seu ambiente, *vide* LEANDRO Armando Gomes, *A problemática da Criança Maltratada em Portugal... ob. cit.*, p. 72, nota 19. Contra a institucionalização de crianças, em caso de abuso sexual, questionando o tratamento da questão no âmbito jurídico-penal e defendendo a necessidade de ter em conta a perspectiva da criança vítima, *vide* SELLS, Marcia, *Child That's Got Her Own*, in FINEMAN, M.A./MYKITIUK, R., *The Public Nature of Private Violence, The Discovery of Domestic Abuse*, New York, 1994, pp. 130-147.

[121] Sobre o papel de uma pessoa de referência, pertencente à família alargada da criança e que assume a responsabilidade pela sua educação e vigilância, na recuperação da criança maltratada *vide* GONÇALVES, Jeni Canha Alcobio Matias, *Criança Maltratada... ob. cit.*, pp. 190-200.

A cultura do sofrimento e o papel das emoções na Justiça

GOTA DE ÁGUA

Eu, quando choro,
Não choro eu.
Chora aquilo que nos homens
Em todo o tempo sofreu.
As lágrimas são as minhas
Mas o choro não é meu.

ANTÓNIO GEDEÃO, 1956

No exercício do poder judicial, existe uma relação particular entre a/o juíza/juiz e as partes litigantes, no sentido de que a/o juíza/juiz deve decidir os assuntos que afectam as crianças, de acordo com uma *ética de cuidado,* tal como os pais tomam decisões que afectam a vida dos seus filhos[122]. No Direito das Crianças verifica-se uma interacção entre cuidado e justiça. A justiça não é a pureza positivista ou legalista mas requer uma apreciação da essência humana de cada participante e do seu dilema[123] e o método jurídico deve atender ao particular e à contextualização, para dar voz aos excluídos.

Há uma relação especial entre o Estado e as crianças que é fonte de deveres positivos de protecção das crianças e dos jovens, na afectação de recursos, no apoio à família, na formação das equipas técnicas que acompanham a execução de medidas de protecção e de medidas tutelares, e cujo incumprimento negligente torna o Estado responsável pelos danos causados às crianças que tem a seu cuidado[124].

---

[122] Cfr. WEST, Robin, *Caring for Justice, ob. cit.,* p. 54.
[123] *Idem* p. 91.
[124] Veja-se, a este propósito, o voto de vencido de Justice Blackmun, J. acerca da famosa decisão norte-americana que rejeitou a responsabilidade do Estado pelos danos causados a uma criança acompanhada pelos serviços sociais por ser vítima de violência por parte do pai, e que foi agredida por este, depois de

Numa sociedade que pretende ser solidária, ninguém cuida bem dos seus filhos, se estabelecer um compartimento estanque entre os seus filhos e os filhos dos outros, sobretudo, se esses outros forem os desfavorecidos em termos económicos e afectivos. Não pode haver execução das leis e dos direitos sem recursos: cuidar das crianças implica ser justo com todas as crianças na afectação de recursos, não só a nível estadual, social e institucional mas também a nível individual. Qual é a diferença entre o eu e o tu? Qual é a diferença entre os nossos filhos e os filhos dos outros?

Gostaria de relembrar, neste momento, a origem do movimento feminista em Portugal, na Primeira República, e que abrangia para além da luta pelos direitos das mulheres, a protecção das crianças[125].

Identifico-me com uma forma de *feminismo,* que designo de *cristão,* e que se baseia numa *cultura do sofrimento* – sofrer as dores dos outros – das mulheres, das crianças e de todos os oprimidos, como um meio de assumir uma *responsabilidade* social pela protecção dos mais fracos e de lutar para romper todas as relações de hierarquia e de domínio entre seres humanos.

A filosofia de Aristóteles e Kant que marcou o pensamento ocidental e influenciou o direito, criando uma confiança cega na

---

os serviços lhe terem confiado a guarda do filho, mesmo com conhecimento da violência, acabando Joshua por ter apenas uma vida vegetativa. Cfr. De SHANEY v. WINEBAGO CTY. SOC. SERVS. DEPT., *in* United States Report, Volume 489, Supreme Court, p. 189, 213: *(…) I would adopt a sympathetic reading, one which comports with dictates of fundamental justice and recognizes compassion need not be exiled from the province of judging. Poor Joshua! Victim of repeated attacks by an irresponsible, bullying, cowardly, and intemperate father, and abandoned by respondents who placed him in a dangerous predicament and knew or learned what was going on, and yet did essentially nothing (…).* A doutrina admitiu, neste caso, a existência de um dever constitucional positivo de protecção do Estado e de uma relação especial entre o Estado e as crianças em perigo. Cfr. BEERMAN, Jack M., *Administrative Failure And Local Democracy: The Politics of De SHANEY*, Duke Law Journal, Volume 1990, n.º 5, p. 1078 e ss, considerando a decisão do Supremo Tribunal formalista; WEST, Robin, *Caring for Justice, ob. cit.,* pp. 48-49. No direito europeu, ainda está por aparecer uma criança a propor uma acção contra o Estado por ter sido vítima de abuso dentro da família ou dentro da instituição em que está ou esteve internada.

razão e no racionalismo como forma de argumentação jurídica, deve ser completada e corrigida por uma *ética de compaixão*[126], por um método jurídico baseado no diálogo entre a razão e a paixão[127], por uma visão do mundo baseada em *sentimentos de fraternidade*. A função dos juristas não consiste na descoberta das soluções que decorrem da lei, como um dado já posto, através dos métodos lógico-dedutivos de interpretação, mas na resolução dos problemas jurídicos concretos com justeza prático-normativa, dando prioridade ao caso[128] e colocando no centro a pessoa humana e valores ligados à vida e à liberdade. Aos juristas também compete o impulsionamento de reformas legais, a elaboração de critérios de orientação para uma jurisprudência criativa e a contribuição para revoluções culturais. Os juristas não devem obediência à lei imoral ou injusta, antes devem ter a ousadia e a responsabilidade de tomar decisões baseadas não em formalismos desresponsabilizantes, mas numa *lógica do coração*[129]. E também, porque não, *sonhar*? Uma jurista também deve sonhar e transmitir, em cadeia, os seus sonhos a outros, até que esses sonhos, um dia, se possam tornar realidade.

E por último, referindo-me às crianças e à nossa responsabilidade por elas, gostaria de terminar dizendo, que não são as crianças que têm de ser inocentes, mas nós, os adultos, é que devemos ser inocentes com elas. Não somos nós que temos o poder de correcção sobre as crianças, devíamos antes exercê-lo sobre nós mesmos, para sermos *modelos* para as crianças e criarmos um *mundo mais justo* para elas.

---

[125] Cfr. ESTEVES, João Gomes, *A Liga Republicana das Mulheres Portuguesas*, ob. cit., pp. 74-82.

[126] Cfr. WEST, Robin, *Caring for Justice*, ob. cit., pp. 32-33.

[127] Cfr. BRENNAN, William J., *Reason, Passion, and The Progress of the Law*, Cardozo Law Review, Volume 10, 1988, p. 3.

[128] Cfr. NEVES, A. Castanheira, *O Sentido Actual da Metodologia Jurídica*, Ciclo de Conferências em Homenagem Póstuma ao Professor Doutor Manuel de Andrade, Coimbra, p. 22.

[129] Cfr. CARBONNIER, J., *Les Notions a Contenu Variable dans le Droit Français de la Famille*, in *Les Notins a Contenu Variable en Droit*, Études publiées par Chaîn Perelman et Raymond Vander Elst, Bruxelles, 1984, p. 111.

PAREDES DE PELE, MUROS DE PEDRA

MILICE RIBEIRO DOS SANTOS[*]

Em 1983 formámos no Porto um grupo de quinze cidadãos e cidadãs, o Grupo de Reflexão e Intervenção em Internatos, Instituições Tutelares e Orfanatos (GRIIITO), que foi um grupo de pressão que tinha como principais finalidades:
- denunciar publicamente situações graves;
- intervir junto das entidades governamentais responsáveis de forma a transformar com urgência estas situações dramáticas;
- investigar sobre esta temática;
- colaborar na procura de alternativas quer ao internamento como solução privilegiada, quer ao funcionamento e organização destas instituições.

A investigação de que vos vou falar foi desenvolvida no âmbito do Mestrado com uma metodologia de Observação Participante e inscreve-se numa das lutas e causas da minha vida.

As metodologias de pesquisa não são neutras; estão relacionadas com as opções teóricas do investigador. Optei pela Observação Participante por pretender uma apreensão qualitativa deste micro universo; entender do ponto de vista das jovens, cunhar com uma disponibilidade, com um profundo respeito.

---

[*] Psicóloga, terapeuta sistémica, professora coordenadora na Escola Superior de Educação do Porto.

Pretendia investigar junto de jovens que é preciso fazer passar de "objectos" a "sujeitos". Eu não podia ser mais um adulto que as julgava e, como sabemos, as características institucionais podem agravar a relação entre "ser observado" e ser "julgado". O universo de estudo é uma área do "oculto social" que é preciso compreender do interior, desvendar o submerso, o que não é fácil numa apreensão distanciada (por exemplo: entender como as jovens se organizavam para não serem descobertas, pelas colegas da escola, de que viviam num internato; saber que os objectos de decoração estão sempre no mesmo lugar; compreender como se expressa a violência institucional invisível). Dado o internato – enquanto objecto de estudo – ser complexo indicava hipóteses sistémicas, uma compreensão holística e multidimensional que me parecia ser adequado à metodologia de Observação Participante.

A elaboração de um Diário de Bordo permitiu várias anotações, reflexões e re-leituras. Foi importante na reflexão contínua sobre os dados impressionistas dos acontecimentos, contribuiu para gerir as marcas da minha implicação. Conseguir que a minha própria implicação produzisse saber, pois o conhecimento é auto-conhecimento[1]. A investigação desenvolveu-se num internato feminino, com 43 adolescentes, a partir de actividades de animação, numa sala de jogos que assegurei, duas vezes por semana, durante cinco meses seguidos (43 sessões; 150 horas) voltando, após as férias, algumas vezes mais (20 horas).

O que reflecti sobre a população?

• Estas jovens estão no internato colocadas pelo Ministério da Justiça e pela Segurança Social por razões de pobreza e fome, porque corriam riscos de negligência, de abuso sexual ou outros e, ainda, por pedido directo das famílias por dificuldades várias, nomeadamente económicas.

---

[1] Como diz Guy Berger "a objectividade é ter em conta a nossa subjectividade" (citado de memória).

• A análise dos trajectos de vida destas jovens confronta-nos com muitos anos de internamento e de separações precoces. As descontinuidades e rupturas – rompimentos familiares, geográficos, culturais, de afectos, de percursos, de perspectivas de futuro – tornaram-nas desenraizadas de terrenos onde, muitas vezes, não tiveram tempo para criar raízes. Sem mesmo, muitas delas entenderem o sentido destas mudanças.

A totalidade das idades das 43 jovens em estudo era de 666 anos. Analisando os seus percursos existenciais observa-se que: 50% desse tempo foi vivido em situação de internamento (330,5 anos); existência de episódios de colocações familiares; 17 vieram para o internato nos seis primeiros anos de vida e 11 no primeiro ano de vida[2].

A tradição de beneficiência, o cunho caritativo destas instituições feitas para o bem dos "outros" para salvar da desgraça social contribui para se sentir "sujeito assistido".

• Muitas das jovens sentiram intrinsecamente, nas suas vidas, a situação de abandono; os seus comportamentos denotam marcas profundas de quem se sente excluída, culpabilizada, apresentam dificuldades na expressão dos afectos, uma falta de confiança em si e nos outros, inquietudes várias, insatisfação consigo próprias e com o que fazem, sentimentos de timidez, vergonha e tristeza.

"Eu gostaria de mudar a vergonha, o medo, deixar de ser menos pensativa, orgulhosa. Sou também muito complexada e gostaria de deixar de ser".[3]

As manifestações de insegurança pessoal descritas são como resíduos das constantes separações e rupturas. Existe um isolamento e uma depressividade entrosados num sentimento de mal amada, nas falhas narcísicas da infância, na ausência de uma protecção quente do crescer.

---

[2] Estudos têm evidenciado: quanto mais cedo as crianças são internadas mais tempo ficam no internato.

[3] As frases em itálico quando não são referenciadas pertencem às jovens que vivem na instituição em estudo.

- Há mães e pais incógnitos, mortos, ausentes, demissionários, internamentos forçados pelo tribunal, mas também quem tem famílias presentes, e/ou assim sentidas, que as acompanharam e que gostariam de saber/poder fazer de outra forma. *"Porque é que eu tive de nascer, de ter um pai doente quase a morrer e um pouco mau e termos algumas dificuldades"*.
- É tónica nas famílias de origem destas meninas um viver entre mulheres onde se nota a ausência de figuras masculinas. Todavia, acrescente-se, que as relações iniciáticas mãe//filha são frequentemente inexistentes ou insatisfatórias. *"Saudades, eu? Só do que nunca tive"*.
- Denota-se muita instabilidade dos meios afectivos de substituição familiar e pouca qualidade relacional das figuras substitutivas e das retaguardas afectivas encontradas. A uma pergunta de um questionário/jogo sobre "qual a pessoa que na vida melhor a compreendeu", obteve-se as seguintes respostas: *"Porque sempre tive uma vida muito histórica nunca ninguém me disse uma frase positiva em que eu me sentisse feliz"*. *"Até agora ninguém. Porque até agora não houve ninguém que me compreendesse embora sejam meus amigos eu tenho uma certa impressão que ninguém gosta de mim. Não é odiar-me, mas talvez pela maneira de ser. Talvez por isso ninguém me tenha compreendido"*.
- Há uma grande incidência de repetição transgeracional de situações de internamento; mães e pais que viveram em instituições assistenciais (internatos na infância, instituições para mães solteiras, etc) e que internaram mais do que um filho e, por vezes, todos. Existe como que um estigma de nascença que faz desta população um grupo sociocultural marginalizado sofrendo na própria pele o drama de existirem/subsistirem.

"Gostava de mudar o meu medo de pensar, sempre que penso em qualquer coisa penso sempre para o negativo, para as coisas".

"Eu gostaria de ter um corpo elegante gostaria de estar a viver com a minha família e gostaria de rezar poucos terços".

O que reflecti sobre a instituição enquanto sistema de vida, totalidade dinâmica, analisada nos seus aspectos reais, imaginários, simbólicos?

Caracterização do internato

Com capacidade para 60 raparigas. Situado na cidade do Porto com uma área de1040 metros quadrados estendidos no canto de duas ruas, com 43 janelas, uma cave, um rés do chão, dois andares, uma porta, um portão, um pátio, decorado com nomes de notáveis nas fachadas, quatro dormitórios com dez camas e um conjunto de vinte e uma divisões de dois por três metros.[4]

A gestão e orientação educativa pertence a uma congregação religiosa e dirige-se a jovens *"com problemas de substituição ou complementaridade do núcleo familiar de origem"*.

Factores sócio-institucionais

- A organização espaço-tempo – matriz do desenvolvimento – é rígida, repetitiva, não personalizada, asseada, com pouco conforto, sem intimidade, sem preocupações estéticas. Paredes altas, grossas, um certo silêncio, um certo cheiro, inesquecível.... *"Levanto-me às sete horas quer tenha ou não aulas; não nos deixam organizar o horário de estudo: deitarmo-nos tarde e podermos ficar a dormir até mais tarde"*.
- A decoração tem as seguintes características: sobretudo motivos religiosos; as fotos/posters das paredes representam crianças e não adolescentes; sem objectos pessoais expostos; sem fotografias que recordem e marquem a passagem das me-

---

[4] Apenas nestas pequenas divisões arranjadas como se fossem quartos, com uma cortina em vez de uma porta, ao contrário dos grandes dormitórios, era permitido afixar posters e fotos. As meninas aspiravam a dormir lá.

ninas que lá viveram (possíveis modelos identificatórios); não há espelhos de corpo inteiro.

• Sem espaços de intimidade, sem gavetas que possam fechar à chave e onde possam guardar grandes e pequenos segredos. Facto a relevar na adolescência que tantas necessidades desenvolvimentais tem de privacidade e de espaços personalizados e de intimidade. Numa reflexão conjunta a maioria das meninas aspirava a mudar o espaço do colégio.

A organização do espaço e do tempo é um suporte estrutural coerente com as práticas educativas.

• "É exercida uma grande vigilância sobre os gestos, o corpo, a postura, sendo justificada por razões educativas. Às raparigas é-lhes pedido constantemente que tenham *"maneiras"*, que tenham *"modos"*. O clima institucional leva à inibição de certos comportamentos espontâneos com restrição do prazer." (Ribeiro dos Santos, 1990)

"Não acho bem não podermos cantar, somos novas e apetece-nos, até dá jeito ao fazer as obrigações. É mania, lá porque elas não cantam não deviam proibir-nos de cantar".

O próprio nível de exigência é gerador de ansiedade, restringe os movimentos, cria tensão e medo dos castigos. As jovens têm a sensação de estar sempre a ser observadas e avaliadas. Existe um silêncio desqualificante, um controlo e vigilância constantes, um poder prepotente: pode-se ler as cartas recebidas, ouvir os telefonemas, falar sobre dados que deveriam ser mantidos confidenciais sobre as próprias jovens e suas famílias: *"foi abusada por o avô"*, *"a mãe é prostituta"*, *"o pai é um drogado"*.

• São cultivados poucos sentimentos de fraternidade e de expressões de ternura (por exemplo se alguém está doente, se tem um problema) e a própria organização institucional não facilita relações partilhadas (festejar os anos em conjunto para todas que fizeram anos nesse mês, não haver uma apresentação ao grupo das novas residentes).

• A narrativa usada é sobre os deveres, as obrigações, a obediência, os castigos e não sobre os direitos, a autonomia, a liberdade. Neste cenário existe uma comunicação com duplas mensagens entre o dito/não dito; o verbal/não verbal; com perguntas a que se não pode responder *"gostas de estar cá?"*; com questões paradoxais *"se não queres estar cá vai embora."* Um universo discursivo insecurizante, desidentificador.

"Há pouca esperança na vida, pouco optimismo no quotidiano; estas grandes instituições têm muros fortes e uma grande tristeza no seu interior. Tudo é problema e complicação... organizam-se contra a inovação" (Ribeiro dos Santos, 2003).

• Existe uma falta de entusiasmo no quotidiano, reforçado pelo universo discursivo; um fechar ao novo, ao diferente, ao criativo. *"Porque é que se há-de fazer tudo este ano e não deixar nada para o próximo ano?"* (Madre Superiora).

• Há uma segregação produzida pela própria situação de institucionalização, pelo próprio isolamento social. O ser *"internada"* transforma o corpo, a auto-imagem, a representação social. A violência institucional é estrutural, ancora na segregação social. Esta instituição, isolada socialmente, não educando as jovens em contextos socioculturais diversificados, não as preparando profissionalmente, nem as educando em autonomia parece agravar a marginalização que transportam das famílias de origem.

• Esta solidão pessoal, cultural e social não abre perspectivas para o processo de amadurecimento adolescente. O regime infantilizante (*horário fixo, pratos vindos da cozinha já servidos, participação e opiniões raramente pedidas, etc*) não favorece o processo de individuação adolescente, a autonomia, a passagem a mulher.

• As representações das jovens feitas pelo pessoal religioso e laico são de incidência negativa. O discurso de censura, as representações desvalorizadas destas jovens parece agravar a culpabilização inexplicavelmente sentida desde a infância, não favorecendo uma auto-imagem valorizada.

Tal como refere Goffman (1976) o pessoal que supervisiona nas instituições totalitárias passa a ter mais função de inspecção que de orientação; vigilância do cumprimento de normas. Embora não fosse este o caso, nestas instituições existe a trabalhar, frequentemente, um grande número de ex--internados.

• A instituição é unissexual e a ausência de figuras masculinas irá provavelmente dificultar o processo de identização quer pela ausência de modelos sexuais diferentes, quer pela não vivência de confronto de interacções entre homens e mulheres (agravando assim situações anteriores de educação entre mulheres).

• O internato organiza-se, numa censura moral, contra a sexualidade que desponta no corpo das adolescentes. A sexualidade é representada como causa de "perdição" de muitas das famílias de origem, sobretudo das mães destas meninas.

"Sempre presente a sexualidade é fantasmada como um perigo um perigo que espreita e as suas manifestações representadas como transgressivas" (Ribeiro dos Santos, 1990).

No entanto, para algumas jovens esta tonalidade de "pureza" da narrativa sobre a sexualidade também pode ter função de protecção do mal.

• O internato produz dificuldades e tem papel agravante nas dificuldades pessoais anteriormente vividas por muitas destas jovens.

"Às vezes imagino que daqui a 10 anos o mundo vai acabar, porque vejo as pessoas tão mal encaradas, não são humildes umas com as outras. Vejo mais pessoas a fazer o mal do que o bem, é por isso que às vezes penso desta maneira... até que tenho medo de viver".

• O internato parece despojar as suas residentes do que lhes é próprio oferecendo um terreno colectivo sem ser colectivizado, nem partilhado. A institucionalização parece constituir para muitas destas jovens um *"hiatus existencial"*. Ao afastarem-nas das pessoas e coisas significativas (casa, territórios, recordações, símbolos, etc) fazem-nas perder o seu *"estojo de identidade"* de que fala Goffman, agravando as descontinuidades dos seus trajectos de vida. Ora, "*se alguma coisa pode mudar a vida, é mesmo a percepção do tempo*" como nos diz Hall.

Todavia, estas jovens não sofrem passivamente a violência institucional, têm estratégias de acção e dinâmicas de reacção. Estar do contra, dissimular, estar com dores de barriga... podem ser formas de saber viver uma vida dupla: a que é exigida por uns e a que permitirá ter um estatuto junto de outros, jogar com os conflitos existentes entre os funcionários e o pessoal religioso de forma a não cumprirem as tarefas.

• Num internato socialmente isolado, as narrativas, abafando dificuldades e insucessos, promovem um "dantes" fantasiado apresentado como referente, consubstanciando um modelo passadista de mulher.

"*Dantes as meninas tinham brio no que faziam, nas obrigações*" (Irmã da cozinha). "*Dantes lavava-se o chão todos os dias. Quando alguma desse tempo vem cá acha tudo diferente pouco cuidado*" (Madre Superiora).

• Não há, regra geral, um investimento do internato em fomentar relações com as famílias até porque estas são frequentemente representadas como deficitárias e incompetentes e como causa dos problemas das jovens.

A chave como analisador – como revelador do não dito

A vida está fechada à chave nesta casa. A porta da rua, o portão, as salas, a biblioteca, a cantina, a sala de visitas, os sanitários dos adultos e, por vezes, os dormitórios... trancados, algumas janelas mantêm os aloquetes que há alguns anos existiam em todas. Há áreas permitidas, toleradas, proibidas (nomeadamente a clausura), obrigatórias, e que são ritualizadas por determinado horário.

As chaves são as Irmãs que as têm. Existe todo um ritual: quando se toca à porta da rua há uma longa espera, após a qual alguém assoma ao postigo. Pessoalmente, senti esta espera da chave com certa ansiedade como se também a mim me impedissem a livre circulação. Mais estranho ainda se torna esperar pela chave para se poder sair.

Símbolo paradoxal de liberdade ninguém quer ficar com a chave porque quem for responsável tem que ser chamada sempre que alguém quiser entrar ou sair.

Não esqueçamos que estas jovens não têm uma chave que abra e feche lugares onde possam guardar as suas coisas.

O projecto educativo

O projecto educativo implícito é ditado pela religião e desenvolve-se através de atitudes normativas em função da proximidade ao modelo ideal de mulher. A hiperestruturação dos valores morais, as práticas educativas homogeneizantes dificultam a construção de uma identidade pessoal, de uma identidade sexual e de género. O projecto educativo assente num perfil feminino de formação, um modelo de mulher no lar, recatada, sacrificada, preparada para ser esposa e mãe. *"Esta parte educativa de mulher, estas responsabilidades: esposa, mãe, trabalhar para serem capazes de virem a coordenar o trabalho e o lar, para se tornar um lar feliz e não serem lares desfeitos ... Muitas vezes a mulher talvez não se prepare para os sacrifícios próprios"* (Madre Superiora).

Este modelo de educanda surge pois, como exterior, imposto e independente das jovens a quem se dirige, bem como dos valores, papéis e funções da mulher na sociedade contemporânea (ver quadro). Sem direito à diferença e à individualidade de cada uma, educar torna-se obrigatoriamente violento.

"Para mim o mais importante na vida de uma mulher é casar com um homem e dar filhos"; *"ter boas qualidades, não dar importância a qualquer cão e gato que lhe apareça pela frente, saber levar a vida, mas estar sempre consciente daquilo que se faz"*; *"é ter juízo e pensar um bocado na vida"*; *"ser inteligente não se deixando dominar pelos outros, submeter aos outros"* (respostas à questão "o que é para ti mais importante na vida de uma mulher?").

Um modelo com carácter único e inatingível complementado com uma visão maniqueísta das residentes: boas/más; dóceis/rebeldes; desatinadas/atinadas; levianas/sensatas.... Esta representação dicotómica tem inerente a ideia de contágio entre umas e outras. *"Se só aquela menina que é leviana e põe problemas temos que a afastar até porque as outras não se pronunciaram"* (Irmã vigilante).

Os sistemas fechados tendem para o imobilismo. Há uma forma ritualizada, contínua, austera e paralisante, encarnada por estas instituições que tem permitido guardar, no seu interior, formas próprias e diferentes das práticas sociais do meio envolvente. Estas atitudes e comportamentos ocultam o verdadeiro desejo de educar diferenciadamente da sociedade envolvente que permita manter uma educação considerada virtuosa.

O "projecto educativo inscreve-se institucionalmente no quotidiano ritualizado, obsessivo, na ordenação e rigidez do tempo e do espaço, na linguagem, no discurso moralizante, normativo, nos canais de comunicação, nos valores defendidos, no deslocamento procurado dos conflitos, no silenciar, nas chaves que fecham em vez de abrir, nas memórias de um passado fantasiado no imaginário colectivo, nas transações afectivas, nos sonhos que se acalentam timidamente, nos olhares que se baixam, nos olhares que se evitam" (Ribeiro dos Santos, 1990).

Segue-se um quadro elaborado a partir da análise de conteúdo das entrevistas[5] formais feitas ao pessoal religioso e laico no final dos cinco meses de animação da sala de jogos.

---

[5] As entrevistadas são: madre superiora, irmã com responsabilidade pedagógica, Irmã vigilante, Irmã da cozinha, assistente social, monitora, auxiliar educativa e quatro empregadas (entrevistadas em grupos de duas).

QUADRO 1 – **Representação do modelo ideal de mulher**

Representações	Madre Superiora	Irmã c/ resp. pedagógica	Irmã vigilante	Irmã cozinha	Duas empregadas	Duas empregadas	Aux. educação	Assistente social	Monitores
MODELO IDEAL DE MULHER/PERFIL INSTITUCIONAL — MULHER PREPARADA SACRIFICADA/ LAR ESPOSA MÃE — MULHER ACTIVA SOCIALMENTE	Mulher preparada para esposa e mãe / Preparada Sacrifícios / Restrição prazer / Enfatiza dever / Anulação da escolha		Obediente / Perfeita / Preparada / Educada / Responsável	Boa dona de casa / Maior importância do trabalho sobre o estudo	Respeito pelo ser humano / Capaz de se defender / Restrição do prazer / Preparada, saberes domésticos	Boa dona de casa / Boa mãe	Preparada / Actualizada / Compatível c/ o mundo exterior	Profissionalizada / Actualizada / Informada / Sexualizada C/ história de vida / Equilíbrio emocional / Autoconceito	Responsável / Sincera / Autoconfiante
	Conceito Tradicional Mulher Preparada Sacrificada/Esposa Mãe						Mulher Activa Socialmente		

Algumas perspectivas de intervenção

Existem em Portugal mais de 15000 crianças e jovens que vivem em internatos, o que faz de Portugal o país da União Europeia com maior número (em valores absolutos) vivendo em instituições de solidariedade social.

As alternativas terão que ser encontradas dentro de uma política global para a infância e juventude, confrontando investigadores, interventores, activistas, actores sociais implicados, estudando experiências inovadoras. Existe uma grande aridez de estudos neste domínio mas, este pesado facto poderá ser minimizado implementando situações de investigão-acção.

Apresentarei algumas perspectivas de intervenção[6], caminhos em aberto... fruto de uma reflexão partilhada com cidadãos e profis-

---

[6] O enquadramento legal produzido pelo Ministério do Trabalho e da Solidariedade, no governo socialista presidido por António Guterres tem preocupações educativas, mas a lei não foi aplicada.

sionais implicados nesta problemática, de uma experiência de vida junto de crianças, jovens e dos seus dramas, das boas e más instituições que conheci, das militâncias e utopias, da procura por um outro mundo. Tenho como referente a Declaração dos Direitos da Criança e partindo desta regra de ouro: a melhor qualidade para quem mais sofreu e quanto menos internato melhor.

Uma procura de alternativas ao internamento

O internamento institucional deverá ser a última solução a adoptar, após serem esgotadas todas as alternativas possíveis para a substituição do meio familiar da criança. Deve-se privilegiar a permanência na família, se necessário, com apoios de natureza psico--pedagógica, social ou económica.

O Estado deverá rentabilizar sinergias interinstitucionais, intersectoriais, interdisciplinares. Interessa procurar respostas criativas, usar recursos ainda não explorados e avaliar as acções e projectos de forma reguladora.

A Segurança Social deve procurar alternativas adequadas, flexíveis e avaliadas ao internamento, junto da família nuclear, alargada, vizinhança e de outros cidadãos bem como estudar situações de adopção (não restringir às crianças pequenas) e de famílias de acolhimento. As redes de vizinhança e a força da família alargada têm, em Portugal, vitalidade e devem ser potenciadas. A escolha do lugar de residência deve ser estudada para cada uma das situações.

As crianças e jovens podem ser alojados em pequenos apartamentos com apoio temporário ou permanente (com ou sem técnico que habite conjuntamente), espalhados na comunidade ou privilegiar locais habitacionais de jovens como são as residências universitárias (as autarquias podem reservar alguns lugares).

O internamento será concebível numa situação transitória, numa crise e procurando que, durante o tempo de internamento, se faça um trabalho com as famílias ou se encontrem outras alternativas.

Sejam quais forem as decisões estas devem ser regularmente avaliadas. A criança e o jovem devem ter um tutor que poderá ser interlocutor, mediador, representante. A criança e o jovem devem ser informados e ouvidos nas tomadas de decisão sobre as soluções para a sua vida. Ora, na maioria dos casos, os serviços colocam a criança num internato e como "resolveram o problema" deixam de dar apoio, de avaliar a situação.

Intervir numa lógica de prevenção social, nomeadamente, junto das famílias consideradas de risco. Os serviços retiram, frequentemente, a criança da família e deixam esta sem apoio, culpabilizada. Muitas destas famílias após o internamento dos filhos têm outros, sobretudo quando as relações de maternidade e de paternidade não são satisfatórias.

Transformar a qualidade de vida nos centros residenciais

Passar de internatos a centros residenciais. Cada instituição deve construir a sua identidade centrada sobre os direitos, relacionando os direitos e os deveres, clarificando e negociando as regras e as normas.

Organização em pequenos núcleos habitacionais, lares com dimensões onde as pessoas se relacionem com uma adequada gestão do espaço e do tempo (espaços de intimidade pequenos quartos, habitados). Co-construir com as crianças e os jovens um clima positivo, humanizado e afectivo, ancorado nas necessidades desenvolvimentistas das crianças e jovens. Deve-se ter em conta as necessidades especiais de quem teve vidas difíceis, sofridas.

Criar modalidades institucionalizadas de participação na vida do centro residencial (assembleias gerais, regulamento onde estejam claramente expressos os direitos e deveres, partilha de responsabilidades, modelo de autogestão, hábitos de autonomia, desenvolvimento de comportamentos prossociais).

Projecto educativo centrado nos direitos, nas necessidades e interesses das crianças e jovens num clima humanizado e de cultura solidária; espaços de intimidade e privacidade com sítio onde possam guardar as suas coisas pessoais; inviolabilidade da correspondência; dinheiro de bolso; condições facilitadoras da comunicação, da expressão de afectos; direito à singularidade; desenvolvimento de competências sociais. O plano de actividades da instituição deverá ser divulgado em lugar público e acessível.

As instituições públicas devem ter uma gestão participada idêntica às das outras instituições sociais com representantes autárquicos, personalidades e a direcção deve ter um limite de mandatos.

Criar condições facilitadoras da articulação com as famílias e outras rectaguardas afectivas. À excepção das situações em que os pais foram impedidos de exercer o seu poder paternal, nas situações de internamento as famílias devem ser informadas periodicamente sobre o desenvolvimento dos filhos, serem ouvidos e participarem nas principais tomadas de decisão.

A equipa técnica deverá promover a existência de homens e mulheres e integrar profissionais da área social e educativa. Articular com outros serviços da comunidade (médico, psicólogo, jurista, etc). Desenvolver um trabalho interdisciplinar de dar a palavra, de escutar estas crianças e jovens, com espaços que permitam a reparação dos abandonos, vivências dos lutos, promovendo um desenvolvimento para a cidadania.

Não devem ser autorizadas escolas públicas dentro do internato.

Estas instituições devem ser abertas, serem um recurso da comunidade envolvente enquanto espaço social; participarem em projectos conjuntamente com outras similares.

Se há portas de entrada que se fecham ... é preciso que as jovens tenham as chaves para as poderem abrir (não é só metáfora ... é importante que tenham uma chave).

Há experiências inovadoras e projectos educativos que poderão servir de referências de que são exemplos a Comunidade Justa de Kohlberg, escolas ligadas à Pedagogia Institucional como a École de Neuville de Françoise Dolto, o sistema residencial dinamarquês dos estudantes das escolas secundárias, algumas instituições portuguesas.

A instituição tem que se responsabilizar pelo percurso de cada criança e jovem, promovendo a sua formação e inclusão social e profissional futura. Tem que se assegurar no momento de saída a autonomia, profissional e social dos seus jovens, numa elaboração conjunta sobre os projectos de futuro. A saída da instituição deverá ser amadurecida e negociada, não se permitindo saídas por castigo (senão em casos excepcionais e devidamente justificados) ou por limite de idade ou outros (como gravidez) sem se corresponsabilisar pelo percurso e inserção social.

A identidade institucional, a referência como grupo de pertença é construída sistemicamente, aproveitando-se a energia de cada um e das interacções entre todos.

Dado ser um mundo socialmente muito fechado devem ser formalizadas instâncias a quem as crianças se possam dirigir e que permitam assegurar a defesa dos seus direitos, bem como, recolher queixas, aspirações e sugestões.

Deve haver regulação estatal no sentido de assegurar mecanismos de avaliação interna e externa das diferentes instituições.

Estas instituições são mal e raramente fiscalizadas (é de notar que, em Portugal, a Igreja Católica está normalmente fora de fiscalização). A fiscalização não pode ser administrativa deve ser sobretudo pedagógica, racionalizada, com índices de qualidade.

"O Estado deve ter responsabilidade pelos internatos que estão directamente sob a sua tutela, por aqueles que têm acordos de cooperação, mas também por todos os outros, mesmo que não haja protocolo (com a Segurança Social) porque o Estado é responsável pelos seus cidadãos e tem que os defender. É preciso accionar mecanismos de controlo social, de avaliação interna e externa que introduza perspectivas de transformação" (Ribeiro dos Santos, 2003). A responsabilidade estatal deve-se entrosar com a responsabilidade civil, nomeadamente autárquica, organizações não governamentais, voluntariado social e outros movimentos de cidadãos. Procurar a implicação comunitária na resolução dos problemas dos seus cidadãos, numa política de transparência e proximidade à comunidade

Reflexões finais

A tristeza, a solidão, a depressividade atravessam as vidas que deram corpo a este estudo e de muitas outras crianças e jovens neste país.

Exija-se um outro pensar, um outro intervir. Urge a implicação cívica de todos nós.

É fácil ser invisível fecham-se as portas e ninguém quer ver. O título escolhido "Paredes de pele, muros de pedra" é o grande dilema sobre esta problemática: entre um espaço estruturante, contentor e reparador com "paredes de pele" e um espaço violento, segregador e silenciado por detrás dos "muros de pedra".

Bibiografia

Lei de Protecção de Crianças e Jovens em Perigo, Diário da República, n.º 204, I série A de 1-9-1999.

D' ORTOLI, Fabienne e AMRAM, Michel, *L' École avec Françoise Dolto*, Paris: ESF, 2001.

GOFFMAN, Erving, *Asiles – études sur la condition sociale des malades mentaux*. Presentation de Robert Castel, Paris:Minuit, 1976.

GRIIITO, *Romper o Silêncio*, dossier policopiado, 1984.

RIBEIRO DOS SANTOS, Milice, Entrevistada por Teresa Lima para o jornal *on-line Educare.pt,* Abril 2003.

RIBEIRO DOS SANTOS, Milice, "O internato enquanto instituição potencializadora de abusos sexuais", *Planeamento Familiar,* n.º 46, Janeiro-Março 1990, pp.3-6.

RIBEIRO DOS SANTOS, M.A., *Crescer mulher entre mulheres – estudo sobre o desenvolvimento da identidade sexual de adolescentes vivendo num internato feminino*, Aveiro: Universidade de Aveiro, 1987 (policopiado).

RIBEIRO DOS SANTOS, Milice e PACHECO, Natércia, "Os internatos ... que o silêncio envolve em Portugal", Revista AS-PG, *O Ensino*, Galiza, n.º 11--12-13, 1985, pp. 85-89.

OLHANDO À NOSSA VOLTA

ANA LUÍSA COUTINHO*

Olhando à nossa volta encontramos crianças em risco, jovens problemáticos, famílias disfuncionais, histórias de vida difíceis, contextos locais desfavorecidos, pobreza, exclusão ...

Mas...

Encontramos também Recursos, gente com potencialidades, histórias de vida ricas de significados, crianças alegres e participativas, jovens criativos ávidos de experiências gratificantes e enriquecedoras.

Nesta mescla de situações e vivências move-se a experiência do Departamento de Desenvolvimento Social, da Câmara Municipal do Porto.

Intervir na Cidade significa preocuparmo-nos com a qualidade de vida e o bem-estar das pessoas que a habitam.

Inserimo-nos simultaneamente numa perspectiva de trabalho que potencia o Desenvolvimento Social e Humano dos diferentes contextos da cidade, implementando, desenvolvendo e tentando ser parceiros activos em intervenções/iniciativas, que contribuem para viabilizar e/ou construir projectos de vida e que conduzem a experiências de inserção e ganhos em termos da conquista de melhores

---

* Chefe da Divisão Municipal para o Desenvolvimento das Comunidades Locais da Câmara Municipal do Porto.

auto-conceitos, mais auto-estima, mais saber, mais bem-estar, maior inclusão, em suma, mais Qualidade de Vida.

Através da mediação e da disponibilização de saberes, recursos técnicos, infra-estruturais e financeiros, do apoio e cooperação com as Instituições e do fomento de uma cultura de parceria, este Departamento tem feito o seu percurso "emprestando" as suas mais valias a vários projectos da/e para a cidade, tais como:

- Projecto Integrado do Bairro do Aleixo
- Projecto Integrado da Freguesia de Aldoar (AIDA)
- Projecto Renovar Paranhos
- Projecto Santa Luzia
- Projecto MAIS da Pasteleira
- Projecto Crescer Bem (Pasteleira e Rainha Dª Leonor)
- Projecto de Luta contra a Pobreza de S. João de Deus
- Projecto Porto/Oriente
- URBAN
- Programa Escolhas
- Programa Vida-Emprego
- Contrato Cidade
- Porto Sem Fronteiras
- Euro Porto
- Arttrain – Tambores pela Paz-projecto internacional de partilha de experiências de vida entre jovens de diferentes culturas e nações
- Rede ECU-Net Project

Estes Projectos abrangeram ou abrangem todos os territórios da Cidade, ou estiveram e estão disseminados por diversas freguesias; abarcam territórios excluídos; intervêm junto de grupos alvo específicos e têm sempre implicação na vida de crianças e jovens.

No entanto, atentos aos diferentes domínios que dão corpo à cidade e à falta de informação sistematizada, o Departamento mantém um trabalho paralelo de caracterização das problemáticas que

atingem o Município, através da compilação e divulgação de informação útil às Instituições, aos seus agentes e à população em geral de que são exemplos:
- O Roteiro de Acção Social
- O Estudo Sócio-Económico de Habitação Social no Porto
- O Estudo de Habitação Operária do Porto
- O Mapa Porto sem Fronteiras
- O Estudo sobre os Sem Abrigo da Cidade (ainda não concluído)

E muito recentemente
- o Sistema de Monitorização da Saúde Social da Cidade. Sistema de observação, vigilância e avaliação contínuas que possibilite não só estudar problemáticas definidas segundo dimensões específicas, como também acompanhar a sua evolução no tempo, visando:
  • Promover a elaboração de diagnósticos participados pelos diferentes agentes sociais, intervenientes nas áreas definidas;
  • Avaliar os impactos das políticas sociais;
  • Contribuir para o *empowerment* das populações e agentes, pela partilha do conhecimento adquirido.

Se considerarmos que o conteúdo funcional do Departamento Municipal de Desenvolvimento Social o responsabiliza:
- pela caracterização do concelho no plano do desenvolvimento social e pela identificação de necessidades da população, numa perspectiva de elevação do seu padrão de vida;
- pelo apoio a iniciativas de acção social, através da disponibilização de recursos da autarquia e da mediação com a Administração Central e Organizações Não Governamentais;
- pelo desenvolvimento de parcerias activas em projectos de desenvolvimento local.

Não podemos necessariamente deixar de estar atentos à extensão e especificidade dos problemas que directa ou indirectamente atingem crianças e jovens e lhes traçam um destino de vulnerabilidade e até de marginalidade, em que
- a negligência
- o abandono
- os maus tratos físicos e psicológicos
- o absentismo e insucesso escolar
- a iniciação e consumo de estupefacientes e álcool
- a pobreza e exclusão, entre outros, são manifestações destes percursos difíceis.

Intervir neste fenómeno, do nosso ponto de vista, significa:
- perspectivar o indivíduo nos diferentes contextos de vida onde se insere (micro, meso, macro), que o influenciam e condicionam e que por sua vez são, ou podem ser, por ele influenciados e condicionados;
- criar "espaços" e "tempos" em que crianças e jovens possam descobrir e desenvolver a suas capacidades e construir projectos de vida saudáveis;
- contribuir para o *Empowerment* dos indivíduos e das famílias, tornando-os actores dos processos de mudança;
- criar espaços de reflexão e debate em busca de respostas concertadas e adequadas a cada situação;
- consolidar a noção de responsabilização colectiva pelos e nos problemas existentes.

Nesta óptica e no âmbito da Promoção dos Direitos e da Protecção de Crianças e Jovens este Departamento está vocacionado para:
- apoiar Instituições e Serviços de protecção à infância e juventude;
- apoiar Organizações de Juventude, com o objectivo de proporcionar novas experiências de vida;
- promover iniciativas que dêem visibilidade às competências de crianças e jovens;

– organizar as Listas de Juízes Sociais para o Tribunal de Familia e Menores do Porto;
– implementar a instalação e funcionamento das Comissões de Protecção de Crianças e Jovens na Cidade

Mas ...

Sobretudo deverá estar atento aos recursos e sinergias emergentes, para construir/criar, em permanente diálogo, com Instituições, Serviços, Técnicos e Cidadãos, respostas adequadas aos problemas que se manifestam na CIDADE.

APRESENTAÇÃO DO PROJECTO DE APOIO À FAMÍLIA E À CRIANÇA

MARIA JOSÉ GAMBOA*

O projecto de Apoio à Família e à Criança (PAFAC) foi criado em 1993 pela Resolução do Conselho de Ministros n.º 32/93; é um projecto interministerial, de âmbito nacional, para o apoio a crianças maltratadas ou negligenciadas e à sua família.

Desde 7 de Junho de 2000 (Despacho n.º 31/SE/SEAMTS//2000) encontra-se integrado no Instituto para o Desenvolvimento Social, no Departamento para a Infância e Juventude.

Objectivos:
– Detectar as situações de crianças maltratadas;
– Fazer o diagnóstico das disfunções familiares que motivam os maus tratos à criança;
– Desenvolver as acções necessárias, de molde a fazer cessar a situação de risco para a criança, ajudando a família a assumir as suas responsabilidades parentais.

Área geográfica abrangida:
O PAFAC encontra-se descentralizado nas cinco regiões administrativas:
– Equipe do Porto;

---

* Coordenadora da Equipa do Porto do Projecto de Apoio à Família e à Criança.

- Equipe de Coimbra;
- Equipe de Lisboa;
- Equipe de Évora;
- Equipe de Faro.

A equipe do IDS/PAFAC no Porto, intervém directamente nos concelhos do Porto, Maia, Matosinhos, Valongo, Gondomar, Vila Nova de Gaia e Espinho.

Os restantes concelhos dos diferentes distritos da Zona Norte, são intervencionados através dos Serviços Locais (Comissão de Protecção de Crianças e Jovens em Perigo, Tribunais, Centro Distrital do Instituto de Solidariedade e Segurança Social, Hospitais, Centros de Saúde e outros Serviços da rede).

População abrangida:
Os destinatários são as crianças e os jovens vítimas de maus tratos com idades compreendidas entre os 0-18 anos, bem como as suas famílias e as outras situações de risco que impliquem também uma intervenção específica nas famílias, tendo em vista nomeadamente evitar o afastamento das crianças e dos jovens para soluções de acolhimento alternativo e/ou face à imperatividade deste, o seu regresso e reintegração em tempo útil.

Estrutura organizativa:
A equipe do Porto apresenta na sua composição:
- 8 Assistentes Sociais;
- 4 Psicólogas
- 3 Educadoras Sociais
- 1 Supervisora
- 1 Coordenadora
- 2 Assistentes Administrativas.

Intervenção da Equipe:
A equipe do IDS/PAFAC dispõe de uma linha telefónica – Linha de Emergência Criança Maltratada – que recebe apelos de toda a Região Norte.

De acordo com o Despacho de integração o PAFAC recebe sinalizações para além da Linha de Emergência, dos Núcleos Hospitalares da Criança, dos Centros de Saúde, das Equipes dos Centros de Atendimento Temporário, dos Serviços da Segurança Social, das Comissões de Protecção e dos Tribunais.

Metodologias:
A metodologia utilizada nestas intervenções é centrada na família e na comunidade:
– Psico-social, que desenvolve uma intervenção de acompanhamento centrado na família: apoio psicológico, pedagógico e psicossocial à família da criança maltratada;
– Emergência infantil – destinada a situações de emergência, conhecidas através da Linha de Emergência Criança Maltratada, serviço telefónico que é anónimo e confidencial.

Ambas as abordagens centram-se numa intervenção em rede social, nomeadamente com Entidades com Competência em Matéria de Infância e Juventude, as Comissões de Protecção de Crianças e Jovens de cada um dos concelhos já citados:
– os respectivos Tribunais de Família e Menores;
– as Escolas ou Estruturas de acolhimento e guarda de crianças;
– os Serviços de Saúde que se dirigem às crianças e à sua família;
– os Centros Distritais do ISSS.

Princípios – Intervir/Trabalhar com as famílias e com as crianças a partir das *necessidades*/aspirações da família identificadas por estas.

Trabalha-se com o ritmo do grupo familiar: pais/crianças/ /outros familiares/amigos que a família identifica como suporte.

- As necessidades procuram eleger a criança como figura central. O suporte na Rede Social de serviços à criança é fundamental, como resposta ao controle das situações de risco.
- As necessidades/aspirações das famílias e crianças são trabalhadas com a família e/ou as crianças com a Rede Social de suporte.

Intervenção eco-sistémica: rede familiar e rede social

- Neste contexto definem-se com a família projectos de vida, suportáveis por cada família para cada criança. Quando a criança pode, em razão da sua idade participar, o seu projecto de vida é também definido com a sua participação.
- O percurso desta intervenção, não é lento, nem é rápido. É o percurso com o ritmo do próprio grupo familiar que varia: de acordo com o potencial de *mudança do grupo*/a capacidade de *receber estímulos* e os transformar (agarrar as oportunidades) e a *representação afectiva* que a criança tem para os seus pais/ou substitutos.

Portugal não tem ainda uma cultura que centra a Infância, como um *pólo do desenvolvimento*. A cultura dominante é do tipo normativista, centrada nas leis e no poder/punição para com os cidadãos. Neste contexto cultural e social, o *PAFAC* é o serviço que nestes últimos dez anos tem procurado dar os primeiros passos na construção desta sensibilização para a realidade da Infância e para os Mundos Sociais da Criança.

A cidade do Porto não tem uma Comissão de Protecção de Crianças e Jovens, o que pode significar que a cidade tem estado *distraída* com os "interesses da criança", com os seus direitos e os seus deveres.

O recurso ao Tribunal de Família e Menores *"é um recurso fraco"*, "é um mau recurso" porque para a grande maioria das situações de crianças, apresenta-se *excessivo* do ponto de vista da intervenção na vida familiar e na vida da criança que se pretende ser mínima e subsidiária.

O *PAFAC* na cidade do Porto, tem então substituído, *no dia à dia o lugar vazio da Comissão de Protecção*, tendo contudo menos recursos, incluindo os da legitimidade.

Apesar destas limitações o PAFAC, na cidade do Porto, pode afirmar que a *mancha* do grupo das Crianças em Risco e em Perigo é diluída tanto na pobreza, no imaginário do Medo, quanto no suposto bem-estar dos grupos sociais mais confortavelmente protegidos económica/culturalmente.

Decorrente desta afirmação, confirmamos que esta cidade tem uma representação social das crianças em risco e em perigo específica, porque enquadrada *num viver* social onde a relação com a criança tem *significado* social/cultural/político.

A presença forte da igreja católica, de outras igrejas e organizações da sociedade civil reforça esta representação social cujo grande *objectivo* tem sido o de promover a protecção da criança.

Neste trabalho a **Equipe do PAFAC do Porto** testemunha que da população com a qual diariamente se relaciona, a quem pede opinião (vizinhos, cidadãos anónimos que telefonam) e dos serviços públicos/privados, com quem concerta soluções, tem uma clara consciência que o investimento nas Crianças e nas suas famílias nunca é *economicamente dispendioso, socialmente excessivo*.

Investir neste grupo é prevenir o agravamento das disfuncionalidades sociais, consumidoras excessivas de dinheiros públicos//recursos humanos e de frustrações institucionais.

É sobretudo garantir a construção de uma sociedade onde a família/as diferentes formas de família possam levar a bom porto todas as crianças que um dia nasceram por desejo, sem desejo, em nome de sonhos e de dores, em liberdade e com respeito integral pelos seus direitos.

Os dados que se seguem, referem o volume de casos do Concelho do Porto que em 2001 foi sinalizado a esta Equipe e que foi objecto de avaliação/intervenção psicossocial.

Interpretação dos dados (2001)

Número de Crianças – 358

NÚMERO DE CASOS POR FREGUESIA

- Campanhã .... 105 casos
- Paranhos .... 47 casos
- Ramalde .... 41 casos
- Cedofeita .... 23 casos
- Bonfim .... 21 casos
- Lordelo do Ouro .... 18 casos
- Sé .... 17 casos
- Massarelos .... 17 casos
- Aldoar .... 13 casos
- St.º Ildefonso .... 12 casos
- S. Nicolau .... 8 casos
- Vitória .... 8 casos
- Foz do Douro .... 7 casos
- Miragaia .... 4 casos
- Nevogilde .... 0 casos
- s/informação .... 17 casos

Até **15 casos**	St.º Ildefonso Aldoar S. Nicolau Vitória Foz do Douro Miragaia	**15-30 casos**	Massarelos Cedofeita Bonfim Lordelo do Ouro Sé
30-50 casos	Paranhos Ramalde	**+ 100 casos**	Campanhã

IDADES

Gráfico 1 - NÚMERO DE CRIANÇAS POR GRUPOS ETÁRIOS

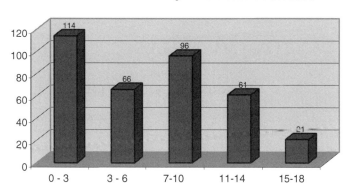

Verifica-se que o grupo dos 0-3 anos apresenta uma sobre-representação relativamente aos outros grupos. Este grupo é referenciado significativamente no mau trato e negligência.

A idade de escolarização (7-18 anos) apresenta uma representação dominante. Todos os maus tratos apresentam a sua representação.

SEXO

Gráfico 2 - DISTRIBUIÇÃO DAS CRIANÇAS POR SEXO

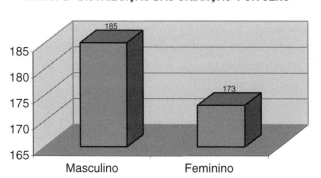

Não se verifica qualquer relação significativa entre o *género* e a prática de maus tratos, o Abuso Sexual – nesta amostra atinge o grupo das raparigas e dos rapazes.

TIPOLOGIA DOS MAUS TRATOS

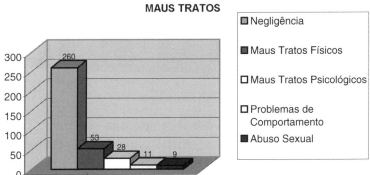

A negligência apresenta-se como o mau trato sobre-representado na amostra. Este mau trato engloba atitudes e práticas educativas que permitem que um grupo de 29 crianças apresente absentismo escolar como problemática dominante na sua vida; 6 crianças mendiguem de forma habitual e como suporte da família onde vivem; 9 crianças apresentem uma situação de abandono parcial diurno ou nocturno; 2 crianças pratiquem prostituição.

Dominante em todas as idades e no género o abuso sexual, no total de 9 casos nesta amostra, é sobre-representado em 6 casos de raparigas e em 3 de rapazes.

As 6 raparigas apresentavam idades compreendidas entre os 2 e 13 anos, e os rapazes com idades entre os 4 e os 8 anos.

O agressor destas crianças:
- Para o grupo das raparigas:
  – não pertencia à família em 2 casos;

- era o pai das crianças em 3 casos, mas vivia fora do agregado familiar (2 casos família monoparental, 1 caso Instituição – o abuso ocorreu em férias da criança –);
- era familiar para 1 caso e integrava a família alargada onde a criança vivia.

Para o grupo dos rapazes:
- era o pai nos 3 casos; em 2 situações era o pai associado a outros. As crianças viviam em família monoparental (o pai encontrava-se fora do agregado familiar)

A denúncia surge em:
- 2 casos – Escola
- 1 caso – Mãe
- 2 casos – Familiares
- 4 casos – Outras Entidades (Tribunais)

Os problemas de comportamento referem-se o grupo de adolescentes.

TIPOLOGIA DA FAMÍLIA

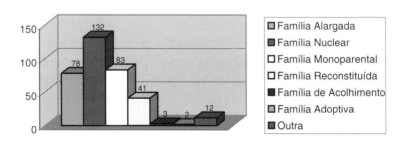

GRÁFICO 4 - NÚMERO DE CRIANÇAS POR TIPOLOGIA DE FAMÍLIA

As crianças desta amostra vivem maioritariamente na sua *Família Nuclear*. Verifica-se um valor significativo da *Família Monoparental* feminina e com fortes indicadores de pobreza, através da fonte de rendimento RMG. Verificam-se 2 casos de Família Monoparental masculina.

A *Família Reconstituída*, significa o novo caminho para a procura de mais família.

Outra – refere-se concretamente a crianças que vivem em instituições ou em acolhimentos do tipo ama ou amigos.

FIGURA MALTRATANTE

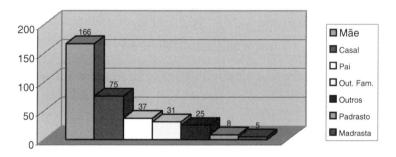

Mãe – A mãe surge como a figura parental com sobre-representação relativamente a comportamentos e atitudes que agridem ou negligenciam as suas crianças.

São mães a 24 horas por dia, mesmo quando há *Pai* ou Companheiro. A **Família Monoparental** surge representada em **83 casos**, o que significa uma presença de Mãe sobre-representada.

As tarefas/os encargos/os papéis atribuídos à mãe/a ausência de partilha de tarefas, coloca estas mães em situação de risco, vertida sobre as suas crianças.

Um número significativo destas mulheres são vítimas de violência por parte do companheiro.

A representação do Mau Trato dominante à **Mãe** é o da **negligência** (porque associado às tarefas/obrigações parentais).

Por vezes esta negligência associa-se também a expressões de mau trato físico que significam em muitos casos "um Modo de Criar e Educar" ou a baixa tolerância à frustração do dia-a-dia.

A **situação económica** desta mãe é de **dependência – RMG**; o **grau académico é inexistente ou frágil** (1.º ciclo); a **formação profissional** é **inexistente** e o acesso ao mercado de trabalho é fraco e instável sem recurso a direitos sociais.

Em muitas destas mulheres a **saúde reprodutiva** é fraca, com ausência de planeamento familiar e nascimentos regulares sem assistência na gravidez. Um modo também cultural de viver a maternidade.

A **saúde mental** destas mulheres apresenta também expressões preocupantes, que vão, em forma decrescente, da **patologia mental** identificada ao **alcoolismo crónico** e a **consumos de droga**. Um grupo restrito pratica **prostituição**.

O *Casal* surge relacionado com a negligência

Pai – associado dominantemente ao mau trato físico às crianças e às situações de abuso físico à mãe das crianças.

"Bater nos filhos" corresponde significativamente a uma *atitude educativa*. A tensão deste pai (álcool/droga) pode originar violência no espaço da família com forte preocupação.

As patologias dominantes são o **alcoolismo** e a **toxicodependência**. **Economicamente o pai** suporta-se no mercado de trabalho de mão de obra sem qualificação e de vínculo laboral precário.

Madrasta e *Padrasto* – enquanto figuras de mau trato à criança têm uma fraca representação, só substituída pelo imaginário destas figuras substitutas do exercício da paternidade.

ENTIDADES SOLICITANTES

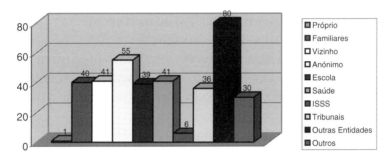

Gráfico 6 - DISTRIBUIÇÃO DOS CASOS POR ENTIDADE SOLICITANTE

As solicitações chegam à equipe do PAFAC através:
– Linha de Emergência Criança Maltratada (10 – 20 H)
– Presencial (9-20 H)
– Fax
– Telefone

As entidades solicitantes são, as contidas no despacho do Senhor Secretário de Estado (Desp. N.º 31/SE/SEAMTS/2000 – 7 Junho):
– Escola;
– Saúde (Hospitais; Maternidades; Centros de Saúde; Núcleos Hospitalares);
– Tribunal de Família e Menores do Porto;
– Outras Entidades (serviços públicos; privados; organizações, policias, etc.)

A *Escola* valoriza o absentismo e a negligência.

Os **comportamentos de risco**, preocupam também a escola que solicita a intervenção do PAFAC.

O **abuso sexual** é o mau trato que a Escola conhece bem e para o qual solicita intervenção.

A **Saúde** identifica um grupo de crianças maioritariamente muito jovens (0-3 anos) que frequenta a consulta ou que a abandonou; que vai regularmente ao Serviço de Urgência com patologias reincidentes; que são presentes aos Núcleos Hospitalares sinalizadas por serviços de especialidade.

O **nascimento** é também o momento de várias sinalizações de hipóteses de risco. A criança vai abandonar o hospital e desconhece-se a retaguarda que dispõe.

O *Tribunal* – solicitação para avaliação de risco, participado por autoridades policiais, familiares e outros.

Os *Familiares* – representam um grupo próximo da criança: a *mãe*; o *pai* em pequeno número e muitas vezes em situação de conflito; os *avós*, grandes apelantes para a situação dos netos.

Anónimos – representam-se de entre os familiares próximos aos cidadãos que apenas observam as situações e exigem a sua resolução.

Vizinhos – relações de forte cumplicidade com a criança exigem-lhes a atitude de solicitar protecção.

Nem sempre os vizinhos conhecem a história objectiva da criança, mas indicadores como o "choro intenso" repetido os "gritos" "o que se supõe serem agressões" ou as expressões de pedidos de socorro por parte das crianças, impelem o vizinho a agir. Estes vizinhos são de todas as condições sociais e de todos os tipos de habitação.

Próprio – 1 caso

PATOLOGIA DA FIGURA MALTRATANTE

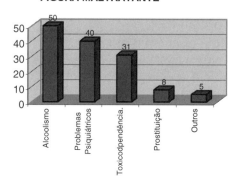

Gráfico 7 - NÚMERO DE CASOS SEGUNDO A PATOLOGIA DA FIGURA MALTRATANTE

Sem fazer correlações entre as patologias e a prática de maus tratos a presença dos consumos de **Álcool/Drogas** surgem mais associados à figura *do Pai*.

As **problemáticas da Saúde Mental** e da **Prostituição** têm mais representação na *Mãe*.

Outras patologias estão relacionadas com comportamentos desviantes.

FONTE DE RENDIMENTO DA FIGURA PARENTAL

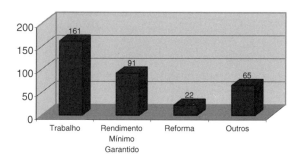

Gráfico 8 - DISTRIBUIÇÃO DAS CRIANÇAS SEGUNDO A FONTE DE RENDIMENTO DA FIGURA PARENTAL

A fonte dominante é o **Trabalho**, apesar de precário, desqualificado, sem enquadramento de direitos sociais.

O *Pai* surge sobre-representado na variável trabalho.

RMG – é uma fonte referenciada fortemente à Mãe e à família monoparental.

Reforma – fonte de rendimento associado aos avós.

Outros – significam recursos decorrentes de actividades ilegais. Tráfico de droga, furto, prostituição.

ESCOLARIDADE DA FIGURA PARENTAL

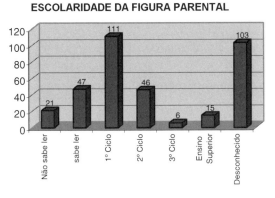

A sobre-representação vai para o grau académico – *1.º ciclo*.

TIPO DE HABITAÇÃO DA FAMÍLIA

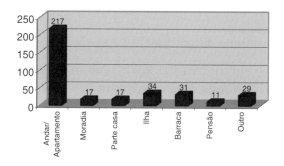

Gráfico 10 - DISTRIBUIÇÃO DAS CRIANÇAS SEGUNDO O TIPO DE HABITAÇÃO FAMILIAR

Andar/Apartamento – zonas residenciais com maior influência de habitação social (periferia).

Parte de casa/Ilha/Pensão – zonas residenciais do centro da cidade.

Outro – carro; acampamento; sem residência; instituição; quarto.

ENCAMINHAMENTO

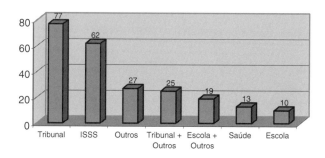

Gráfico 11 - NÚMERO DE CASOS SEGUNDO O TIPO DE ENCAMINHAMENTO

O recurso ao **Tribunal**, por ausência da comissão de Protecção verifica-se em *102* casos, mesmo quando associado a outros recursos.

O ***ISSS*** surge igualmente com forte indicação de encaminhamento, dada a presença dos Serviços de Acção Social/ou o Programa do RMG/ou os Serviços de Assessoria Técnica dos Tribunais na orgânica das famílias.

ANTES QUE SEJA TARDE...

MARIA DA LUZ SILVA[*]

Em primeiro lugar, gostaríamos de cumprimentar em meu nome pessoal e em nome da Associação A Casa do Caminho todos os presentes, agradecendo o convite que nos formularam para fazer parte deste painel, e dar os parabéns à Organização deste Encontro por ser uma forma privilegiada de partilha de experiências e de reflexão para todos nós.

HISTÓRIA

A taxa de mortalidade infantil tem diminuído significativamente, ao longo dos tempos, graças à evolução da ciência, e sobretudo, graças a uma intervenção adequada e atempada, especialmente dos profissionais da área da saúde, junto das crianças e seus familiares.

No entanto, diariamente chegam, aos serviços de urgência dos hospitais, crianças em perigo de vida, na sequência de abandono, negligência e mau trato físico, provocado pelos cuidadores mais próximos (geralmente os pais). Outras, nem sequer chegam a sair desses hospitais após o seu nascimento, ali permanecendo indevidamente apesar da sua alta clínica.

---

[*] Directora da Associação A Casa do Caminho – Unidade de Emergência Infantil.

Estávamos em 1988 e as respostas sociais de apoio eram praticamente inexistentes, especialmente para crianças tão pequeninas.

Estas crianças não podiam continuar nos hospitais.

Para onde irem? Era preciso estudar a situação da criança, avaliar as alternativas existentes para a apoiar. Conhecer e avaliar a família e saber da sua disponibilidade e condições para acolher a criança. Era preciso tempo, só o necessário, para evitar que se optasse por soluções irreflectidas e precipitadas.

Surgiu assim, mais uma Instituição Particular de Solidariedade Social, de âmbito nacional – a Associação A Casa do Caminho, por iniciativa de um grupo de cidadãos anónimos, alguns com experiência de voluntariado hospitalar e sensibilizados para os problemas das crianças, que sentiram a responsabilidade de agirem em prol dos direitos humanos.

1990

Angariando sócios e contactando com diferentes fontes de apoio, nomeadamente a Câmara Municipal de Matosinhos, há 12 anos A Associação A Casa do Caminho abriu o Centro de Acolhimento Temporário numa pequenina moradia alugada, para 12 crianças com idades compreendidas entre os 0 e 3 anos, casos excepcionais até aos seis, na Senhora da Hora-Matosinhos.

Rapidamente as instalações se mostraram pequenas face ao número de pedidos de acolhimento e passado um ano apenas – a Associação transitou para novas instalações, também alugadas, para 20 crianças.

Conscientes das dificuldades, mas também da importância de espaços próprios para o bom funcionamento do Centro de Acolhimento, quer para as crianças quer para os adultos, sentiu-se necessidade de construir instalações de raiz, o que foi possível concretizar e inaugurar em 1997.

Este espaço (instalações actuais) tem a forma de um trevo de 4 folhas, destinado a 60 crianças. Privilegiando-se um atendimento o mais individualizado possível este edifício encontra-se dividido por módulos (folhas do trevo) para grupinhos de 10 crianças cada.

As Crianças da Casa do Caminho

Quem são estas crianças?

As crianças acolhidas na Casa do Caminho são seres que naquele preciso momento necessitam de um substituto temporário da sua família. São crianças vítimas de perturbação, de excessos (momentâneos ou não) dos adultos. São crianças já com longa história, um drama por de trás da sua tenra idade.

Nas principais causas de internamento encontram-se a negligência grave, o abandono efectivo ou afectivo, os maus tratos, os comportamentos desviantes dos pais.

Em 12 anos de actividade, já passaram pela Casa do Caminho cerca de 350 crianças, tendo entrado na instituição, a maior parte delas com alguns meses ou dias de idade apenas.

Idades das crianças

IDADE DAS CRIANÇAS À ENTRADA NA CASO DO CAMINHO DE 1990 A 2002

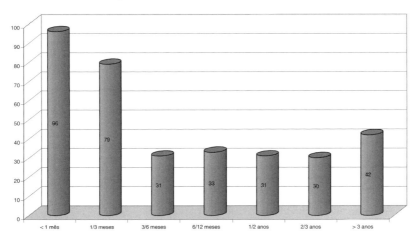

Pedidos de Acolhimento/Admissão da criança

Os pedidos de acolhimento são efectuados por estruturas governamentais (Serviços Sociais dos Hospitais, Instituto de Solidariedade e Segurança Social (I.S.S.S.), Tribunais, Comissões de Protecção de Crianças e Jovens em Perigo, Projecto de Apoio à Família e à Criança, sendo a criança entregue provisoriamente à Casa do Caminho ou ao I.S.S.S. pelo Tribunal de Família e Menores.

A admissão da criança pode estar condicionada pela situação social, quando esta não está de acordo com os objectivos da associação, pelo número de vagas e pela capacidade para atendimento às necessidades específicas da criança. Devendo, por isso, o pedido de acolhimento ser acompanhado pelo maior número de informações.

A Casa do Caminho, surgindo como uma necessidade e como um apoio concreto em tempo próprio, mas temporário, às crianças em risco, de modo a protegê-las, apoiando-as tecnicamente, retirando-as ou prevenindo situações difíceis em que se encontrem, permite a elaboração de um **Projecto de Vida** da criança mais adequado a cada caso, nunca esquecendo que se tem de ter em conta sempre o interesse da criança.

O período de acolhimento não deverá, em princípio, exceder os seis meses e só em situações excepcionais poderá ultrapassar um ano.

Tempo de permanência da criança na Casa do Caminho/ /Definição do seu Projecto de Vida

A criança permanece na Instituição o tempo necessário, no entanto, pretende-se que seja o mais curto possível.

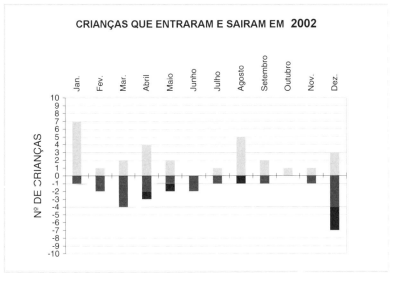

A criança só permanecerá na Instituição o tempo necessário, se todos os organismos intervenientes na definição do Projecto de Vida da criança, trabalharem em equipa e interagirem de uma forma coordenada e programada. Assim, técnicas de serviço social da zona do ISSS – Serviço de Adopção – técnicos do Tribunal de Menores – Ministério Público – Serviços de Saúde – Serviços de Educação e equipa técnica da Casa do Caminho reúnem-se frequentemente, definindo estratégias e avaliando as acções, de modo a que cada um tenha os seus objectivos de trabalho bem definidos e não haja perdas de tempo.

A criança deverá estar o menos tempo possível privada do ambiente familiar sendo o estudo e apoio à **família biológica** (progenitores ou família alargada) a primeira fase do processo da criança.

O acolhimento da criança na C.C. permite aos pais restabelecerem o equilíbrio familiar (muitas vezes desestruturado pelo desemprego, consequente alcoolismo e maus tratos aos filhos), efectuarem programas de desintoxicação de drogas e álcool, etc..

No caso da total incapacidade ou indisponibilidade da família, temos o dever de encontrar alternativas.

Quando a família natural, apesar de pluridisciplinarmente apoiada, se revelar incapaz de assumir a responsabilidade pelo desenvolvimento harmónico da criança, inicia-se o processo jurídico-social que levará à **adopção**.

Também há casos (que se pretende sejam o menor número possível) que dada a inviabilidade das duas situações anteriores, a criança poderá ter de ser **institucionalizada** sendo esse o meio em que vai crescer até à idade adulta.

As leis têm-se alterado, no entanto as estruturas dos serviços intervenientes na definição do Projecto de Vida da Criança terão de ser ajustadas, correspondendo a uma rápida resposta aos processos.

E, porque temos consciência:
- da importância de um dia na vida de uma criança,
- da importância de uma família nos primeiros anos de vida (lembramos que estamos a falar de bébés),
- que uma criança não pára de crescer, quer física quer emocionalmente, nem por um segundo,
- dos malefícios para o equilíbrio emocional de uma criança que vive num centro de acolhimento temporário,
  - onde não tem a sua figura de vinculação, alguém a quem chame mãe, presente como figura de protecção e de segurança,
  - onde tem à sua volta vários "amiguinhos" = gémeos (porque são quase todos da mesma idade) que disputam as atenções dos adultos de uma forma individualizada, não olhando a meios para o conseguirem...,
  - onde sentem partirem esses "amiguinhos" sem nunca mais os verem e sem perceberem muito bem porque saem uns e não outros, e para onde foram,

– onde algumas crianças são visitadas por familiares e outras não. Visitas de pessoas que nunca viram ou que aparecem de 6 em 6 meses ou mais.

Por tudo isto encetamos todos os esforços para que o tempo de permanência na instituição seja realmente o *imprescindível*, antes que seja tarde.....

Crianças Encaminhadas (1990/2002)

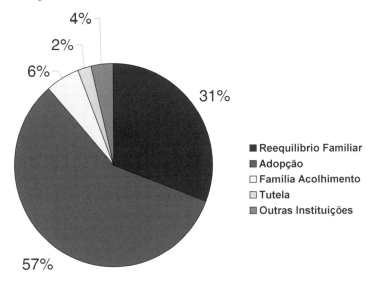

Fala-se em 15 mil crianças nas instituições. Talvez seja a hora de se saber exactamente:
– quantas crianças estão nessas instituições, abandonadas, susceptíveis de serem adoptadas?

Está na hora de se saber exactamente os porquês de algumas crianças continuarem a estar tanto tempo nos Centros de Acolhimento Temporários, mesmo sem visitas, em que o tempo não pára, e muitas vezes sendo a institucionalização – o lar – e quem sabe, mais tarde, a própria rua, a única alternativa para a vida destas crianças, porque não se teve em conta o tempo, esse tempo, na definição do projecto de vida da criança, que "apenas" privou aquele ser humano de uma família a que todos nós temos direito, para promover o bem estar e equilíbrio de cada um e consequentemente da própria sociedade.

Todos somos responsáveis por estes tempos de permanência. É ao Tribunal que compete decidir sobre o Projecto de Vida das crianças, no entanto todas as instituições implicadas no processo, das áreas da Justiça, do Social, da Educação e da Saúde têm uma enorme responsabilidade na preparação da decisão do Tribunal.

No dizer da Psicóloga da C.C. "a maior lacuna que estas crianças apresentam situa-se ao nível dos afectos/relações, por toda uma série de experiências pobres com que estas crianças se defrontam nos seus primeiros anos de vida". Muitas delas sofrem hoje de desvios de desenvolvimento que não lhes permitem uma adequada interacção com o meio que as rodeia, isto é, consigo próprias, com o adulto, com as outras crianças e mesmo com os objectos.

Existe nestas crianças a incompreensão de uma realidade muitas vezes sem sentido.

As crianças não sabem porque estão ali. Uns meninos têm visitas de pessoas que lhes dizem ser pais, outros não. Uns saem e nunca mais voltam. Outros permanecem na Casa do Caminho **há muito, muito tempo**.

Com o objectivo de elaborar um programa específico para cada criança, a nível da sua integração, estimulação, e desenvolvimento, existe um trabalho conjunto por parte da equipa da Casa do Caminho. Em equipa interdisciplinar é estudada a história pessoal de cada criança, delineando-se um programa de intervenção que engloba a própria criança, e sempre que possível, a sua família de origem.

Não basta satisfazer as necessidades primárias das crianças – alimentação, higiene, descanso, saúde, mas também, e sobretudo com bebés, é preciso dar muito AFECTO, protecção, disponibilidade que só com profissionais e voluntários empenhados se podem oferecer com calma e tranquilidade.

Como nos diz o Prof. Dr. João Gomes Pedro acreditamos "nos pequenos nadas que dão tom e significado a cada processo e acontecimento da vida".

Contribuímos para o bem estar da criança... Mas....

Porque todos nós temos direito a uma família, também sentimos que não somos a sua família (biológica ou adoptiva) e o que mais nos dói é olharmos para uma criança que permanece muito tempo na instituição e sentirmo-nos incapazes de lhe dar o que ela mais precisa: «um colo permanente».

Por outro lado, estes resultados também não são possíveis se não houver um trabalho de uma equipa de profissionais especializados e voluntários que, no desempenho das suas funções, têm acima de tudo
- uma grande humildade,
- uma forte capacidade de se auto – conhecer, querendo fazer mais e melhor,
- uma grande capacidade de interagir com todos os elementos da sua equipa e com equipas de outras instituições,
- uma grande disponibilidade
- e sobretudo um verdadeiro sentido de AMAR em especial as crianças.

Uma organização é constituída por pessoas, com as suas próprias histórias. Conjuntamente com as crianças vão contribuindo para a própria história da Casa do Caminho, e também da Emergência Infantil.

Embora o desejo de todos aqueles que trabalham na Casa do Caminho, seja ver definido o Projecto de Vida da Criança, sentirem que o que ela precisa para continuar o seu Caminho a partir de certo momento, está fora da Instituição, também são essas mesmas pessoas que no dia a dia estiveram com as crianças, vendo-as crescer.

Passaram com elas momentos muito significativos e marcantes:
- o primeiro sorriso, a primeira papa, o primeiro passo, a primeira palavra, o primeiro aniversário.
- a recuperação de um estado debilitado de saúde.
- a ansiedade de um diagnóstico clínico menos positivo. A luta mesmo pela sobrevivência da criança.

Para terminar, gostaríamos de concluir que,
A Associação A Casa do Caminho – Unidade de Emergência Infantil é um projecto de VONTADE feita Acção, que deseja um dia ajudar a pôr fim aos meninos de rua, a quem não se acudiu um dia precocemente.

Acção, que faz aumentar em nós

A convicção de

Que a partilha enriquece

A reflexão em conjunto ilumina

A vontade constrói

Acção, que faz aumentar em nós a Certeza
QUE O AMOR TRANSFORMA

porém .... *Antes que seja tarde* ......

INSTITUTO DE REINSERÇÃO SOCIAL
CENTRO EDUCATIVO DE SANTO ANTÓNIO

Rui Bahia*

O **Centro Educativo de Santo António** (CESA) está instalado numa quinta que foi propriedade de José de Sousa e Melo, que viveu entre 1745 e 1839. Após o seu falecimento, a Quinta conheceu sucessivos donos, até que, em 1880, foi adquirida por uma ordem religiosa, as Franciscanas de *Calais*, que aí fundaram um convento, implantando uma escola para jovens religiosas e um colégio para jovens do sexo feminino. Com a instauração da República, em 1910, as religiosas e as crianças que habitavam a Quinta foram expulsas.

O espaço viria a transitar para o património do Ministério da Justiça e dos Cultos e, por decreto de 24 de Abril de 1912, aí viria a ser criada e instalada a **Tutoria Central da Infância do Porto e Refúgio Anexo**, destinada à recolha temporária de menores considerados "delinquentes, indisciplinados e em situação de perigo".

A Secção Masculina é inaugurada em 1912, enquanto que a secção Feminina entra em funcionamento em 1927.

Em 1962, e em consonância com a reforma dos serviços tutelares de menores, os Refúgios passam a designar-se de **Centros de Observação Anexos aos Tribunais Centrais de Menores**, acentuando o carácter protector e educativo da intervenção.

É na sequência do Decreto-Lei n.º 314/78 de 27 de Outubro

---

* Director do Centro Educativo de Santo António do Instituto de Reinserção Social.

(Organização Tutelar de Menores), que é criado o **Centro de Observação e Acção Social do Porto**, hierarquicamente dependente do Ministério da Justiça.

Tem por finalidade o exercício da acção social sobre os menores e o seu meio, a sua observação, a aplicação de medidas de protecção a menores com idade inferior a 12 anos, apoio na execução de medidas tutelares decretadas pelos tribunais e a colaboração com organismos públicos ou privados que se ocupem da protecção de menores.

A intervenção, nesta altura, tem como objectivo a promoção de meios educativos para a readaptação social.

A partir desta altura, são efectuadas obras de remodelação nos diversos espaços do Centro, visando a melhoria de condições físicas, que permitam, tanto quanto possível, tornar o ambiente institucional mais próximo do ambiente familiar.

Em Julho de 1999, a Secção Feminina é extinta, passando a intervenção do Colégio a ser dirigida exclusivamente para jovens do sexo masculino.

O edifício ocupado pelas jovens é desactivado, aguardando obras de remodelação para permitir a mudança do Centro Educativo para aquelas instalações.

A publicação das Leis n.os 147/99 de 1 de Setembro e 166/99 de 14 de Setembro, que aprovam, respectivamente, a **Lei de Protecção de Crianças e Jovens em Risco** e a **Lei Tutelar Educativa**, passam a regulamentar a acção do Estado junto de crianças e jovens em perigo e de menores de 12 a 16 anos, agentes de factos qualificados pela lei como crimes, revogando o regime instituído pela Organização Tutelar de Menores.

O eixo fundamental da reforma do direito de menores, relaciona-se precisamente com a distinção entre a actual intervenção tutelar educativa e o modelo anterior de intervenção tutelar de protecção.

A Lei Tutelar Educativa baseia-se na pedagogia da responsabilidade, para a formação no sentido do respeito pelas normas jurídico-criminais, como formas fundamentais da vida em sociedade, elegendo a educação para o direito como finalidade do sistema tutelar educativo.

Deste modo, a intervenção tutelar educativa tem lugar quando haja prática de um facto considerado como crime e a concreta necessidade de educação do menor para o direito, evidenciada pela prática daquele facto, que no momento da aplicação da medida ainda subsista. A designação passa a ser **Centro Educativo de Santo António**.

Dependência Orgânica

O Centro Educativo de Santo António (CESA) é um serviço desconcentrado do Instituto de Reinserção Social, integrado na Direcção Regional do Norte, de acordo com o estipulado no Decreto-Lei n.º 204-A/2001 de 26 de Julho (Lei Orgânica do Instituto de Reinserção Social).

População Acolhida

O CESA destina-se a acolher jovens do sexo masculino, em cumprimento de decisões judiciais, que tenham praticado, entre os 12 e os 16 anos, factos qualificados pela lei como crimes.

Divide-se em quatro unidades residenciais para cumprimento de medidas tutelares de internamento em regimes fechado, semiaberto e aberto. A lotação global é de 49 educandos.

Finalidades

De acordo com a Lei Tutelar Educativa, o Centro Educativo destina-se:
– à execução de medidas tutelares de internamento;
– à execução de medidas cautelares de guarda;
– ao internamento para realização de perícias sobre a personalidade;

- ao cumprimento de detenções;
- aos internamentos em fim de semana.

Competência

De acordo com o Decreto-Lei n.º 323-D/2000 de 20 de Dezembro (Regulamento Geral e Disciplinar dos Centros Educativos), compete ao Centro Educativo assegurar, mediante o desenvolvimento de métodos e programas adequados, a execução das decisões judiciais que aplicam as medidas anteriormente referidas.

Recursos Humanos

O conteúdo funcional do pessoal afecto ao Centro Educativo encontra-se descrito nos art.º 127.º a 140.º do Regulamento Geral e Disciplinar dos Centros Educativos (Decreto-Lei n.º 323-D/2000 de 20 de Dezembro).

O pessoal inclui Director, Subdirector, Coordenadores, Técnicos Superiores de Reinserção Social, Técnicos Profissionais de Reinserção Social, Professores, Formadores, Funcionários Administrativos e Pessoal Auxiliar.

Recursos Físicos

O CESA é composto por 8 edifícios: três residenciais, um administrativo, um oficinal, uma lavandaria e um para o serviço de segurança.

Em espaço distinto, encontra-se outro edifício, actualmente desactivado, para o qual está aprovado o projecto de reconstrução para o futuro Centro Educativo, e onde funciona actualmente a cozinha.

Dispõe, ainda, de campos de jogos, áreas de recreio, áreas ajardinadas e agrícolas.

Um edifício residencial, de quatro pisos, é composto por uma unidade de regime semiaberto e uma de aberto.

Para além do espaço residencial, dispõe de sala de convívio, gabinete técnico, gabinete de atendimento, gabinete médico, sala de enfermagem, enfermaria, copa e refeitório, salas de aula, biblioteca, salas de jogos e recreio coberto. Tem anexo um campo de jogos com piso em cimento.

Num dos restantes dois edifícios residenciais, de dois pisos, funciona outra unidade de regime semiaberto e uma de regime fechado. Integra salas de convívio, gabinete técnico, gabinete de atendimento, refeitório, salas de aula, salas de jogos, espaço oficinal e salas de visita, para além do espaço residencial. Tem anexo um campo de jogos com piso em cimento.

No último edifício residencial, contíguo e semelhante ao anterior, actualmente sujeito a obras de remodelação/ adequação, está previsto o funcionamento da unidade de regime fechado.

INTERVENÇÃO EDUCATIVA

A intervenção educativa no CESA, conceptualizada numa perspectiva interdisciplinar, tem como principal objectivo a socialização do educando que, através do seu comportamento, pôs em causa os valores jurídicos essenciais da sociedade.

"Através do afastamento temporário do educando do seu meio habitual e da utilização de meios e métodos pedagógicos" (art.º 17.º, n.º 1 da LTE) adequados, procura-se intervir no sentido de educar o jovem para o Direito, isto é, para o respeito pelos valores e normas básicas essenciais à vida em sociedade, "permitindo-lhe, no futuro, conduzir a sua vida de modo social e juridicamente responsável" (art.º 17.º, n.º 1 da LTE).

O internamento assume-se numa vertente multidisciplinar – terapêutica, formativa e educativa – de modo a proporcionar uma nova forma de estar e de sentir aos educandos, procurando assegurar um ambiente em que, a ordem e a disciplina, o cumprimento das normas de higiene e segurança e a estabilidade/previsibilidade das respostas educativas, propicie aos educandos uma qualidade de vida efectiva e determinadora da aquisição de competências comportamentais e normas/regras vivenciais que lhes facilitem a sua reintegração.

Para cada menor em execução de medida tutelar de internamento, é elaborado um Projecto Educativo Pessoal (PEP), no prazo de 30 dias após a sua admissão, tendo em conta o regime e duração da medida, bem como as suas particulares motivações, necessidades educativas e de reinserção social.

O PEP é obrigatoriamente enviado ao Tribunal para homologação, no prazo máximo de 45 dias a contar da admissão do menor no Centro Educativo.

É fundamental a participação activa do educando e da sua família/representante legal, na construção do mesmo, de modo a revalorizar a função educativa do PEP, estabelecendo uma pedagogia da responsabilidade/co-responsabilização.

No PEP constam, de forma geral, as actividades escolares, formativas, socioculturais e desportivas em que o educando deve participar e o local onde vão decorrer, de acordo com a conjugação particular das suas motivações e aptidões. As suas necessidades educativas específicas e de educação para o Direito/reinserção social, serão alvo de programas próprios e adequados às condições de execução da medida aplicada (duração/regime).

PROGRAMAS

De acordo com o disposto no Decreto-Lei n.º 323-D/2000, o CESA dispõe de um conjunto de Programas, adiante descritos, que conjugam as necessidades gerais de educação e formação próprias da faixa etária dos educandos, com as necessidades específicas reveladas na prática da infracção e que justificam tratamento adequado.

Programa de Formação Escolar

Os Programas de Formação Escolar do CESA têm como objectivo geral proporcionar aos educandos a continuidade da escolaridade obrigatória, no exterior ou nas instalações do Centro, de acordo com o regime de internamento a que se encontrem sujeitos e a duração da medida aplicada. Pretende-se, através deste Programa, dotar o educando de competências escolares básicas que lhe permitam o prosseguimento de estudos ou a inserção na vida activa.
No CESA encontram-se em funcionamento os 1.º, 2.º e 3.º Ciclos do Ensino Básico Recorrente.
No âmbito da formação escolar, perspectiva-se, ainda, o funcionamento dos seguintes projectos:
– Ciência Viva
– Eco-Escolas
– Assembleia na Escola.

Programa de Animação Sócio-Cultural e Desportiva

Este Programa pretende ter, para além da sua especificidade, um papel de complementaridade nas áreas escolar, polivalente e de formação profissional, traduzindo-se num espaço vital para o sucesso da intervenção do Centro Educativo através da sua vertente lúdico-pedagógica.
Com a sua implementação, pretende-se estimular/fomentar nos jovens, para além de uma ocupação sadia do seu tempo, a aquisição de valores essenciais de convivência com o Outro, tendo em consideração o seu desenvolvimento integral como Cidadão de pleno direito.

Programa de Orientação Vocacional e de Formação Profissional

A ênfase deste projecto consiste na implementação/manipulação de actividades diversificadas – *Ponte(s)* – que motivem os educandos para a aquisição de conhecimentos e alteração de comportamentos, que lhes permitam criar condições para a adesão a projectos de formação profissional futuros mais estruturados e de acordo com as suas capacidades e interesses.

Assim, o Programa centra-se na preparação dos educandos para a vida activa, através do desenvolvimento das suas opções vocacionais, aptidões e competências, aquisição de hábitos de trabalho básicos e, se possível, obtenção de qualificação em áreas profissionais, tendo em consideração condicionantes como a idade, duração da medida tutelar e regime, veículo fundamental para o (re)encontro com a vida activa e a sociedade.

Actividades Desenvolvidas no Âmbito do Projecto Ponte(s):
– Arte
– Artes Circenses
– Carpintaria
– Electricidade
– Espaços Verdes
– Vida Quotidiana.

Para além das actividades desenvolvidas no interior do Centro Educativo, no âmbito do Programa de Orientação Vocacional e de Formação Profissional, existem jovens que, com base nos objectivos estabelecidos nos seus Projectos Educativos Pessoais, frequentam acções de formação no exterior, designadamente:
– Escola Profissional Infante D. Henrique;
– A União;
– Centro de Reabilitação da Areosa;
– Centro de Reabilitação da Granja.

Programa de Educação para a Saúde

Doenças sexualmente transmissíveis, o fácil acesso ao álcool, tabaco e outras drogas, a condução precoce de viaturas que aumentam os riscos de acidentes e hábitos alimentares incorrectos, definem a maioria dos comportamentos que colocam em risco o desenvolvimento integral dos jovens, grupo etário institucionalizado no CESA.

Assim, este Programa pretende abarcar um conjunto de actuações dirigidas a cuidar dos processos vitais do organismo (crescimento, alimentação, bem-estar físico geral), a tratar adequadamente as patologias físicas ou mentais que apresentem os jovens, assim como intervir naquelas condutas de risco que podem interferir ou condicionar a sua reinserção social.

A função do CESA é a de ocupar-se das necessidades de saúde específicas dos jovens e procurar os recursos adequados para cada caso e para o grupo em geral, como, por exemplo, o Centro de Saúde local, CAT, CIAC e Centro de Alcoologia.

Programa de Vida Quotidiana

O dia-a-dia do Centro Educativo está estruturado e planificado de forma a sujeitar os educandos ao cumprimento de regras para as quais, devido às suas carências, nem sempre estão adequadamente preparados.

Este programa integra todas as actividades próprias da vida diária, horário das refeições, tarefas de limpeza, higiene pessoal, descanso, etc., e o reforço de hábitos sociais, como o respeito, aceitação das orientações, regras de diálogo, etc., que não se enquadram nas áreas formativas obrigatórias, mas que se entrecruzam em todas elas.

Pretende-se que o educando tenha a experiência de se sentir bem num meio estruturado, com a capacidade de tratar de si e sabendo resolver os conflitos habituais comuns à convivência humana. Pressupõe-se que, por si só, a organização/definição dos espaços, bem como as rotinas e sua previsibilidade, assumam um papel terapêutico. Isto porque o cumprimento/interiorização progressiva de regras/limites funcionam como elementos protectores face à desorganização interna, promovendo novos focos de interesse, à medida que as necessidades básicas são satisfeitas.

Programas Terapêuticos

O comportamento do educando causa prejuízo significativo no seu funcionamento social, ocupacional e académico, pelo que a intervenção tutelar deve dispor de meios que lhe permitam "superar os problemas emocionais vividos no seu processo de desenvolvimento, relacionados com a adopção de comportamentos socialmente desajustados" (Art.º 31, n.º 1, do Decreto-lei 323-D/2000).

Para dar resposta a esta situação, o CESA desenvolve e/ou promove programas/actividades visando estabilizar o educando e, se possível, promover mudanças mais profundas ao nível do seu funcionamento interno, permitindo-lhe analisar/avaliar vivências passadas e a sua história de vida. Este processo permitirá influenciar as expectativas que tem acerca da vida, através de um melhor conhecimento da sua identidade, melhor compreensão do passado e discernimento das potencialidades do futuro.

Decorre, actualmente, um programa de desenvolvimento de competências pessoais e sociais.

SEMINÁRIO DOS MENINOS DESAMPARADOS
– CENTRO JUVENIL DE CAMPANHÃ –
188 ANOS AO SERVIÇO DAS CRIANÇAS
MAIS DESFAVORECIDAS

FAUSTO FERREIRA[*]

Bom Dia, em primeiro lugar permitam-me agradecer o convite que me formularam, quer à Câmara Municipal do Porto, na pessoa do seu Vice-Presidente, Dr. Paulo Morais, quer à Faculdade de Direito da Universidade Católica do Porto, na pessoa do Presidente do Centro Regional do Porto da Universidade Católica, Prof. Doutor Carvalho Guerra, e ainda na pessoa do Senhor Presidente do painel em que intervenho, meu antigo docente na Universidade Lusíada, Prof. Doutor Heinrich Hörster, a quem tenho muita honra em reencontrar aqui.

Aproveito, ainda, a oportunidade para me congratular com iniciativas deste género num País em que nem sempre as crianças e jovens em risco, bem como as instituições que os apoiam e que substituem o Estado nessa sua função de protecção e promoção de uma vida digna para os mais desprotegidos, são alvo da atenção e do apoio necessários e legitimamente solicitados aos dirigentes deste nosso Portugal.

Peço que me perdoem, pois não tive tempo de escrever a minha intervenção – o que me deixa mal colocado em relação aos meus

---

[*] Presidente da Administração do Seminário dos Meninos Desamparados – Centro Juvenil de Campanhã.

colegas do painel que vieram bem preparados e foram muito eloquentes nas suas intervenções – e por outro lado também não sou um grande orador, mas terei de intervir de improviso, pelo que vou simplesmente falar-vos do que me trouxe aqui hoje – O SEMINÁRIO DOS MENINOS DESAMPARADOS – CENTRO JUVENIL DE CAMPANHÃ.

O Seminário dos Meninos Desamparados foi criado pelo Padre José de Oliveira, em 1814, na sequência das invasões francesas e do desastre da Ponte das Barcas, não obstante desde 1809 o referido Sacerdote ter já albergado crianças abandonadas, a instituição nasce, assim, formalmente em 1814, pela mão da Igreja Católica.

Desde a sua fundação a instituição acolheu e formou milhares de crianças e jovens deste nosso País. Contudo, no seu primeiro centenário de vida recebia maioritariamente órfãos, o que já não acontece tanto hoje, pois a conjuntura social e económica da actualidade criou outras situações a que urge acorrer, como sejam as crianças e jovens oriundas de famílias com graves dificuldades económicas e de integração social; o simples abandono ou ainda a situação de negligência a que estão sujeitas, no âmbito do agregado familiar em que vivem.

Actualmente a instituição tem 3 valências – em regime de internato – Lar e Jovens (80), Unidade de Emergência Infantil (4) e Centro de Acolhimento Temporário (8), e uma outra virada para o exterior – em regime de externato, a qual se justifica devido ao apoio que presta à tão degradada e desfavorecida Zona Oriental da Cidade – Creche e Jardim de infância (120).

Neste contexto, quando os actuais órgãos sociais assumiram a responsabilidade dos destinos da instituição, em meados de 1995 – cargos que exercem em regime de voluntariado – definiram como prioridade absoluta, antes mesmo de resolverem a quase falência financeira em que se encontrava a instituição, a melhoria das condições de vida das crianças e jovens internos que o Seminário acolhia, criando uma "Grande Família" para os que a não tivessem, e uma retaguarda familiar, um "porto seguro", para aqueles que apesar de terem família aquela não funcionasse.

Desta forma foram criadas melhores condições físicas ao nível das instalações, que foram alvo de obras de restauro e outros melhoramentos, quer no edifício sede, quer na "Casa dos Rapazes", dos quais posso destacar, de entre tantos outros, a criação de novas salas de estudo; de uma nova biblioteca; de um pavilhão desportivo; de uma sala de musculação; de um campo descoberto de futebol de 5, bem como o apetrechamento destes espaços com equipamento novo.

Em paralelo fez-se também um esforço para a melhoria das condições em termos pedagógicos, com a entrada de novos técnicos como nova directora, o médico, o psicólogo e o educador social, para além da contratação de outros colaboradores que melhoraram a qualidade, em termos técnico-pedagógicos e humanos, do apoio que prestamos aos nossos rapazes.

Fundamentalmente, foi mudada a "política da instituição", que se resume no seguinte:

O Seminário dos Meninos Desamparados existe, porque infelizmente é necessário, e nesse contexto tem de auxiliar/formar, num ambiente familiar todos os rapazes desfavorecidos que acolhe, os quais têm de ser educados como se estivessem inseridos numa família normal – mesmo sendo muito heterogénea – onde terão de ser amados e disciplinados, como em qualquer outra família, no sentido de se tentar preencher as lacunas, aos mais variados níveis, com que nos chegam, pelo que as famílias de origem que sejam nefastas aos rapazes devem ser "controladas" e as que os tratarem bem, como seus, devem ser ajudadas e motivadas no sentido de participarem, tanto quanto possível na sua educação – e se for viável os nossos rapazes deverão ser preparados para regressar ao meio familiar. No entanto, sempre que possível, a adopção é também uma solução, apesar de o ser em muito poucos casos, pois nos últimos 8 anos somente foram adoptadas 3 das nossas crianças.

Este "plano de acção" implica, entre outras coisas, que se acolham em primeiro lugar os rapazes mais necessitados, os quais terão de ser protegidos enquanto disso precisarem, sem que se exija a sua saída da instituição – de "Casa" – sem "terem asas para voar", preparando-os, responsabilizando-os, para que quando forem adultos possam dar o seu contributo à nossa sociedade.

No dia a dia da nossa instituição, foi, e é, nossa preocupação a formação integral das nossas crianças e jovens, em termos morais e cívicos, bem como em termos profissionais e académicos, para que mais tarde as possamos devolver à sociedade como cidadãos de pleno direito. Assim, temos neste momento, cerca de 25 rapazes no 1.º ciclo, cerca de 45 no 2.º ciclo e no ensino secundário – 8 dos quais em cursos profissionais –, 2 num curso de nível IV, e 4 no ensino superior.

Temos ainda, cerca de 8 rapazes que já ingressaram no mercado de trabalho, alguns dos quais também estudam. Existem também alguns rapazes que ainda não têm o seu projecto de vida devidamente definido, devido a terem chegado recentemente à instituição.

A instituição tem um protocolo com a Segurança Social que financia cerca de 68% a 70% do valor orçamentado anualmente, que atingiu cerca de 1 milhão de euros no ano transacto, mas mesmo assim a instituição tem de angariar cerca de 300 mil euros por ano, para financiar a sua parte, e cobrir o restante valor orçamentado.

Temos tido apoios da sociedade civil, de particulares e empresas, do Banco Alimentar, do Ministério da Solidariedade Social – através do Fundo de Socorro Social, do Governo Civil e de tantos portugueses anónimos, mas de boa vontade.

Deus não nos tem esquecido, apesar das dificuldades que a instituição vive actualmente. Espero que a Câmara Municipal do Porto, especialmente com as últimas alterações na legislação, que transferiu mais atribuições e competências para os municípios, entre as quais a acção social, ajude mais as instituições que cumprem a sua função, pois para as instituições como a nossa sobreviverem precisam de ser apoiadas por todos.

Actualmente temos a iniciar um novo projecto que consiste na construção de um pólo da instituição – pois chegavam-nos várias dezenas de pedidos de admissão de rapazes por ano, aos quais não podíamos responder favoravelmente, pelo que pensamos construir um pólo da instituição para dar resposta a esses pedidos – que funcionará nos mesmos termos da sede e que acolherá, quando pronto em finais de 2004, cerca de 50 crianças e jovens em risco.

Assim, nasceu o "sonho" do Pólo de Vila do Conde, pelo que a construção do mesmo começará em Novembro próximo, sem dinheiro é certo, mas com muita Fé em Deus e na boa vontade dos Homens. Parte do terreno – a área total é de cerca de 20.000m2 de areal e pinhal com vista para o mar – foi doada, outra parte adquirida através de crédito bancário. O terreno custou cerca de 250.000 euros. A obra custará cerca de 914 mil euros e o Estado quer apenas comparticipar em cerca de 400 mil euros. Mas nestes valores não estão incluídos o equipamento, nem mesmo as obras a mais.

É inacreditável o País em que vivemos. Perdoem-me a franqueza, mas a nossa acção em prol dos mais desfavorecidos – tal como a de muitas outras instituições – as crianças e jovens deste nosso Portugal, deveria ser mais apoiada pelas entidades competentes, pois fazemo-lo com espírito de Missão, substituindo o Estado, numa área que deveria ser prioritária – tal como outras, entre as quais a 3ª idade que também não o é – e temos de andar a pedir de saco na mão, e digo-vos que já nem sei quantas portas se nos bateram na cara. É triste, para não dizer lamentável, que este nosso País não tenha definido, ainda, as prioridades da sua actuação, pois a acção social, a saúde e a educação são áreas em que é preciso investir sem olhar a custos.

Lanço daqui um desafio aos políticos deste País para que tenham a coragem de realizarem Pactos de Regime que permitam, pelo menos que nas matérias fundamentais como a acção social, a concretização de uma actuação concertada, e que tal faculte a cada português uma vida digna.

No outro dia, ao ler o Jornal de Notícias, soube que para os acessos ao estádio da Luz são precisos mais 10 milhões de euros e que tal verba estava já assegurada pelo Estado. País estranho o nosso!! Basta que os responsáveis deste País saiam à rua, percorram as zonas degradadas e vejam milhares de crianças e jovens entregues a si próprios. Urge fazer algo, pois estamos a comprometer, hoje, o futuro.

Somos um País admirável, conseguimos fazer a Expo 98 e nem sabemos os milhões que lá gastámos, vamos até fazer o Euro 2004 com 10 estádios quando só eram precisos 6, mas como somos ricos, e não existem outros problemas no País real, fazemos tudo em grande!!

Não sou contra estes eventos, já que não tenho dificuldade em admitir que os mesmos contribuem para o engrandecimento do nosso Portugal.

No entanto, lamentavelmente, não fazemos o mesmo esforço para resolver os problemas reais do País, e todos o sabemos, mas não existem vozes suficientes que mudem a actuação de quem tem responsabilidades na governação. Desculpem, mas quando falo do que sinto, da defesa dos que mais precisam e estão indefesos por essas ruas deste nosso alegre Portugal, fico um pouco emocionado e por vezes até irritado, pois é tal a apatia e a hipocrisia de alguns poderosos que não consigo conter os meus sentimentos. Desculpem, mas para além do espírito de missão há também paixão nesta nossa luta diária.

Bom, penso que atingi o meu limite de tempo, e conhecendo a pontualidade germânica do Prof. Doutor Hörster, acabo por aqui a minha pequena reflexão que tive muita honra em partilhar com todos vós.

Bem hajam por me terem escutado. Muito obrigado a todos.

2.º PAINEL
**A REFORMA DO DIREITO DOS MENORES
E A FUNÇÃO DO JUIZ SOCIAL**

A REFORMA DO DIREITO DOS MENORES: DO MODELO DE PROTECÇÃO AO MODELO EDUCATIVO

Rui Assis[*]

I. A pertinência da discussão em torno da justiça de crianças e jovens

O debate sobre a "justiça de crianças e jovens" assume actualmente pertinência indiscutível, resultante quer de razões de natureza mediática, quer também do próprio processo de reforma do direito dos menores em geral.

Parece também de reconhecer que tal debate é muitas vezes lançado e desenvolvido em bases pouco consistentes, atendendo-se sobretudo a factores aparentes e pouco se valorizando uma análise que considere os pressupostos e os critérios de actuação que verdadeiramente devem estar em causa.

Assumindo que o modelo de intervenção do Estado no domínio do direito dos menores constitui a matriz fundadora e enquadradora da respectiva construção jurídica, procuramos, na presente comunicação, traçar a linha de evolução entre um modelo tendencialmente anterior (o denominado "modelo de protecção") e o modelo que se preconiza para a configuração dessa mesma intervenção do Estado (para o qual acolhemos a designação de "modelo educativo").

---

[*] Advogado.

II. A intervenção do Estado de acordo com o chamado "modelo de protecção"

A importância da infância, que hoje podemos constatar mesmo ao nível dos textos legislativos, é relativamente recente, podendo até dizer-se[1] que o valor da criança aumentou muito lentamente ao longo dos séculos. Por exemplo na Idade Média, deparamos com uma concepção sem qualquer consciência da especificidade da infância, de tal forma que até os pintores, na figuração de crianças, desenhavam corpos pequenos com cara de adultos. As crianças não constituíam pois qualquer realidade específica, sendo apenas consideradas, para todos os efeitos, "adultos pequenos". Os séculos dezasseis e dezassete marcam o início de um processo de separação das crianças relativamente ao mundo dos adultos e de afirmação de um sentimento da infância, processo esse no qual tem clara relevância o incremento da escolarização. Aliás, esse percurso traduz também o início de uma intervenção estadual que, tendo crescido atrasada relativamente ao aumento do valor da criança[2], começou por se afirmar, ainda que no início de forma tímida, contra o abuso de autoridade por parte dos pais e da família em geral relativamente às crianças.

Já na segunda metade do século dezanove, assistimos à produção de leis que se destinavam expressamente a limitar o mau exercício da autoridade na família, significando pois uma assumida intervenção do Estado num território que até aí lhe estivera vedado, perspectivando-se já tal intervenção numa óptica protectora, contemporânea aliás do pensamento e das iniciativas da época (recorde-se, a propósito, que a primeira sociedade inglesa para protecção das crianças foi formada por iniciativa da sociedade protectora dos animais de Liverpool).

---

[1] GUILHERME DE OLIVEIRA, *A criança maltratada*, Temas de Direito da Família, Coimbra Editora, 1999, pp. 187 ss.
[2] GUILHERME DE OLIVEIRA, *ob. cit.* n. 1.

O século vinte assiste à afirmação da intervenção protectora do Estado. Concretamente em Portugal, tal tendência foi inicialmente protagonizada, ainda que de forma não absolutamente definida, pela Lei de Protecção à Infância, de 27 de Maio de 1911, a qual traduz, de forma até inovadora para a época, um conjunto de regras de direito especiais para menores. Esta lei, assente nos postulados filosóficos do positivismo, criou pela primeira vez em Portugal os Tribunais de Menores, os quais eram supostos agir, em nome do Estado, através da aplicação de medidas de "tratamento" ou de "cura". A LPI caracterizava-se, no essencial, pelos seguintes aspectos[3]: configurava-se como um sistema preventivo, que pretendia evitar que as crianças e os jovens enveredassem pela via da delinquência, daí resultando que o Estado devia intervir logo que a criança desse mostras de se encontrar "pervertida" ou "corrompida", numa lógica que equiparava aos menores "delinquentes", no tipo de intervenção preconizada e nas medidas aplicadas, os menores que a lei denominava de "desamparados", assim como os chamados "indisciplinados"; por outro lado, o regime da LPI assumia-se como "assistencial" e "curativo", prevendo a aplicação de medidas destinadas apenas ao melhoramento e correcção dos menores, quer se tratasse de menores em situação de "perigo moral", quer de menores "indisciplinados", "desamparados" ou mesmo "delinquentes"; além disso, o novo sistema da LPI caracterizava-se ainda pelo cunho individualizado das decisões adoptadas, em que a escolha da medida de intervenção do Estado devia ser orientada essencialmente pela situação pessoal e pelas carências educativas do menor, referindo a lei que a intervenção do tribunal deveria ser sempre orientada pelo "interesse do menor", procedendo-se, para tal efeito, conforme a "idade, instrução, profissão, saúde, abandono ou perversão" do menor em causa, e bem assim conforme "a situação social, moral e económica dos pais ou tutor";

---

[3] ELIANA GERSÃO, *Menores agentes de infracções criminais – que intervenção?*, Boletim da Faculdade de Direito da Universidade de Coimbra, número especial, Estudos em Homenagem ao Prof. Doutor Eduardo Correira, Vol. I, Coimbra, 1984, pp. 623 ss.

por último, a LPI procedeu a uma profunda reformulação dos órgãos judiciários a quem era confiada a aplicação de medidas aos menores, sobretudo através da criação das chamadas "tutorias de infância", que se traduziam em tribunais colectivos compostos por um juiz de carreira, que presidia, e por dois "juízes adjuntos", dos quais um deveria ser médico e outro professor.

A Organização Tutelar de Menores (OTM), em 1962, veio introduzir alterações significativas no regime jurídico vigente, levando «às últimas consequências as ideias de "prevenção", "correcção" – esta transmudada em "educação" – e "individualização" introduzidas pela LPI»[4]. A intervenção do tribunal passa a ser estruturada, justamente em nome da protecção e a "bem dos menores", com base num processo extremamente simplificado e desformalizado, sem lugar para aplicação dos princípios gerais do direito processual e com toda a tramitação centrada nas mãos do juiz. É ainda evidente o menosprezo da lei relativamente à posição dos restantes sujeitos processuais, seja o representante do Ministério Público, seja mesmo o próprio menor ou os seus representantes legais, os quais ficam numa posição extremamente frágil, não lhes sendo possível a produção de qualquer prova no processo ou ao menos contraditar a prova produzida por ordem do juiz, não tendo sequer de ser necessariamente ouvidos e estando-lhes inclusivamente vedada a constituição de advogado. O sistema de colegialidade previsto pela LPI para os tribunais de menores é substituído pelo sistema do juiz singular, prevendo-se apenas a possibilidade de o mesmo se socorrer de técnicos.

Estes princípios subjacentes ao regime jurídico aplicável aos jovens foram mantidos, no essencial, pela versão da OTM de 1978, reforçando-se até a intervenção do Estado com base no "modelo de protecção" já claramente assumido pela versão inicial da OTM, em 1962, e que é, ao longo de quase todo o século vinte, o modelo de

---

[4] ELIANA GERSÃO, ob. cit. n. 3. Refira-se ainda que a OTM de 1962, na sua concepção, também decorria natural e coerentemente da lógica intervencionista e proteccionista que, a este propósito, estava presente nos artigos 11.º, 12.º e 13.º da Constituição Portuguesa de 1933.

intervenção predominante nos países de tradição cultural semelhante à nossa[5].

Segundo este modelo, todo o "menor-problema" (ou seja, "numa situação desviante em relação aos padrões de normalidade da vida e desenvolvimento no tecido social"[6]) é considerado, antes de mais e no essencial, uma pessoa carecida de protecção e assistência, que o Estado olha com compaixão, numa perspectiva paternalista e proteccionista, considerando-se, sem mais e apenas por isso, legitimado para intervir.

A intervenção do Estado no "modelo de protecção" assenta num poder quase ilimitado, sempre sob a capa dos "fins educativos" da intervenção e em nome do alegado "interesse do menor".

Tal modelo equipara, na forma de processo e nas medidas aplicáveis, as crianças delinquentes e as crianças em situação de perigo, conjunto para quem é pois construída uma resposta monolítica.

Por outro lado, os órgãos decisórios gozam de grande poder discricionário na escolha do tipo e duração das medidas aplicadas, medidas essas que são livremente modificáveis pelo juiz, muitas vezes de duração indeterminada e que cessam "quando o tribunal lhes ponha termo em virtude de o menor se mostrar socialmente readaptado ou quando este atingir dezoito anos" (cfr. artigo 29.º da OTM).

O processo é informal, conduzido normalmente pelo juiz e prevendo escassas garantias processuais para o menor e para os seus pais. A configuração da decisão em que se traduz a intervenção junto do menor é significativamente opaca, pouco se explicando ao próprio menor sobre o desenvolvimento processual, também pouco se lhe reconhecendo o direito de se pronunciar ou até a possibilidade de se defender. E esta manifesta ausência de garantias de defesa é também extensiva aos próprios pais do menor, a quem não é sequer

---

[5] ELIANA GERSÃO, *ob. cit.* n. 3.
[6] MANUEL GONÇALVES, *Os modelos de intervenção institucional e não institucional no âmbito dos menores e jovens adultos – breve enquadramento jurídico internacional*, RPCC, Ano 7, 1997, pp. 621 ss.

reconhecido o direito de serem assistidos por advogado, a não ser na situação de recurso da decisão[7].

A prática verificada nos países que enveredaram por este modelo na sua intervenção junto dos menores veio a traduzir-se numa forte intromissão tanto nos direitos individuais dos menores como no próprio exercício do poder paternal[8], intromissão essa muitas vezes abusiva e prepotente. O Estado dogmatiza o conceito do "interesse do menor", que ele próprio define sem limites, sendo patente que a intervenção estadual levada a cabo em nome da protecção de tal interesse arrasta consigo o perigo de deixar o menor e os seus progenitores desprotegidos face a essa mesma intervenção[9].

É ainda frequentemente apontado que o modelo de protecção traz também consigo a consequência de encaminhar para a "justiça" (ou seja, para um Tribunal e para um processo judicial) menores que não deviam ter qualquer contacto com essa mesma "justiça", quais sejam justamente os menores em situação de risco[10], com a grave particularidade de tal intervenção ser fortemente selectiva quanto aos menores que considera carecidos de intervenção protectiva, que são normalmente os marginais, os menores necessitados de apoio familiar, os mais desfavorecidos do ponto de vista sócio-económico[11], numa autêntica "criminalização da miséria"[12].

Outra característica ligada ao "modelo de protecção" é a sua ideologia fortemente institucionalizadora, traduzida na aplicação manifestamente excessiva de medidas de internamento[13], aspecto

---

[7] Cfr. artigo 41.º da OTM, norma que, no entanto, o Tribunal Constitucional declarou inconstitucional, com força obrigatória e geral, através do Acórdão n.º 870/96, de 3 de Setembro.

[8] ELIANA GERSÃO, ob. cit. n. 3.

[9] ANABELA MIRANDA RODRIGUES, *Repensar o direito de menores em Portugal – Utopia ou Realidade?*, RPCC, Ano 7, 1997, pp. 355 ss.

[10] ANABELA MIRANDA RODRIGUES, ob. cit. n. 9.

[11] ANABELA MIRANDA RODRIGUES, *idem*.

[12] ELIANA GERSÃO, apud ANABELA MIRANDA RODRIGUES, ob. cit. n. 9.

[13] ANABELA MIRANDA RODRIGUES, ob. cit. n. 9. Também ANABELA MIRANDA RODRIGUES, *Os modelos de intervenção institucional e não institucional no*

relativamente ao qual a situação portuguesa é, aliás, particularmente esclarecedora.

Este modelo de intervenção do Estado começou a ser fortemente questionado no final da década de setenta. Antes de mais, pelo desprezo do sistema relativamente aos direitos fundamentais dos menores e dos seus progenitores, com a circunstância agravante de que a intervenção estadual se traduz quase sempre numa significativa restrição dos direitos daqueles e destes, arrogando-se o Estado o direito de "educar" e "proteger" os menores sem lhes reconhecer, a eles e aos seus pais, o estatuto de sujeitos de direito, de tudo resultando que fica posta em causa a própria **legitimidade** da intervenção estadual. Por outro lado, também começou a ser evidenciada a incapacidade do sistema em responder cabalmente aos problemas colocados pelas situações dos menores em risco e dos menores delinquentes, o que coloca manifestamente em questão a **eficácia** do próprio modelo de intervenção[14].

III. A crise do "modelo de protecção", a importância do movimento internacional a favor dos direitos da criança e a construção de um novo modelo de intervenção

A década de 80 do século passado afirma, no domínio do direito dos menores, uma tendência clara para a negociação e elaboração de instrumentos jurídicos internacionais que postulam o reconhecimento dos direitos das crianças e dos jovens. Trata-se, afinal, de construir **um novo modelo de intervenção** em que os menores sejam considerados não apenas como sujeitos protegidos pelo Direito, mas sobretudo como titulares de direitos juridicamente reco-

---

âmbito dos menores e jovens adultos, O Direito de Menores – Reforma ou Revolução?, Cadernos da Revista do Ministério Público, Edições Cosmos, Lisboa, 1998, pp. 21 ss.

[14] MANUEL GONÇALVES, *ob. cit.* n. 6.

nhecidos[15]. Censura-se aos sistemas de protecção, antes de mais, os abusos a que foram dando lugar, em especial em relação às crianças mais pobres[16], pelo que se pretende dotar esse novo sistema de todo um conjunto de garantias relativas à salvaguarda dos direitos dos menores e dos seus progenitores.

No já referido plano internacional, o instrumento jurídico fundamental é a Convenção sobre os Direitos da Criança, adoptada no quadro da Organização das Nações Unidas e assinada em Nova Iorque em 26 de Janeiro de 1990[17], da qual Portugal foi um dos primeiros subscritores.

A Convenção pode e deve ser olhada como um autêntico instrumento internacional de defesa dos Direitos Humanos, bastante inovador e inspirador no plano jurídico, quer pela abordagem integrada do problema que aí surge preconizada, quer mesmo pelo equilíbrio que procura alcançar nas soluções que contém para os diversos interesses em causa[18]. É assim introduzido um sistema de protecção integrada da criança, no qual esta é considerada como um sujeito de direitos e não simplesmente como o ser frágil e vulnerável carente de medidas de protecção e assistência[19]. A Convenção assume uma perspectiva centrada na criança, em que as responsabilidades dos pais, da sociedade e do Estado são abordadas e definidas em razão da criança e da forma como os seus direitos devem ser protegidos e respeitados, considerando-se que tal perspectiva, ao

---

[15] ARMANDO LEANDRO/RUI EPIFÂNIO, *A criança maltratada – perspectivas de intervenção*, Revista do Ministério Público, Ano 7.º, Julho-Setembro 1986, n.º 27, pp. 191 ss.

[16] ELIANA GERSÃO, *A reforma da Organização Tutelar de Menores e a Convenção sobre os Direitos da Criança*, RPCC, Ano 7, 1997, pp. 577 ss.

[17] Aprovada, para ratificação, pela Resolução da Assembleia da República n.º 20/90, publicada no D. R., I Série, n.º 211, de 12-9-90, e ratificada pelo Decreto do Presidente da República n.º 49/90, de 12/9.

[18] MANUEL GONÇALVES, *ob. cit.* n. 6.

[19] MARTA SANTOS PAIS, *Traços fundamentais da Convenção das Nações Unidas sobre os Direitos da Criança*, Procuradoria Geral da República, Gabinete de Documentação e Direito Comparado, 1996.

enunciar o valor da criança como sujeito de direitos fundamentais inerentes à sua dignidade humana, deve ser mesmo determinante no quadro específico da justiça de menores, impondo e implicando alterações legislativas em conformidade.

Resulta da Convenção, articulada com outros importantes instrumentos jurídicos internacionais, a fundamental preocupação em conciliar dois interesses essenciais[20], quais sejam o do respeito dos direitos fundamentais e das garantias jurídicas inerentes à dignidade do ser humano, e a consideração do interesse superior e das necessidades específicas da criança.

Acresce que a comunidade internacional ganha também consciência de que as famílias, mesmo as mais problemáticas, têm um papel insubstituível na vida das crianças e dos jovens, e que em boa verdade pouco se pode fazer sem a sua colaboração e intervenção[21]. E que, para além disso, também as famílias têm inquestionáveis direitos face à intervenção do Estado. São por isso definidos, de forma precisa, os critérios que autorizam intervenções formais preventivas junto de crianças em situação de risco[22], as quais deverão sempre respeitar a regra da intervenção mínima do Estado.

De forma também bastante clara, é acentuado o carácter excepcional da privação da liberdade dos menores, definida esta privação, de modo amplo, como abrangendo não apenas as situações de prisão ou detenção, mas também qualquer forma de colocação de um menor em estabelecimento público ou privado de onde não esteja autorizado a sair livremente, sendo-lhe tal consentido apenas por ordem de uma autoridade judiciária ou administrativa[23].

Por outro lado, a noção de "interesse da criança", que permanece como noção central no âmbito do direito dos menores, adquiriu agora um conteúdo substancialmente diverso, passando a conter necessariamente a noção de "direitos da criança". Não é mais possível

---

[20] MARTA SANTOS PAIS, *idem.*
[21] ELIANA GERSÃO, *ob. cit.* n. 16.
[22] ELIANA GERSÃO, *idem.*
[23] MANUEL GONÇALVES, *ob. cit.* n. 6.

afirmar, ao menos de forma legítima, que é do "interesse da criança" ser tratada como um ser totalmente incapaz de pensar, de decidir e de querer, simples objecto das decisões do Estado, o qual decide em nome do seu bem e dispondo de um poder de intervenção quase ilimitado[24]. Dito de outra forma: o "interesse do menor", em nome do qual se limitam direitos fundamentais dos menores e dos seus pais, não pode hoje caber mais à discricionaridade do Estado, não pode conceber-se como categoria cuja densificação pertença por inteiro a esse mesmo Estado[25]. É justamente esse o sentido da Convenção quando faz emergir o novo conceito de "interesse superior da criança".

Podemos pois concluir que se preconiza uma nova cultura jurídica no que à situação dos menores concerne, operando uma clara ruptura com o "modelo de protecção" e optando pela definição de princípios e regras que, preservando embora o património positivo de tal modelo, assumem que no centro de todo o sistema estão crianças e jovens que devem ser considerados sujeitos de direito. Por isso, a intervenção do Estado, por constituir uma intromissão na esfera jurídica dos menores e dos seus pais, deve ser rigorosamente escrutinada e limitada, traduzindo-se ainda o mais possível em soluções alternativas às soluções institucionais. Também com a consciência de que as famílias têm um papel insubstituível e central em tudo o que aos menores diga respeito, e que o apoio às famílias se deve primacialmente traduzir em medidas positivas, numa perspectiva de responsabilidade e solidariedade sociais que abra espaço à participação comunitária.

É nesse quadro global que se situa o processo de reforma legislativa relativa aos menores entretanto iniciado em Portugal, o qual é aliás anunciado como uma "verdadeira refundação de todo o sistema" de intervenção do Estado junto das crianças e dos jovens[26]. É apon-

---

[24] ELIANA GERSÃO, *ob. cit.* n. 16.
[25] ANABELA MIRANDA RODRIGUES, *ob. cit.* n. 9.
[26] Cfr. o texto de autoria do Ministro da Justiça e do Ministro do Trabalho e da Solidariedade, na apresentação da publicação *Reforma do Direito de Menores,* edição conjunta do Ministério da Justiça e do Ministério do Trabalho e da Solidariedade, Lisboa, 1999, pp. 3 ss.

tada ao sistema anterior uma clara desconformidade constitucional, designadamente pela desatenção a que vota alguns direitos fundamentais dos menores e dos seus pais, factor que põe decisivamente em causa a própria legitimidade da intervenção estadual. Por outro lado, tal sistema também não tem um desempenho eficaz, quer no que diz respeito às expectativas da comunidade em geral, quer mesmo quanto aos menores e às famílias que são alvo de tal tipo de intervenção.

Assume-se assim que a intervenção do Estado não pode ser aceite como um dado inevitável e inquestionável, sendo que "o problema da legitimidade da intervenção estadual junto de menores não pode hoje subtrair-se ao exame dos pressupostos de que depende a sua legitimação constitucional"[27]. Ora, traduzindo-se tal intervenção, quase sempre, numa restrição de direitos fundamentais dos menores e dos seus progenitores, terá necessariamente que ser vista como excepcional e sempre em obediência aos princípios da necessidade e da proporcionalidade.

Na esteira dos princípios enunciados pela Convenção sobre os Direitos da Criança, e até em cumprimento das normas da Convenção – ratificada por Portugal e à qual este está obrigado –, é adoptada uma perspectiva em que o elemento central da política relativa às crianças e jovens em risco deixa de ser a mera protecção da infância e passa a ser a promoção e protecção dos direitos das crianças e dos jovens, a quem se reconhece o estatuto de verdadeiros sujeitos, com um inalienável direito de participação, e não já de simples objecto de uma decisão.

Assume o Estado que deve prosseguir o ideário de promoção da família e o imperativo constitucional de protecção das crianças e jovens em risco[28], recuperando o legado positivo do "modelo de protecção", mas incorporando no sistema "as conquistas recentes em matéria de acesso dos menores à cidadania"[29]. Isto também para dizer

---

[27] ANABELA MIRANDA RODRIGUES, *ob. cit.* n. 9.
[28] Cfr. *supra* n. 26.
[29] ELIANA GERSÃO, *ob. cit.* n. 16.

que o sistema proposto não abandona a ideia de protecção, pretendendo no entanto que a intervenção protectora do Estado respeite escrupulosamente os direitos fundamentais dos menores e dos seus progenitores, seja pautada pela regra da mínima intervenção possível e procure soluções que preferencialmente se situem no contexto familiar do menor (princípio da prevalência da família[30]). A perspectiva de intervenção é centrada na criança, mas agora a definição do que seja o "interesse do menor" não cabe mais apenas à discricionariedade do Estado[31]. Nesta relação Estado/menor/família, parece decisivo o objectivo de pretender acabar com o estatuto de "menoridade" que até agora, e em nome do seu "bem", o Estado omnisciente tem atribuído aos menores e às respectivas famílias[32].

Eixo fundamental da reforma é a diferenciação que passa a ser feita entre a intervenção tutelar de protecção e a intervenção tutelar educativa. Aquela, destinada a dar resposta às situações de crianças em perigo, carecidas de protecção e assistência por serem vítimas de maus tratos ou de situações de abandono ou desamparo, ou ainda por se encontrarem em situação de pré-delinquência ou para-delinquência; esta – a intervenção tutelar educativa – para fazer face à específica realidade das crianças e jovens agentes de factos qualificados pela lei penal como crime, através da adopção de um sistema "educativo". Esta diferenciação dá aliás resposta a uma das principais objecções formuladas pelo Comité dos Direitos da Criança ao sistema português constante da OTM, no âmbito da qual o Comité julgou não estarem suficientemente diferenciadas tais formas de intervenção. Em todo o caso, a diferenciação agora operada, se é certo que concretiza uma ruptura relativamente ao monolitismo[33] do sistema anterior, não traduz a adopção de um sistema dual puro, na medida em que se propugna a absoluta necessidade de coordenação, articulação e complementaridade entre as duas formas de interven-

---

[30] Cfr. *supra* n. 26.
[31] ANABELA MIRANDA RODRIGUES, *ob. cit.* n. 9.
[32] *Idem.*
[33] MANUEL GONÇALVES, *ob. cit.* n. 6.

ção[34], uma vez que "a natureza necessariamente incindível de uma correcta" política de menoridade "não pode conceber-se em compartimentos estanques"[35].

Por outro lado e justamente também em cumprimento das sugestões e recomendações do referido Comité, com vista à observância das disposições constantes da Convenção dos Direitos da Criança, também se pretende que ambas as formas de intervenção sejam dotadas de garantias processuais adequadas à salvaguarda dos direitos fundamentais dos menores e dos seus progenitores.

É pois um novo modelo de intervenção que se pretende construir, assente em pressupostos marcadamente distintos e que pretende portanto harmonizar em si a salvaguarda dos direitos dos menores – o que conferirá legitimidade à intervenção – e a satisfação das expectativas comunitárias – o que, por sua vez, dotará de eficácia essa mesma intervenção.

---

[34] MANUEL GONÇALVES, *ob. cit.* n. 6.
[35] Cfr. *supra* n. 26.

O PROCESSO TUTELAR EDUCATIVO E AS FUNÇÕES DOS JUÍZES SOCIAIS

ELIANA GERSÃO[*]

1. No aspecto processual consagra-se na Lei Tutelar Educativa (Lei n.º 166/99, de 14 de Setembro) uma ruptura muito profunda com o regime anterior, previsto na Organização Tutelar de Menores (Decreto-lei n.º 314/78, de 27 de Outubro). Estabelecia-se neste diploma um processo muito desformalizado, que privava os menores das garantias próprias do processo penal, mesmo das que se encontram salvaguardadas na Constituição. Este regime foi considerado incompatível com os princípios de um Estado de Direito democrático e, no tocante à impossibilidade de intervenção de advogado, expressamente declarado inconstitucional. Além disso, ofendia os recentes instrumentos jurídicos internacionais sobre justiça de menores, a que o nosso país se encontra política ou mesmo juridicamente vinculado, como é o caso das Regras Mínimas das Nações Unidas para a Administração da Justiça de Menores, ditas *Regras de Beijing,* de 1985, da Resolução R(87)20 do Conselho da Europa sobre reacções sociais à delinquência juvenil e do art. 40.º da Convenção sobre os Direitos da Criança.

2. Na Lei Tutelar Educativa (LTE), o processo é estruturado de forma a conferir aos menores as garantias processuais básicas. Po-

---

[*] Centro de Direito da Família da Faculdade de Direito da Universidade de Coimbra.

rém, tal é feito de uma forma que tem em consideração a sua idade e a especial susceptibilidade daí decorrente.

Assim, prevê-se um processo constituído por duas fases. A primeira, de inquérito, é dirigida pelo Ministério Público (MP) e visa investigar tanto a prática do crime como a *necessidade de educação para o direito*[1]; a segunda, jurisdicional, é presidida pelo juiz e visa a comprovação tanto dos factos como da necessidade de educação para o direito e, quando seja caso disso, a aplicação da medida.

Tendo em conta a vulnerabilidade dos jovens, em especial perante os riscos de estigmatização por um processo judicial, e tendo também em consideração que as infracções que cometem são geralmente de pouca gravidade e prova fácil e que só uma decisão rápida pode ter efeitos pedagógicos, ambas as fases são estruturadas mantendo o grau máximo de informalidade, consenso e discrição compatível com as garantias do menor e com outros interesses processuais eventualmente relevantes.

Vejamos, em linhas muito gerais, como decorrem as duas fases referidas.

3. O MP determina a abertura do inquérito sempre que adquira notícia da prática do facto (art. 74.º).

O facto pode ser denunciado por qualquer pessoa (art. 72.º, n.º 1), sendo a denúncia obrigatória (art. 73.º):
- Para os órgãos de polícia criminal, quanto a todos os factos de que tomem conhecimento;
- Para os funcionários públicos, quanto aos factos de que tomem conhecimento no exercício das suas funções e por causa delas.

A denúncia não está sujeita a nenhum formalismo especial, mas deve, sempre que possível, indicar os meios de prova (art. 72.º,

---

[1] Na verdade, no regime instituído pela Lei Tutelar Educativa, para que a aplicação de uma medida seja possível, é necessário provar, não só que o menor cometeu os factos que lhe são atribuídos, mas ainda que tem necessidade de ser *educado para o direito*, ou seja, apoiado no sentido de interiorizar as normas e os valores jurídicos essenciais à vida em sociedade, constantes das normas criminais.

n.º 3). Pode ser feita ao MP ou a qualquer órgão de polícia criminal; neste último caso, é transmitida ao MP no mais curto prazo, devendo ser acompanhada sempre que possível da informação disponível sobre a conduta anterior do menor e a sua situação familiar, educativa e social. Se não for possível enviar de imediato essa informação, deve a mesma ser remetida no prazo máximo de 8 dias (art. 73.º, n.º 2).

Nos crimes particulares e semi-públicos, é necessária a denúncia do ofendido para que o procedimento tenha lugar (art. 72.º, n.º 2).

4. Na fase de inquérito, o MP investiga se o menor praticou os factos que lhe são atribuídos, e ainda se essa prática revela que carece de ser *educado para o direito* (art. 75.º, n.º 2).

Para o efeito, socorre-se da colaboração (art. 75.º, n.º 1):
• Dos órgãos de polícia criminal, essencialmente quanto à investigação sobre os factos;
• Dos serviços de reinserção social, quanto ao conhecimento da personalidade do menor e da sua conduta e inserção familiar, educativa e sócio-económica.

No tocante aos meios de recolha de informação sobre a personalidade, a conduta e a inserção do menor, a LTE distingue entre informação e relatório social (art. 71.º, n.º 1). A diferença entre ambos não consta desta lei e na prática tem havido uma certa confusão entre os dois tipos de documentos. A resposta deve procurar-se no Código de Processo Penal (art. 1.º), aplicável subsidiariamente ao processo tutelar educativo (art. 128.º, n.º 1). Daí resulta que, enquanto a informação é uma resposta sucinta a questões concretas, o relatório social consiste num estudo mais abrangente da personalidade, conduta e inserção familiar e social.

A informação pode ser solicitada aos serviços de reinserção social ou a quaisquer outros serviços públicos ou entidades privadas e deve ser fornecida no prazo de 15 dias (art. 71.º, n.º 3). O relatório social é necessariamente solicitado aos serviços de reinserção social, que o devem apresentar no prazo máximo de 30 dias (art. 71.º, n.º 4).

5. O inquérito abrange as diligências de prova necessárias (art. 79.º), podendo o MP solicitar a cooperação de qualquer entidade pública ou privada (art. 76.º).

O MP pode, como dissemos, socorrer-se da colaboração dos órgãos de polícia. Mas há diligências que são da competência exclusiva da autoridade judiciária, não podendo ser delegadas na polícia. É o caso da audição do menor (art. 47.º), que, além disso, é obrigatória, salvo no caso de arquivamento liminar (art. 77.º)[2]. Para além desta audição obrigatória, que tem lugar logo que o inquérito seja aberto, os menores têm o direito de serem ouvidos pela autoridade judiciária sempre que o requeiram (art. 45.º, n.º 2, al. a). Trata-se de um direito específico, sem correspondência no processo penal.

Não pode também ser delegada nos órgãos de polícia a inquirição, como ofendido ou testemunha, de qualquer menor de 16 anos (art. 66.º, n.º 3).

A prova por acareação em que o menor intervenha só pode ter lugar por iniciativa da autoridade judiciária e realiza-se na sua presença (art. 70.º).

6. Quando o considere necessário para fundamentar a decisão a tomar no inquérito, pode o MP ordenar a realização da chamada *sessão conjunta de prova* (art. 81.º), na qual são examinados os indícios recolhidos tanto quanto à prática dos factos, como no tocante à necessidade de *educação para o direito*.

7. Em determinadas circunstâncias, pode o MP pôr termo ao processo na fase de inquérito, decidindo:
- Arquivar liminarmente o processo, em casos de muito pequena gravidade (crimes puníveis com pena de prisão de máximo não superior a um ano), quando as circunstâncias relativas à conduta do menor e à sua inserção familiar, educativa e social o justifiquem (art. 78.º);

---

[2] Sobre o arquivamento liminar ver *infra,* n.º 7.

• Arquivar o processo, não só quando conclua pela inexistência do facto ou pela insuficiência de indícios da sua prática (art. 87.º, n.º 1, als. a) e b), mas também quando, havendo indícios de que o menor praticou o facto, e sendo este qualificado como crime punível com pena de prisão de máximo não superior a três anos, considere desnecessária a aplicação de medida, por entender que a sua personalidade não carece de educação para o direito (art. 87.º, n.º 1, al. c);

• Suspender provisoriamente o processo, nos casos em que, havendo indícios da prática de facto qualificado como crime punível com pena de prisão de máximo não superior a cinco anos, e carecendo o menor de ser educado para o direito, este, acompanhado pelos pais ou representante legal, apresente um plano de conduta que evidencie estar disposto a corrigir a sua personalidade, de modo a evitar, no futuro, a prática de novos crimes (art. 84.º, n.º 1). O plano de conduta pode consistir, nomeadamente, na apresentação de desculpas ou no ressarcimento do dano com o dinheiro de bolso, na execução de tarefas de natureza social ou na consecução de objectivos nas áreas escolar, profissional ou de ocupação dos tempos livres. A suspensão tem lugar pelo período máximo de ano. Se, decorrido o período de suspensão, o menor tiver cumprido o plano proposto, o processo é definitivamente arquivado.

8. Quando o processo não finde na fase de inquérito, o MP requer a abertura da fase jurisdicional (art. 89.º). Adopta esse procedimento quando:

• Considerando que o menor não carece de educação para o direito, o facto que lhe é atribuído corresponder a crime punível com pena de prisão de máximo superior a três anos;

• Considerando que há indícios da prática do facto e da necessidade de educação para o direito, não tenha solucionado o caso através da suspensão provisória do processo[3].

---

[3] Por não ter considerado adequada essa solução, por ela não ter sido bem

No requerimento de abertura da fase jurisdicional, deve o MP indicar os factos atribuídos ao menor, a sua qualificação jurídica, as razões pelas quais entende que o menor tem ou não tem necessidade de educação para o direito, as provas e ainda a medida a aplicar ou as razões pelas quais se torna desnecessária (art. 90.º).

9. Também na fase jurisdicional se prevêem mecanismos de solução do caso específicos dos menores. Assim, perante o requerimento do MP, o juiz pode tomar uma das atitudes de seguida mencionadas.

- Arquivar o processo, quando, sendo o crime punível com pena de prisão de máximo superior a três anos, concorde com o entendimento do MP de que o menor não carece de educação para o direito (art. 93.º, n.º 1, al. b).
- Designar dia para a denominada *audiência preliminar*, quando, tendo o MP requerido a aplicação de uma medida não institucional, as circunstâncias do caso justifiquem um tratamento abreviado (art. 93.º, n.º 1, al. c). Nesta audiência o juiz procura antes de mais obter o consenso do menor (e se possível também a adesão dos seus pais) sobre a medida proposta pelo MP, ou sobre qualquer outra, salvo a de internamento, que considere mais adequada. Se não for obtido consenso, pode o juiz impor a medida que considere adequada (salvo a de internamento), desde que seja produzida a prova suficiente (quanto aos factos e à necessidade de educação para o direito) para fundamentar a decisão (art. 104.º).
- Determinar o prosseguimento do processo (art. 93.º, n.º 2). Tal acontece necessariamente se o MP tiver requerido a aplicação da medida de internamento em centro educativo ou se, na audiência preliminar, se concluir que é esta a adequada ao caso. Mesmo não estando em causa a aplicação da medida

---

sucedida ou por não ser no caso possível, em virtude de os factos cometidos corresponderem a crime punível com prisão de máximo superior a cinco anos.

de internamento, o juiz decide o prosseguimento do processo quando na audiência preliminar não seja obtido consenso quanto à medida, nem produzida prova bastante para fundamentar a decisão que considera adequada.

10. Ordenado o prosseguimento do processo, pode o menor requerer novas diligências, alegar ou indicar novos meios de prova (art. 93.º, n.º 2).

O desfecho do caso tem lugar na chamada *audiência*, na qual o tribunal é composto, quando esteja em causa a aplicação da medida de internamento, pelo juiz de família e menores, que preside, e por dois juízes sociais (art. 30.º).

A intervenção dos juízes sociais só está portanto prevista nos casos mais graves, em que se admite a aplicação da mais severa de todas as medidas tutelares – a de internamento em centro educativo. Essa circunstância não deve levá-los a criar uma imagem deturpada e hipertrofiada da delinquência juvenil, que generalize os casos excepcionais que são chamados a apreciar. A maior parte dos crimes cometidos pelos menores de 16 anos é entre nós de pequena gravidade e a delinquência juvenil, globalmente considerada, não tem aumentado de modo significativo.

11. Na audiência, o menor é obrigatoriamente assistido por advogado[4] (arts. 101.º, n.º 1, e 120.º). Magistrados, advogados e funcionários judiciais usam, em princípio, trajo profissional (arts. 96.º, n.º 2, e 120.º).

A produção contraditória da prova tem necessariamente lugar, pois para a fundamentação da decisão valem apenas as provas produzidas ou examinadas em audiência (art. 105.º, n.º 1). É importante que os juízes sociais estejam precavidos para a circunstância de que, em muitos casos, os factos imputados ao menor, bem como a sua

---

[4] Como na audiência preliminar (art. 101.º, n.º 1). A designação de advogado é aliás obrigatória desde o momento em que o MP determine a audição do menor ou em que este seja detido (art. 46.º, n.º 2).

necessidade de educação para o direito, serão controversos, precisamente porque um dos motivos que pode levar à realização da audiência é a falta de consenso nestas matérias. É fundamental por isso que estejam muito atentos à produção da prova, e não se deixem influenciar por imagens que tenham construído previamente, a partir do relato do caso pela comunicação social ou mesmo da consulta do processo[5].

Na audiência, o menor e os seus pais (ou quem tenha a sua guarda de facto) são inquiridos pelo juiz. Porém, quanto aos últimos, pode o juiz autorizar que também o MP e o advogado do menor lhes façam perguntas (art. 107.°, n.°s 1 e 2). As testemunhas, os peritos e os consultores técnicos são inquiridos pelo MP e pelo defensor do menor (art. 107.°, n.° 3), segunda a regra do contra-interrogatório.

Finda a produção da prova, o juiz concede a palavra ao MP e ao defensor para alegações (30 minutos cada um, prorrogáveis por mais 15, se a complexidade da causa o justificar) (art. 109.°).

Esta produção contraditória da prova pode causar alguma estranheza a quem estiver habituado às anteriores audiências informais do tribunal de menores. É certo que a produção contraditória da prova levanta alguns riscos e comporta semelhanças com o que se passa numa audiência de julgamento de um tribunal comum. Mas esses riscos são inevitáveis, constituindo a contrapartida da mais elementar das garantias a que qualquer pessoa – também um menor – tem direito, que é a presunção de inocência.

Encontram-se, porém, previstas medidas específicas, tendentes a adaptar a audiência ao facto de dizer respeito a um menor. Assim, estabelece-se desde logo que, após a sua abertura, o juiz expõe o objecto e a finalidade do acto em linguagem simples e clara, por forma a ser compreendido pelo menor, tendo em conta a sua idade e grau de desenvolvimento (arts. 104.°, n.° 1, e 120.°). Depois, são adoptados mecanismos destinados a minimizar ao máximo os inconvenientes que a produção contraditória da prova possa deter-

---

[5] Os juízes sociais têm o direito aos vistos, ou seja, podem consultar o processo, desde que o solicitem (art. 116.°).

minar para o menor, admitindo-se, por exemplo, que a audiência tenha lugar em sala especial (art. 96.°, n.° 1) e decorra com restrição ou mesmo com exclusão da publicidade (art. 97.°), e determinando-se que a produção da prova seja feita de modo a não ferir a sensibilidade do menor, que pode, por exemplo, para fins de protecção, ser temporariamente afastado do local da audiência ou assistido ao longo do processo por especialista ou por pessoa da sua confiança (arts. 98.° e 99.°).

12. Encerrada a audiência, o tribunal recolhe para decidir (art. 118.°). Delibera em primeiro lugar sobre os factos, depois sobre a necessidade de medida e, por último, sobre a medida a aplicar. Votam primeiro os juízes sociais, por ordem crescente de idade, e depois o juiz presidente (art. 119.°, n.° 1), a quem cabe por fim redigir a decisão (art. 118.°, n.° 3)).

A leitura da sentença é feita, sempre que possível, em acto contínuo à deliberação (arts. 118.°, n.° 2, e 120.°), podendo, porém, em casos complexos, ter lugar nos cinco dias seguintes (arts. 104.°, n.° 7, e 120.°). Trata-se sempre de um acto público (art. 97.°, n.° 4), sendo obrigatória a presença do menor, salvo se no seu interesse for dispensada (art. 113.°, n.° 1). É também obrigatória a presença do MP e do defensor (art. 113.°, n.° 2). Após a leitura, o juiz deve explicar ao menor a decisão.

13. Exposta muito sucintamente a tramitação do processo – e ficaram por abordar muitos aspectos de grande importância, como a detenção e a aplicação das chamadas *medidas cautelares*, mas os limites de tempo fixados para cada intervenção a isso obrigaram –, duas palavras, para terminar, sobre a questão específica deste Encontro, ou seja, a razão de ser e a função dos juízes sociais.

Os juízes sociais constituem uma das formas de concretizar a participação dos cidadãos na administração da justiça prevista na Constituição. Cabe-lhes assim, como a quaisquer juízes não profissionais, e de acordo com o preâmbulo do Decreto-Lei n.° 156/78, de

30 de Junho[6], por um lado, sensibilizar os magistrados de carreira em relação aos valores sociais dominantes, por outro, contribuir para a formação entre os cidadãos de opiniões correctas acerca da administração da justiça, transmitindo na comunidade os resultados da sua experiência profissional.

Porém, uma vez que os juízes sociais são escolhidos de entre pessoas ligadas à assistência, formação e educação de menores (art. 34.º do Decreto-Lei n.º 156/78) – diferentemente do que se verifica em relação aos jurados dos tribunais criminais, que são sorteados –, espera-se também deles um contributo efectivo para a compreensão da personalidade dos jovens e dos seus comportamentos e formas de vida, aspectos que os magistrados, especialmente formados para a aplicação técnica do direito, estão menos preparados para apreciar.

Além disso, uma vez que as suas funções de origem lhes proporcionam um conhecimento aprofundado do tecido social e dos meios de apoio aos jovens aí existentes, acredita-se que poderão contribuir para a aplicação inovadora e criativa da lei, tendo a coragem de avançar para a utilização efectiva das novas medidas nela previstas, em especial das que se traduzem em formas específicas de apoio ao jovem no seu processo de crescimento e de adaptação social, em relação às quais os juízes profissionais podem mostrar-se reticentes, pelo peso das rotinas e de um excessivo cepticismo. Será portanto fundamental que os juízes sociais não se remetam para uma atitude seguidista em relação ao juiz presidente, não hesitando em trazer para o processo o seu real entendimento do caso e a sua opinião pessoal quanto à medida a adoptar.

Na audiência é possível – é mesmo o único momento em que é possível – aplicar a medida de internamento em centro educativo, inclusivamente em regime fechado. Mas essa medida não tem de ser aplicada. É necessário travar uma prática enraizada que leva a um uso excessivo do internamento, menosprezando-se muitas das medidas não institucionais que, além de mais humanas e até mais eco-

---

[6] Diploma que regulamenta o recrutamento e as funções dos juízes sociais.

nómicas (e é bom que façamos contas, na época de contenção económica em que nos encontramos), podem ser mais adequadas ao caso. Pessoalmente, atrever-me-ia a dizer que se aguarda ainda, da parte dos juízes sociais, um contributo para travar essa tendência para o uso excessivo da medida de internamento.

BIBLIOGRAFIA SUMÁRIA

AA.VV., *Direito Tutelar de Menores – O sistema em mudança,* Centro de Direito da Família da Universidade de Coimbra, Coimbra Editora, 2002.
FURTADO, Leonor, GUERRA, Paulo, *O novo direito das crianças e jovens – Um recomeço,* Centro de Estudos Judiciários, 2000.
GERSÃO, Eliana, "A reforma da Organização Tutelar de Menores e a Convenção sobre os Direitos da Criança", *Revista Portuguesa de Ciência Criminal,* ano 7, fasc. 4.°, 1997.
GERSÃO, Eliana, "As novas leis de protecção de crianças e jovens em perigo e de tutela educativa – Uma reforma adequada aos dias de hoje", *Infância e Juventude,* n.° 2/2000.
Reforma do Direito de Menores, Ministério da Justiça/Ministério do Trabalho e da Solidariedade, 1999.
RODRIGUES, Anabela Miranda, "Repensar o direito de menores em Portugal – Utopia ou realidade?", *Revista Portuguesa de Ciência Criminal,* 1997, n.° 3.
RODRIGUES, Anabela Miranda, DUARTE-FONSECA, António Carlos, *Comentário da Lei Tutelar Educativa,* Coimbra Editora, 2000.

O JUIZ SOCIAL – ENTRE NECESSIDADES DE SOCIALIZAÇÃO E PRESSÕES DE DEFESA SOCIAL

António Carlos Duarte-Fonseca[*]

1. Apesar de a figura do juiz social ter sido introduzida no nosso sistema tutelar há um quarto de século, este Encontro constitui, em Portugal, a primeira vez em que se cria um espaço de reflexão e debate públicos sobre esta figura e sobre o seu papel na jurisdição de menores.

O juiz social tem sido, entre nós, uma figura muito discreta, quase apagada. Tão discreta e apagada que chegou a ser dada como extinta[1], apesar de isso não corresponder exactamente à realidade. De facto, houve períodos em que alguns tribunais de menores estiveram durante meses sem realizar audiências, por os respectivos juízes sociais não terem sido nomeados. O arrastamento desta situação levou mesmo, em alguns casos, a que o juiz profissional tivesse

---

[*] Jurista assessor principal, ex-Vice-Presidente do Instituto de Reinserção Social. Docente do Centro de Direito da Família da Faculdade de Direito da Universidade de Coimbra.

[1] Cf. OBSERVATÓRIO PERMANENTE DA JUSTIÇA PORTUGUESA, *O recrutamento e a formação de magistrados: uma proposta de renovação. Análise comparada de sistemas e do discurso judiciário em Portugal. Relatório Preliminar*, Centro de Estudos Sociais, Faculdade de Economia da Universidade de Coimbra, Março de 2001, p. 15 e s.

acabado por assumir sozinho a responsabilidade da aplicação de medidas que era suposto compartilhar com o juiz social.

É provável que o apagamento desta figura tenha sido devido ao papel restrito que lhe foi destinado pela Lei Orgânica dos Tribunais Judiciais de 1977 e pela Organização Tutelar de Menores de 1978, nos termos das quais o juiz social só participava na audiência em processo tutelar, quando estivesse em causa aplicar medida de internamento em instituição da Justiça. Dito de outro modo, só intervinha quando a liberdade do menor podia estar comprometida.

Surpreende o carácter tão residual desta participação. Com efeito, a instituição da figura, na época, depois de reimplantada a democracia, correspondia à vontade de introduzir formas de participação popular na administração da Justiça, conforme o disposto no art. 217.º, n.º 1, da Constituição da República. O País tinha praticamente acabado de se libertar de um Estado autoritário, fortemente repressivo, onde o juiz tutelar podia aplicar sozinho, no segredo do seu gabinete, a pretexto da ajuda e protecção aos menores, medidas que estes podiam ter de cumprir na prisão, por tempo indeterminado[2].

Com a memória fresca deste pesadelo, não admira que o legislador do estado democrático quisesse participação popular na Justiça de menores, para casos em que estivesse comprometida a liberdade destes. O que admira é que tivesse querido esta participação só para estes casos, precisamente numa altura em que se levou tão longe o paradigma da protecção.

O juiz social aparecia, assim, como uma espécie de parente pobre, convidado para salvar aparências.

Ocorre evocar, por contraste, a situação da Itália, onde a figura do juiz leigo, chamado *juiz honorário*, apesar de instituída em

---

[2] Como era o caso da medida de internamento em prisão-escola ou em estabelecimento equivalente, prevista no art. 22.º, n.º 1, da Organização Tutelar de Menores de 1962. Cf. ANTÓNIO CARLOS DUARTE-FONSECA, «Interactividade entre penas e medidas tutelares Contributo para a (re)definição da política criminal relativamente a jovens adultos», *Revista Portuguesa de Ciência Criminal*, n.º 11, 2001, p. 257 e segs.

1934[3], em plena ditadura de Mussolini, manteve desde então um papel processual de relevo, quer a nível da instrução, quer do julgamento, no quadro da intervenção cível, parapenal e penal da jurisdição especializada de menores. Ironicamente, é esta intervenção ampla que o estado italiano democrático pretende na actualidade restringir. A *Reforma Castelli*, intentada recentemente pelo Governo Berlusconi, pretende reduzir a participação do juiz honorário à acção penal e transformá-lo numa espécie de *perito*. Vista como uma ofensa aos princípios da especialização e da interdisciplinaridade colegial da jurisdição de menores, esta vertente da Reforma está a suscitar viva controvérsia, não apenas entre juízes honorários, mas também entre juízes profissionais, através das respectivas associações.

Vem a propósito questionar o que teria acontecido entre nós, neste último quarto de século, se os juízes sociais se tivessem lembrado de se organizar activamente em associação.

2. A segunda revisão da nossa Constituição[4] substituiu a figura do juiz popular pela figura do juiz social, parecendo pretender substituir a ideia de *participação popular* pela ideia de *participação social* na administração da Justiça.

Com esta revisão, a lei passou a poder prever a intervenção dos juízes sociais no julgamento de casos requerendo *especial ponderação dos valores sociais ofendidos*, nomeadamente infracções à saúde pública e pequenos delitos, exemplos aos quais se acrescentou, mais tarde, a execução de penas, com a quarta revisão da Constituição[5]. Como a enumeração destes casos não é taxativa no preceito constitucional, tudo indica, pois, que a intervenção do juiz

---

[3] RDL n.º 1404, de 20-7-1934 (convertido depois na Lei n.º 835/35).

[4] Operada pela Lei Constitucional n.º 1/89, de 8 de Julho, que transformou o n.º 2 do art. 217.º no n.º 2 do art. 210.º.

[5] Lei Constitucional n.º 1/97, de 20 de Setembro, art. 207.º, n. 2.

social se teve em vista sobretudo para questões penais ou equiparadas[6].

Compreende-se, assim, que a Reforma do Direito de Menores de 1999 tivesse continuado a prever a participação do juiz social na jurisdição especializada de família e menores.

Em comparação com a resultante da Organização Tutelar de Menores, essa participação foi alargada territorialmente, uma vez que agora se estende aos tribunais de comarca, quando constituídos como tribunal de família e menores.

Quanto aos menores agentes de facto qualificado como crime, a intervenção do juiz social manteve-se restringida à participação na audiência e a casos em que está em causa restrição ou privação de liberdade do menor, pela aplicação de medida tutelar educativa de internamento. É indiferente, para este efeito, o regime de execução desta medida (aberto, semiaberto ou fechado), que é cumprida em centro educativo, dependente do Ministério da Justiça.

No processo tutelar educativo, em conformidade com a Constituição da República, o juiz social é sempre chamado a intervir quando foram gravemente ofendidos valores sociais eminentes, tutelados pela lei penal. Por ser a mais gravosa de todas as que o tribunal pode aplicar, a medida de internamento deve ser reservada para os menores que pela gravidade do facto praticado, revelam maiores necessidades de educação para o respeito por aqueles valores fundamentais.

A lei só permite, aliás, a aplicação da medida, em regime semiaberto ou em regime fechado, a menores que tenham praticado um ou mais factos especialmente censuráveis, factos que, se fossem cometidos por imputáveis, poderiam ser punidos com prisão, de duração máxima consideravelmente elevada.

Note-se que a participação do juiz social era, em parte, mais restringida nas propostas da Comissão de Reforma do Sistema de Execução de Penas e Medidas, que antecederam os trabalhos prepa-

---

[6] Neste sentido, cf. GOMES CANOTILHO e VITAL MOREIRA, *Constituição da República Portuguesa Anotada*, 3.ª edição revista, Coimbra, 1993, art.º 210, V.

ratórios da Lei Tutelar Educativa. De acordo com essas propostas, os juízes laicos só seriam obrigatoriamente convocados para a audiência se o regime da medida de internamento a aplicar fosse o regime fechado. A Comissão entendia, contudo, que fora desta hipótese, a intervenção dos juízes sociais na audiência podia ter lugar a requerimento do menor ou do Ministério Público, hipótese que não veio a ser acolhida no texto legal[7].

3. Apesar de o voto do juiz social ter o mesmo valor que o voto do juiz profissional, a lei confere a um e outro oportunidades desiguais de avaliar a adequação do internamento às necessidades educativas do menor. Com efeito, diferentemente do que prevê em relação ao juiz profissional[8], a Lei Tutelar Educativa não confere ao juiz social a possibilidade de este realizar visitas a centros educativos e de contactar com os menores internados. Pede-se assim ao juiz social que dê *um salto no escuro*, que ajuíze do acerto de uma realidade que desconhece à necessidade educativa do menor.

Sem conhecimento concreto sobre estas instituições, são elevadas as probabilidades de o juiz social ficar refém de estereótipos que ainda hoje pesam sobre os internatos da Justiça e que a comunicação social, quando impulsionada por critérios sensacionalistas, ajuda a alimentar na opinião pública.

Há também o risco de o juiz social ficar demasiado dependente da opinião e das representações dos magistrados profissionais, intervenientes no processo, ao contrário do que é suposto e desejável que aconteça, não se logrando assim, verdadeiramente, a integração de uma cultura não judiciária.

O contacto directo e pessoal com as estruturas e com o concreto funcionamento dos centros educativos permite uma representação correcta e realista das possibilidades da medida de internamento,

---

[7] Cf. «COMISSÃO DE REFORMA DO SISTEMA DE EXECUÇÃO DE PENAS E MEDIDAS. Direito de Menores Relatório Final», MJ/MTS, *Reforma do Direito de Menores*, 1999, C, Propostas, 5.

[8] Cf. art. 39.º, n.º 2, al. h), LTE.

evitando expectativas desproporcionadas ou irrealistas a este respeito, favorecendo, por esta forma, futuras decisões quanto à aplicação deste tipo de medida.

Fazendo parte de tribunal ao qual incumbe administrar a justiça em nome do povo[9], o juiz social está sempre na difícil e melindrosa linha de fractura entre duas placas que se entrechocam: de um lado, satisfazer a necessidade de educação do menor para o respeito pelas normas penais; de outro lado, a salvaguarda da tranquilidade e segurança da comunidade.

Deixado, porém, sem oportunidade de confrontar as suas representações pessoais com a natureza concreta das respostas possíveis para as necessidades do menor, poderá sempre acontecer que o juiz social se sinta mais inclinado para privilegiar a segunda ordem de necessidades e que acabe por votar no sentido do recurso ao internamento, puramente por razões de defesa social.

4. A favorecer a verificação desta hipótese está a falta, ainda hoje, de regulamentação da execução das medidas tutelares educativas não institucionais, ou seja, precisamente das medidas cujo recurso deve prevalecer sobre o internamento. Sem esta regulamentação, exigida pela Lei[10], não está concluído o desenho das medidas não institucionais esboçado pela LTE.

É certo que a necessidade desta regulamentação não se faz sentir com a mesma intensidade em relação a todas estas medidas, mas é particularmente sensível quanto à medida de acompanhamento educativo. Esta medida pode traduzir-se num controlo particularmente intensivo, com restrições extensas da autonomia e condução de vida do menor, mesmo sem o retirar da família e do seu meio. Com efeito, tal medida pode traduzir-se, na prática, numa acumulação de medidas de aplicação autónoma, nomeadamente a imposição de regras de conduta, a imposição de obrigações e a frequência de programas formativos.

---

[9] Cf. art. 202.º, n.º 1, da Constituição da República Portuguesa.
[10] Cf. art. 3.º, n.º 3, da Lei n.º 166/99, de 14 de Setembro.

A necessidade de regulamentação não é menor no caso das medidas tutelares reparadoras, isto é, a realização de prestações económicas ou de tarefas a favor da comunidade e a reparação ao ofendido, pensando, neste caso, especialmente na modalidade de realização pelo menor de actividade relacionada com o dano causado.

A necessária regulamentação futura deverá detalhar todas estas medidas de execução na comunidade e indicar de que forma podem prestar-se, na prática, a responder concretamente, em cada caso, às necessidades de educação dos menores para o direito.

Este conhecimento é imprescindível para que o tribunal, de que o juiz social faz parte, possa formular adequadamente a decisão. Sem esquecer, naturalmente, que só assim se reforçam as indispensáveis garantias para a efectiva não puramente abstracta defesa do interesse do menor. Não basta, apesar de extremamente relevante, que o reforço destas garantias só exista relativamente à medida de internamento, através do Regulamento Geral e Disciplinar dos Centros Educativos[11].

5. Em consonância com os fundamentos da sua participação na audiência, justificar-se-ia que a intervenção do juiz social também estivesse prevista na fase de execução da medida de internamento, quando ocorra a revisão desta, que é obrigatória decorrido certo período fixado na lei, se não for antes decidida pelo juiz profissional, oficiosamente, a proposta dos serviços de reinserção social ou a requerimento do Ministério Público, do menor ou de quem o representa[12]. Com efeito, da revisão da medida podem não resultar apenas efeitos menos gravosos para o menor. Se este se tiver colocado intencionalmente em situação que inviabilize o cumprimento da medida ou tiver violado de modo grosseiro ou persistente os deveres inerentes ao seu cumprimento, da revisão pode resultar o prolongamento da duração da medida, até ao limite de 1/6, sem exceder o máximo legal, ou a substituição do seu regime pelo regime ime-

---

[11] Aprovado pelo Decreto-Lei n.º 323-D/2000, de 20 de Dezembro.
[12] Cf. art. 137.º LTE.

diatamente mais restritivo, pelo tempo que falte cumprir, desde que se verifiquem os pressupostos legais para a aplicação desse regime.

O mesmo se diga em relação à revisão de medida não institucional, pelos mesmos fundamentos, da qual pode resultar a substituição dessa medida pelo internamento em centro educativo de regime semiaberto, por período de um a quatro fins de semana.

Em todas estas hipóteses está em causa, com efeito, a liberdade do menor, em grau mais ou menos considerável, pelo que também aqui faria sentido a intervenção do juiz social[13].

6. A participação do juiz social na intervenção jurisdicional de promoção de direitos e protecção das crianças, prevista nas fases de debate e decisão, na Lei de Protecção das Crianças e Jovens em Perigo, enquadra-se menos na perspectiva para a qual, *prima facie*, se orienta o art. 207.º, n.º 2, da Constituição da República. Mas esta aparência desvanece-se, tendo em conta os igualmente elevados valores sociais da infância e da família, constitucionalmente tutelados, cuja ofensa constitui fundamento daquela forma de intervenção estadual.

Diferentemente do processo tutelar educativo, a intervenção do juiz social, no quadro da Lei de Protecção das Crianças e Jovens em Perigo (LP), não está limitada pela natureza da medida a aplicar ao menor. Apesar disso, a sua intervenção não está prevista na aplicação provisória de medidas, embora as medidas provisórias possam ser exactamente as mesmas que o tribunal pode aplicar em definitivo[14].

Não se vê, por isso, razão para excluir o juiz social da aplicação de medidas provisórias. Sobretudo porque certas medidas de protecção implicam também restrições à liberdade do menor, como é o

---

[13] Sobre o instituto da revisão das medidas tutelares educativas, funcionamento e efeitos, cf. ANABELA MIRANDA RODRIGUES/ANTÓNIO CARLOS DUARTE--FONSECA, *Comentário da Lei Tutelar Educativa*, Coimbra Editora, 2000, p. 253 e segs.

[14] Cf. arts. 35.º, n.º 2, e 37.º da LP.

caso das medidas de colocação. O regime *aberto* da medida de acolhimento em instituição, consignado na lei, não exclui limitações importantes para o menor, decorrentes, por um lado, das normas internas de funcionamento, e por outro lado, da subjectividade inerente ao preenchimento em concreto dos conceitos normativos de *necessidades educativas* e de *protecção dos direitos e interesses do menor*[15].

Quanto à chamada medida de *acolhimento familiar* também pode ser cumprida, na prática, numa instituição, cuja designação, neste caso, é puramente o produto de uma cosmética de linguagem. Basta saber que a figura da *família de acolhimento*, prevista no art. 47.º, n.º 3, da Lei de Protecção, pode ser na realidade um lar profissional, constituído por uma ou mais pessoas com formação técnica adequada.

Estes mecanismos verbais de mistificação da realidade são ainda os sinais persistentes, entre nós, de aspectos típicos do *modelo de protecção* com que se quis romper através da Reforma de 1999.

Estes dois tipos de medidas de colocação podem ser aplicados provisória ou definitivamente, por duração indeterminada. Embora a lei pareça estabelecer um prazo máximo de seis meses para a sua execução provisória, na realidade este é apenas o limite findo o qual a medida tem de ser obrigatoriamente revista, não estando vedada pela lei a sua prorrogação[16].

Só a maioridade constitui limite peremptório ao cumprimento destas medidas, independentemente da vontade dos agentes e sujeitos do processo jurisdicional de promoção e protecção.

Vistas as coisas por esta perspectiva, este é um modo duvidoso de realizar o proclamado princípio da intervenção mínima relativamente a menores.

Há pois razões de sobra para a intervenção do juiz social, trazendo ao tribunal o relevante contributo do seu saber, experiência

---

[15] Cf. art. 53.º LP.
[16] Cf. arts. 37.º e 62.º, n.º 3 e 6, LP.

e cultura não judiciários, para a melindrosa definição concreta do que é o interesse do menor e da resposta mais apta a satisfazer este interesse.

7. Ouve-se com demasiada insistência, entre nós, desde há poucos anos, numa certa cultura judiciária, que a família não tem direito à criança, que é a criança que tem direito à família. Esta concepção radical, transformadora da criança em titular omnipotente do direito à família, comporta uma cisão conceptual que implica necessariamente a negação da própria ideia de família. São preocupantes as consequências potencialmente extensas da bondade deste entendimento, quando levado à prática.

É pensando nesse risco que ocorre referir a vantagem que resulta da efectiva participação de juízes sociais de ambos os sexos no processo de promoção e protecção e no processo tutelar educativo.

As regras de recrutamento e selecção de juízes sociais estão orientadas para a realização deste objectivo, embora a nossa lei não seja tão imperativa como, por exemplo, a lei italiana, que desde 1956[17] obriga o presidente do tribunal a escalar uma mulher e um homem, como juízes honorários, para cada audiência preliminar ou de julgamento.

Olhando as listas de juízes sociais nomeados há menos de um ano em Portugal[18], verifica-se que há vários casos de desequilíbrio na representação dos géneros. Nas comarcas onde isso acontece, na maioria delas a proporção mais elevada é das mulheres, variando entre 60 a 100 %, em Portimão, Oliveira de Azeméis, Lousada e

---

[17] Cf. Lei n.º 1441, de 27-12-1956.
[18] Cf. Despacho n.º 23314/2001 (2.ª Série) de 21-10-2001, Despacho n.º 23315/2001 (2.ª Série) de 31-10-2001, Despacho n.º 23316/2001 (2.ª Série) de 31--10-2001, Despacho n.º 23317/2001 (2.ª Série) de 31-10-2001 (DR, 2.ª, n.º 268, 19-11-2001) e Despacho n.º 23439/2001 (2.ª Série) de 31-10-2001, em DR, 2.ª, n.º 269, 20-11-2001, Despacho n.º 25789/2001 (2.ª Série) de 3-12-2001, em DR, 2.ª, n.º 291, 18-12-2001, Despacho n.º 21103/2002 (2.ª Série) de 12-9-2002, em DR, 2.ª, n.º 226, 30-09-2002, Despacho n.º 21191/2002 (2.ª Série) de 19-9-2002, e Despacho n.º 21192/2002 (2.ª Série) de 19-9-2002, em DR, 2.ª, n.º 227, 1-10-2002.

Portel. Só em Vila do Porto a proporção de homens é ligeiramente superior. Nestas circunstâncias, estará à partida desfavorecida a participação efectiva em cada processo de juízes sociais dos dois géneros.

Uma referência final ao facto de também estarem ainda por regulamentar as medidas de promoção e protecção, cujos reais contornos são pouco perceptíveis. Tal como no caso das medidas tutelares educativas não institucionais, esta diligência, apesar de prevista na lei, caiu no esquecimento. Surpreendentemente, para colmatar a falta, o Decreto-Lei n.º 332-B/2000, de 30 de Dezembro, manteve provisoriamente aplicável nesta matéria a disciplina que até então vigorava.

Este Encontro é, assim, uma excelente ocasião de formular votos para que não se deixe, por muito mais tempo, vestida de velho, esta lei nova.

3.º PAINEL
**OS MAUS TRATOS INFANTIS
E A FUNÇÃO DO JUIZ SOCIAL**

A INTERVENÇÃO MÉDICO-LEGAL EM CASOS DE MAUS TRATOS EM CRIANÇAS E JOVENS

TERESA MAGALHÃES[*]

I. INTRODUÇÃO

Os maus tratos em crianças e jovens constituem um grave e delicado problema social e de saúde pública, cuja complexidade em termos de abordagem e intervenção assenta na dificuldade de estabelecimento de uma definição clara desse conceito. De facto, essa definição implica que sejam tidos em conta uma série de aspectos à luz dos quais este deverá ser analisado, como sejam, os seus limites (na perspectiva dos contextos familiares, sócio-culturais e temporais), a percepção da vítima e do abusador (incluindo o grau de intencionalidade) relativamente ao facto abusivo, a evolução dos conhecimentos científicos no que se refere ao desenvolvimento da criança, e o tipo de aplicação que o conceito irá ter (legal, social, clínica, etc.).

O trabalho de protecção dos menores requer o máximo de cooperação, não só das instituições públicas competentes neste âmbito, e dos profissionais que com elas trabalham, como, também, da população em geral, das próprias crianças e jovens e das suas famílias.

---

[*] Delegação do Porto do Instituto Nacional de Medicina Legal, Faculdade de Medicina da Universidade do Porto.

Muitas vezes, é a desinformação profissional que impede que se detectem e tratem estes casos de forma atempada e correcta. Verifica-se, frequentemente, que uma primeira intervenção tem apenas lugar quando a situação já atingiu um nível de dano grave e irreversível para o menor e para a sua família. Daí a necessidade de potenciar os meios e as estratégias adequadas para intervir precocemente nestes casos e prevenir o aparecimento de outros.

A nenhuma disciplina ou profissional isolado se pode atribuir a responsabilidade do diagnóstico e protecção de uma criança ou jovem em perigo, devendo partilhar-se esta responsabilidade na fase mais inicial possível para que as suspeitas possam ser confirmadas e implementadas as apropriadas medidas de intervenção e suporte.

Importa, pois, estabelecer linhas gerais de orientação no sentido de harmonizar conceitos e práticas entre os diferentes profissionais que trabalham com crianças e jovens em perigo.

Assim, na abordagem desta problemática haverá que considerar a necessidade de:

a) definir objectivos concretos, neste caso a protecção da criança e do jovem em perigo, tendo sempre em conta o seu melhor interesse e bem estar, sem esquecer o respeito pelos direitos dos pais e da família (evitando a desagregação da família, a recidiva e a revitimização);

b) aprofundar os estudos de investigação de modo a que a teorização seja apoiada em dados científicos que permitam uma actuação fundamentada e orientada de acordo com a realidade;

c) desenvolver programas de prevenção:
- informando correcta e adequadamente a população em geral (dado tratar-se de uma questão recente em termos de abordagem);
- dando formação específica aos profissionais e voluntários;
- trabalhando, de forma particular, com os grupos de risco e as vítimas de maus tratos;

d) intervir na detecção dos casos e na reabilitação das vítimas através de um sistema de rede transdisciplinar:
- definindo o papel e as competências das instituições e dos profissionais que trabalham com crianças e jovens em perigo;
- harmonizando conceitos, linguagens e metodologias;
- responsabilizando cada profissional, no âmbito das suas competências, para uma atitude de trabalho transdisciplinar.

A articulação e harmonização do trabalho dos diferentes profissionais e instituições[1], no respeito pelas funções, valores, poderes e responsabilidades de cada um, permitirá obter uma resposta mais adequada, eficaz e humana para cada caso, assegurando a protecção do menor e, quando apropriado, a punição e/ou tratamento do abusador.

II. PAPEL E COMPETÊNCIAS DO MÉDICO LEGISTA

A participação dos médicos é essencial numa fase inicial do processo, sobretudo durante a investigação. O seu papel é crucial no diagnóstico e na identificação das situações de maus tratos e das necessidades do menor.

Em certa medida, o papel dos médicos legistas e dos pediatras pode, aparentemente, sobrepor-se. No entanto, o pediatra estará mais habilitado para diagnosticar situações patológicas e definir tratamentos, e o médico legista para proceder ao exame nos casos que impliquem a preservação e colheita de vestígios, designadamente nos abusos sexuais. Assim, no interesse do menor, é impor-

---

[1] polícias, serviço social, serviços médico-legais, serviços de saúde, escolas, entidades com competência em matéria de infância e juventude, instituições privadas de solidariedade social, comissões de protecção de crianças e jovens em perigo, tribunais, etc.

tante o contacto entre estes profissionais, de forma a estabelecerem as competências de cada um, evitando repetição de exames que apenas contribuirão para o traumatizar ainda mais.

A solicitação do exame médico-legal pode ser feita:

a) pelo menor ou pelo seu responsável;
b) por assistentes sociais ou profissionais de outras áreas que considerem a necessidade de um processo de investigação;
c) por polícias ou tribunais, para pesquisa e eventual colheita de evidências;
d) por outro médico (para uma segunda opinião).

Ao médico legista compete essencialmente documentar qualquer lesão traumática ou vestígio que se possa relacionar com a agressão, colher amostras de qualquer evidência com interesse (nomeadamente para a identificação do(s) suspeito(s) agressor(es)), avaliar da existência de eventuais estados anteriores e interpretar os resultados obtidos. Assim, cabe a estes médicos:

a) informar sobre os cuidados a ter relativamente à vítima, para que não sejam destruídos vestígios;
b) discutir o assunto com a pessoa ou entidade que solicita o exame e estabelecer a urgência da situação, avaliando:
  – a necessidade de exame médico imediato;
  – a possibilidade de o exame médico permitir a colheita de vestígios;
  – a possibilidade de o exame médico poder ser diferido para um momento mais adequado.
c) obter o consentimento do responsável pelo menor ou o consentimento deste (se tal for adequado à sua idade e capacidade de entendimento) para a realização do exame, mesmo quando ordenado pelo tribunal, explicando-lhes, em separado, o objectivo do mesmo e as técnicas que irão ser utilizadas;
d) realizar um exame completo e sistematizado avaliando,

também, o desenvolvimento psicomotor (nas crianças mais novas) e sexual, no sentido de:
- tratar, se necessário;
- diagnosticar lesões, sequelas pós-traumáticas e(ou) patologias;
- colher e preservar eventuais vestígios para análises forenses, cuja realização o médico se encarregará de diligenciar;

e) determinar, se possível, a existência de nexo de causalidade entre as condições do menor e um provável abuso;

f) ouvir o menor e compreender as suas necessidades, de forma particular o menor sexualmente abusado, de maneira a fornecer conselhos relativamente ao apoio a prestar a este e à família, e a traçar a sua orientação clínica, designadamente na área da psicologia, pedopsiquiatria e(ou) clínica geral;

g) recolher informações e opiniões do menor e adulto(s) responsável(eis) (através de entrevista), que possam contribuir para traçar um plano futuro, incluindo uma possível acção judicial;

h) elaborar um relatório pormenorizado sobre o caso, com o registo dos depoimentos colhidos, com a descrição dos achados clínicos (com fotodocumentação, se adequado) e o seu ponto de vista profissional de acordo com a globalidade das circunstâncias, e não apenas com um sinal ou achado isolado;

i) assegurar-se que os restantes profissionais envolvidos serão informados sobre as suas observações e manter-se disponível para participar em reuniões de discussão do caso e em audiências judiciais.

III. O EXAME MÉDICO-LEGAL

O exame médico-legal, nestes casos, exige prudência e ponderação, dado que a falta de diagnóstico pode permitir perpetuar uma situação de maus tratos, mas um diagnóstico incorrecto pode contribuir para punir um inocente e(ou) separar uma família.

Os médicos devem envidar esforços no sentido de o exame ser realizado num ambiente físico e emocionalmente confortável (se possível num serviço pediátrico).
No caso das crianças mais velhas, especialmente nas situações de abuso sexual, deve o exame, sempre que possível, ser realizado por um médico do mesmo sexo da criança.

No espírito de interdisciplinaridade e coordenação de serviços, é fundamental que a estes clínicos seja fornecida o máximo possível de informação disponível sobre o caso, incluindo a história clínica anterior e o mecanismo do suspeito abuso, de modo a evitar que o menor tenha de repetir de novo a história.

O exame inicia-se pela recolha de informação, após o que se dá início à observação médico-legal e colheita e preservação de eventuais vestígios.

1. Recolha de informação

Existem aspectos particulares que impossibilitam o diagnóstico de maus tratos apenas com base no exame físico, como seja o facto da criança, geralmente, esconder o sucedido e o facto da maior parte dos abusos, nesta faixa etária, não deixarem vestígios (incluindo os crimes sexuais). Por estes motivos, a recolha de informação, designadamente através da entrevista médico-legal, reveste um papel fundamental no despiste destes casos, sobretudo quando não são encontradas lesões e vestígios orgânicos (facto que nunca exclui a possibilidade de se terem verificado maus tratos). Importa, para isso que a entrevista seja sistematizada mas, também, adaptada à idade da criança.

O êxito da entrevista depende da prática e da técnica dos entrevistadores. Neste caso, tem como objectivo contribuir para:

a) esclarecer se se produziu ou não uma situação de maus tratos;
b) valorizar, se possível, o risco de repetição destas situações;
c) caracterizar o acontecimento (gravidade, frequência, espaçamento temporal);
d) pesquisar factores de vulnerabilidade específicos da criança (relação com o abusador, capacidade para se auto-cuidar e proteger, saúde mental, estatuto cognitivo, inserção social);
e) caracterizar o cuidador;
f) caracterizar o contexto familiar e avaliar o risco de maus tratos para outros elementos da família, designadamente irmãos.

Idealmente, os peritos devem dispor, previamente, da máxima informação sobre o caso, pelo que a entrevista deve começar pela audição do adulto que acompanha a criança (a sua pessoa de confiança). O objectivo é recolher elementos sobre alguns aspectos particulares da criança (por exemplo, gostos pessoais, hábitos) e da família, dados que irão ajudar na abordagem do menor e facilitarão a relação de empatia.

No caso de abuso intrafamiliar pode importar recolher, também, informação dos membros da família (nuclear e alargada), de professores e profissionais de saúde e de vizinhos, conhecidos ou amigos.

Na entrevista com a criança, esta deverá estar sozinha ou acompanhada pela pessoa de confiança. A metodologia da entrevista variará de acordo com a sua idade e estádio de desenvolvimento, sugerindo-se a utilização de uma linguagem adaptada, usando os mesmos vocábulos que a criança, sobretudo para designar os genitais. Esta deve estar bem planeada devendo-se evitar as múltiplas abordagens e interrupções pelo que, desde o seu início, deverão estar presentes todas as pessoas que irão participar no exame. Com as crianças pré-adolescentes é importante que, logo à partida, lhes seja dado um período de brincadeira livre, para um bom desenvolvimento da empatia com o entrevistador.

Dada a dificuldade em criar essa relação de empatia, pode ser necessária mais de uma entrevista.

Há que estar atento a determinados sintomas ou aspectos que poderão constituir sinais de alerta ou factores de risco destas situações dado que, muitas vezes, não existe colaboração por parte da criança e dos adultos.

2. Exame clínico e colheita e preservação de vestígios

Numa abordagem inicial, e relativamente ao exame clínico, deve atender-se à necessidade de:

a) explicar à criança ou jovem o objectivo do exame e os procedimentos que serão seguidos, acrescentando-se que estes não são dolorosos e que serão interrompidos se ela assim quiser;

b) obter autorização escrita da vítima ou do seu representante legal para a realização do exame médico-legal, tratamento, colheita de vestígios, realização de eventuais fotografias, divulgação de evidências e informações médico-legais;

c) obter uma fotografia do menor antes deste se despir (sobretudo se usa o vestuário do momento da agressão);

d) no caso de exame sexual, efectuar exame com outro perito ou com um profissional de enfermagem;

e) mudar frequentemente de luvas durante o exame, para evitar transferência de vestígios;

f) explicar ao adulto responsável que certos tipos de ferimentos podem ser mais visíveis um ou dois dias mais tarde, devendo, neste caso, fazer-se fotodocumentação;

g) ter em conta que a vítima, por vergonha, pode omitir ou até negar certos factos, como a prática de coito oral ou anal.

Para a colheita e preservação de vestígios (particularmente nos crimes sexuais), deverá considerar-se em primeiro lugar a roupa e/ou outros eventuais adereços, tendo o cuidado de solicitar à vítima que se dispa em cima de um papel branco (dito de captação), colocado sobre um lençol branco, para que não se percam vestígios. Recolhem-se as peças que a descrição dos factos e o exame da roupa mostre poder conter quaisquer evidências físicas ou biológicas. Estas peças, bem como penso higiénico ou outro absorvente usado na altura da agressão, deverão ser acondicionados, separadamente, em sacos de papel adequados e devidamente selados e identificados (tipo de material, nome da vítima, número do processo, data e hora da colheita e nome dos examinadores). Também o papel de captação, se tiver vestígios, deve ser dobrado, etiquetado e colocado em envelope devidamente identificado.

Em todo este processo deve assegurar-se sempre a privacidade do menor, nomeadamente, facultando-lhe uma bata de exame clínico e, no fim do exame, uma muda de roupa.

No caso da vítima já ter mudado de roupa, deve solicitar-se a entrega da roupa usada no momento da agressão, recolhendo, de qualquer forma, as cuecas que esta esteja a usar (se o exame se realiza nas primeiras 72 horas após a agressão).

O exame físico para observação de lesões e colheita e preservação de vestígios deve incluir os cabelos, a superfície corporal em geral, a cavidade bucal, a região anal e a região genital. Neste exame deve atender-se, antes de mais, ao aspecto geral da criança ou jovem, designadamente ao seu desenvolvimento físico e sexual, psico--motor e de linguagem, às condições de nutrição, higiénicas e de vestuário.

A presença de lesões deve ser descrita pormenorizadamente, registada em diagramas e, sempre que possível, fotografada com e sem régua. Deve recorre-se a posições que permitam o relaxamento da vítima, no caso do exame proctológico e/ou genital, bem como a manobras que tornem mais evidentes as estruturas a observar (ex.: técnicas de exposição do hímen através de afastamento-tracção ou da aplicação de balão de sonda de Foley), podendo em certos casos recorrer-se, também, a técnicas de coloração ou de aumento de imagem (através do uso de colposcópio) e, ainda, a exames com espéculo e/ou anuscópio, se se justificar.

Relativamente às características das lesões, será de valorizar, particularmente, a sua localização (em zonas menos propícias a acidentes, como retroauriculares, no pescoço, nas mamas, na face interna dos braços e das coxas, no períneo e órgãos genitais), a sua forma (descrevendo objectos, como fivelas de cinto ou queimaduras de cigarros), a sua cronologia (co-existindo lesões em diferentes fases de evolução), o seu número e a sua gravidade. Podem existir lesões cujo diagnóstico implique a realização de exames complementares, como a imagiologia, a fundoscopia ou estudos analíticos.

No decurso deste exame são efectuadas as colheitas justificadas pelo historial dos factos e pelo exame físico: vestígios estranhos como terra, folhas, ervas ou fibras, que possam aparecer durante o exame; cabelos ou pêlos empastados ou soltos; zaragatoas da pele para colheita de saliva e/ou sémen; zaragatoas dos espaços subungueais de ambas as mãos; zaragatoas da cavidade bucal, anais e rectais, e genitais.

Deve prestar-se especial atenção às técnicas de manuseamento e realização de zaragatoas, para evitar a contaminação ou o crescimento bacteriano que degradará o ADN impedindo o seu estudo.

Em certos casos poderá ser necessário proceder à colheita de amostras de sangue (tipagem de DNA, rastreio de doenças sexualmente transmissíveis ou análise toxicológica) e/ou de urina (análise toxicológica ou teste de gravidez).

Porque na maior parte dos crimes sexuais não existem lesões nem vestígios biológicos e porque os procedimentos acima referidos podem ser desconfortáveis para a criança, não é recomendado submeter por rotina as crianças a estes exames, devendo tal ser decidido caso a caso.

O exame deve ser breve e, sobretudo, não deve ser repetido tendo em vista evitar o processo de vitimização secundária.

Mesmo que as evidências clínicas sejam inconclusivas, o exame médico ajudará a criar uma noção mais concreta sobre o caso, sobretudo se associado a outras evidências.

O facto de não se encontrarem sinais de abuso não invalida a possibilidade deste se ter verificado, pois muitos deles não deixam vestígios e muitos dos vestígios desaparecem rapidamente com o tempo ou com as lavagens (da roupa ou do corpo). Daí que seja de grande importância, além da valorização das informações que o menor vai fornecendo, a realização, o mais precocemente possível, do exame médico-legal, para colheita e preservação de vestígios; nesse sentido, os Serviços médico-legais, na área de actuação das Delegações de Coimbra, Lisboa e Porto, funcionam 24 horas por dia, todos os dias, podendo ser solicitados, via telefone, através da polícia, do tribunal ou do hospital onde o menor tenha dado entrada, ou ainda pelo adulto responsável.

IV. O PAPEL DA MEDICINA LEGAL NA PREVENÇÃO DOS MAUS TRATOS

Em todo o processo de protecção da infância, a prevenção dos maus tratos constitui a prioridade fundamental.

Os programas de prevenção devem ser planeados considerando os diferentes tipos de abordagem nesta problemática e as respostas possíveis:

1. a nível da formação profissional específica: exigindo-se aos profissionais que trabalham com crianças e com jovens, além de formação específica nesta matéria, capacidade de relacionamento interpessoal e competência cultural (conhecimentos sobre a forma como os factores culturais influenciam o aparecimento da ocorrência de maus tratos; compreensão do conceito de família em cada cultura e das diferentes opções de vida baseadas nos factores culturais);

2. a nível do apoio familiar: incluindo-se aqui os programas de educação parental, as visitas domiciliárias e os programas de apoio por grupos familiares anónimos;

3. a nível do serviço de saúde: sendo fundamental a melhoria das condições de saúde e de vida da população, para o que é imprescindível o treino dos profissionais de saúde para:

   a) identificar as crianças de risco o mais precocemente possível (idealmente ao nascimento ou ainda durante a gravidez);
   b) diagnosticar, além dos casos de maus tratos, as situações de risco de tal ocorrência;
   c) tratar as vítimas de maus tratos e orientá-las para as estruturas de protecção adequadas;
   d) dar apoio psicológico às crianças vítimas ou testemunhas de violência familiar e aos adultos com história de maus tratos na infância.

4. a nível da intervenção comunitária: na procura de soluções para resolver tal problema, o que passará pela:

   a) dinamização de um modelo de participação comunitária (incluindo representantes do espaço local);
   b) organização de campanhas e programas educativos de informação e sensibilização da opinião pública sobre a amplitude, gravidade e consequências do fenómeno, tendo em vista incentivar a sua adesão às medidas de prevenção;
   c) estabelecimento de redes e de parcerias tendo em vista a criação de modelos de intervenção.

5. a nível do sistema legal e judicial: incluindo-se aqui vários aspectos aos quais será necessário atender, com vista à prevenção dos maus tratos:

   a) a valorização dos efeitos pedagógicos e culturais da legislação, reforçando a ideia da criança como sujeito autónomo de direitos e o dever da sua protecção por parte da família, da comunidade e do Estado;
   b) a valorização do objectivo preventivo da punição afigurando-se que nesta, como noutras matérias, o modelo da justiça

reconstrutiva (através da mediação), permitindo a conciliação entre a vítima e o autor, terá efeitos benéficos em termos de recuperação da estrutura familiar;
c) o incentivo ao papel dos tribunais e polícias nos diferentes níveis da sua actuação:
6. a nível das estruturas políticas: uma vez que as modalidades de abordagem acima referidas não terão êxito se não puderem contar com o apoio de instrumentos e legislação que, tendo em conta os direitos humanos, beneficiem de apoio político para a sua implementação.

Em toda este quadro a medicina legal poderá contribuir para um melhor estudo e definição da problemática, para o diagnóstico das situações efectivas de maus tratos e das situações de risco destes se virem a verificar e para uma abordagem adequada das vítimas, diminuindo o risco de revitimização e orientando-as para as adequadas estruturas de tratamento e de protecção.

V. COMENTÁRIO FINAL

A actual orientação relativamente aos maus tratos aponta no sentido da sua prevenção, o que implica uma intervenção integrada dos diversos níveis comunitários (governo, sociedade civil, organizações não-governamentais, organizações internacionais, universidades, grupos comunitários e comunidade científica) passando, muito particularmente, pela formação transdisciplinar dos profissionais e pela criação de redes efectivas de actuação.

A existência de profissionais habilitados para trabalhar estas questões permitirá, em muitos casos, a resolução informal da situação, deixando o recurso à via judicial apenas para situações excepcionais. Desta forma, a intervenção poderá ser construtiva (tendo como princípios essenciais a mediação, a protecção e a prevenção), mais rigorosa e fiável, reduzindo-se, em muito, os efeitos negativos que esta pode ter, designadamente quando existe desproporção na sua medida e quando o menor é retirado da família.

A medicina legal terá, em todo este processo, um papel fundamental na fase de investigação, contribuindo para o diagnóstico correcto da situação e para a sua orientação. O seu contributo a nível do estudo deste fenómeno, visando um conhecimento da realidade que suporte estratégias de intervenção efectivas (a nível da prevenção e da protecção), é também de grande interesse.

BIBLIOGRAFIA

GOMES DA SILVA A, MAGALHÃES T, e col: *La entrevista a niños victimas de abuso sexual. Algunas sugerencias*, Boletín Galego de Medicina Legal, 8:37-42, 1998.

MAGALHÃES T, CARNEIRO DE SOUSA MJ, e col: *Abuso sexual intrafamiliar*, Actas do Congresso Internacional Mundos Sociais e Culturais da Infância, 218--223, 2000.

MAGALHÃES T, CARNEIRO DE SOUSA MJ, e col: *Child sexual abuse. A preliminary study*, Journal of Clinical Medicine, 111(5):1-7, 1998.

MAGALHÃES T: *Maus tratos e crianças e jovens. Guia prático para profissionais*, Quarteto Editora, Coimbra, 2002.

MAGALHÃES T: *Maus tratos em menores. Aspectos médico-legais,* Boletim de Medicina Legal e Toxicologia Forense, XII(1):111-127, 1998.

CRIMES SEXUAIS CONTRA CRIANÇAS E JOVENS[1]

MARIA DA CONCEIÇÃO FERREIRA DA CUNHA[*]

1. Nos nossos dias, face à revelação crescente de maus tratos e abusos sexuais de crianças e jovens, torna-se urgente reflectir sobre estes problemas, assim como sensibilizar e informar a comunidade, para se tentar, num esforço sério e continuado, pôr termo a tantas e tantas situações de sofrimento. De facto, não é que este fenómeno tenha surgido na actualidade, mas tornou-se mais visível, deixou de

---

[1] O pequeno texto que vamos apresentar baseia-se na nossa comunicação sobre este tema, proferida num Encontro organizado pela Universidade Católica e pela Câmara Municipal do Porto, sob o título "Cuidar da Justiça de Crianças e Jovens". Gostaríamos de saudar esta iniciativa e de agradecer o honroso convite para nela participarmos. Saliente-se que, uma vez que o Encontro se dirigiu a juristas e a não juristas – nomeadamente a psicólogos, assistentes sociais, professores, juízes sociais –, procurámos apresentar de forma simplificada "os crimes sexuais em relação a menores", baseando-nos essencialmente no Comentário Conimbricense do Código Penal e nalguns (poucos) artigos de estudiosos do tema (nomeadamente de Teresa Beleza e de Eliana Gersão, assim como no recente trabalho de Rui do Carmo, Isabel Alberto e Paulo Guerra – "O Abuso Sexual de Menores", Almedina, 2002, trabalho este que parte do Acórdão do Supremo Tribunal de Justiça proferido em 31/05/2000 no proc. 272/2000 – 3ª Secção para, nas palavras dos autores, "construir este diálogo entre um juiz de direito..., um procurador da República... e uma professora universitária de Psicologia..." – p. 1 e 2). Evidentemente, muito mais haveria a dizer e a aprofundar, mas as circunstâncias de tempo e lugar não nos permitiram esse aprofundamento.

[*] Assistente da Faculdade de Direito da Universidade Católica Portuguesa – Porto.

estar completamente "numa penumbra" onde durante tanto tempo permaneceu; digamos que foi finalmente "levantada a ponta do véu", pois na verdade ainda existem elevadíssimas cifras negras neste domínio, especialmente quando os abusos são cometidos no âmbito familiar[2]. Ora, se esta "revelação" nos "choca", nos entristece, entra pelas nossas casas dentro "sem pedir licença" (através dos meios de comunicação social), vindo ensombrar os nossos jantares, é ela que nos permite "não fechar os olhos" à realidade[3], criando assim "empatia com os que sofrem"[4], primeiro passo para se tomarem medidas eficazes de protecção dos mais frágeis. Uma "cultura do silêncio" nada resolve, tenta abafar e esquecer o "ines-

---

[2] Sobre este problema pode ver-se a interessante obra de Michael Freemann – *The Moral Status of Children*, Martinus Nyjhoff Publischers, 1997. O Autor questiona o facto de os abusos sexuais de crianças se terem mantido durante tanto tempo na "sombra"; Freemann salienta que também se aceitou, durante muito tempo, que as crianças fossem agredidas fisicamente; depois, gradualmente, acordámos para o síndrome da criança maltratada (*battered baby*), mas as revelações de abuso sexual continuaram a não despertar muita atenção; será porque preferíamos acreditar que não existem? O Autor refere ainda a tendência para se imputarem certas "queixas" a fantasias de crianças ligadas à ideia Freudiana de desejo incestuoso, mas afirma não haver dúvidas de que as fantasias edipianas se podem distinguir facilmente das alegações de abusos sexuais (p. 257).

[3] No entanto, os órgãos de comunicação deverão ser particularmente cuidadosos na transmissão de notícias sobre crianças e jovens em perigo, especialmente em relação a casos de abusos sexuais, evitando o sensacionalismo como arma numa guerra de audiências; desde logo, não devem transmitir elementos que permitam a identificação das vítimas, nem nos parece que a provocação de pânico nas populações tenha um efeito benéfico. De facto, o papel dos órgãos de comunicação social pode ser muito importante na consciencialização e na própria educação das pessoas e pode, assim, desempenhar uma função preventiva, mas tal só será possível se, acima dos interesses economicistas, estiver o interesse da comunidade (referindo-se também ao problema de a comunicação social não dever transmitir elementos que permitam a identificação das vítimas e alertando também para o problema da luta desenfreada pela conquista de audiências, Paulo Guerra, *ob. cit.*, p. 81).

[4] Vide Clara Sottomayor, in *O Poder Paternal como Cuidado Parental*; esta Autora desenvolve (ou cria) a ideia de uma "cultura do sofrimento"... como meio para defesa dos mais frágeis....

quecível" para quem foi vítima[5]. Não que defendamos, no lado oposto, "uma cultura do medo" ou do "pânico", pois este também não protege, fragiliza ainda mais; não se pretende que cada criança "olhe para o lado" e aí veja um potencial agressor ou que as mães entrem em pânico de cada vez que os seus filhos não estão na sua presença[6]. Não é disso que se trata. Mas de educar e prevenir os jovens e de denunciar os infractores. Não para as crianças serem afastadas do seu meio, sempre que seja possível nele permanecer, mas para os agentes dos crimes serem afastados das crianças[7].

---

[5] Sobre as repercussões do abuso sexual na infância, cf. Yvonne Darlington – *Moving On – Women's Experiences of Childhood Sexual Abuse and Beyond*, The Federation Press, 1996 e Ellen Bass/Louise Thornton – *I Never Told Anyone – Writtings by Women Survivors of Child Sexual Abuse*.

[6] Ou, então, como aconteceu em Clevalend face à descoberta de muitos casos de abusos sexuais de crianças no âmbito familiar, que os próprios pais receiem demonstrar afecto para com as suas filhas ou evitem dar-lhes banho. Como mais uma vez nos diz Freemann a este propósito, não é difícil distinguir "sexual interference and affectionate physical contact" (*The Moral..*, *cit.*, p. 260). De facto, não se devem confundir situações "inconfundíveis", que provocam efeitos opostos no desenvolvimento infantil; se o carinho protege, fortalece, permite um harmonioso desenvolvimento da criança, o abuso destrói, fragiliza, prejudica gravemente esse desenvolvimento.

[7] Esta observação parece-nos pertinente, pois na realidade muitas vezes é a criança que é afastada da família, ao invés de se afastar o agressor; esta solução penaliza a criança que, para além do sofrimento provocado pelo crime de que foi vítima, vai sofrer pelo afastamento do seu meio, pelo isolamento, pela necessidade de se adaptar a um outro ambiente (muitas vezes no seio de uma instituição). Isto só seria inevitável caso não houvesse no seu meio familiar pessoas capazes de a acolher e proteger. Lamentamos, assim, que a medida de coacção prevista no art. 200.º n.º 1 *al. a)* seja tão poucas vezes aplicada pelos nossos Tribunais; esta medida, ao impor ao arguido a não permanência (ou a não permanência sem autorização) "na área de uma determinada povoação, freguesia ou concelho ou na residência onde o crime tenha sido cometido ou onde habitem os ofendidos, seus familiares ou outras pessoas sobre as quais possam ser cometidos novos crimes", permitiria o não afastamento da criança do seu meio, nomeadamente do progenitor não agressor (geralmente a mãe) – *vide* neste sentido, Paulo Guerra, Rui do Carmo e Isabel Alberto, *in ob. cit.*, pp. 60, 74 e 82.

E, embora não sejamos apologistas de uma intromissão exagerada e perturbadora no seio familiar, cremos que quando as situações de agressão e abuso provêm exactamente daqueles em quem as crianças deveriam *poder confiar*, dos que as deveriam proteger e amar, torna-se inevitável a intervenção e denúncia, em defesa da própria família. É natural que nos cause espanto, mas grande parte dos abusos provêm dos que estão mais próximos – são estes que exercem uma influência e um domínio, por vezes velado mas presente, e são estes abusos que deixam as marcas mais profundas e duradouras, por vezes irreversíveis, no mais íntimo de cada criança[8]. É preciso preservar a família de intromissões que perturbem a sua genuína paz e tranquilidade, do mesmo modo que se torna necessário não tutelar uma aparente tranquilidade que encobre os maiores sofrimentos, a maior "guerra" e a mais devastadora. A mudança não se consegue apenas com leis, com boas leis, embora também passe pela sua existência e pela sua correcta (ponderada, sensível) aplicação. Há também muito a fazer para a mudança de mentalidades; uma profunda revolução cultural torna-se urgente, embora saibamos que estas mudanças são sempre lentas e difíceis... há que mudar a nossa

---

[8] Segundo dados da Procuradoria Geral da República, relativos a crimes sexuais, "num universo de 275 processos analisados, instaurados no ano de 2001, com igual número de denunciados e 293 vítimas, cerca de um terço das situações envolvem familiares, com destaque para os casos em que o denunciado é o pai, o padrasto e o avô. Salienta-se que cerca de dois terços das vítimas são do sexo feminino". Isto, para além das elevadas cifras negras que nesta área se verificam, dadas as dificuldades denúncia (tendo em conta a privacidade das situações e as relações de domínio que se estabelecem). Também na já citada obra de Rui do Carmo, Isabel Alberto e Paulo Guerra (pp. 55, 56) se referem dados de 1998 fornecidos pela Direcção Geral de Saúde – Divisão de Saúde Materna Infantil e dos Adolescentes, os quais apontam no mesmo sentido; assim, a maioria dos menores violentados têm entre 10 e 14 anos, predominam agressores do sexo masculino (pelo menos em relação aos crimes no âmbito familiar), com destaque para o pai (47, 6 %), seguindo-se o padrasto (25, 4 %), o avô, o primo e o tio. Na maioria dos casos existe relação familiar ou de proximidade entre autor e vítima – note-se que em apenas 16% dos casos não há relação familiar, mas o autor é amigo do pai, ou namorado da vítima, conhecido, patrão, colega de escola...

cultura sexual, muitas vezes ainda assente na ideia de poder e de domínio, ao invés de centrada no afecto e no respeito pelo "outro". E tudo começa mais uma vez na infância, na família.[9] Assim, é preciso ajudar as famílias a "quebrar" esta cadeia, para que deixe de ser uma fatalidade; há que libertar a família dos seus vícios "congénitos", abrindo-lhe uma janela para outras formas possíveis de "ser família" e de "estar em família"[10].

---

[9] Porém, em relação aos abusos sexuais não se poderá dizer (como por vezes se tem dito em relação a outro tipo de maus tratos) que se trata de um fenómeno de repetição – ou seja, que o actual agressor foi no passado agredido –, pois, de facto, a maior parte das vítimas são do sexo feminino e a maior parte dos autores do sexo masculino (*vide supra* nota 7 para o caso português, sendo este fenómeno comum a outros países). Mais uma vez Freemann questiona este facto (ou seja, o facto de a maioria dos autores destes crimes serem do sexo masculino) e, baseando-se em vários estudos sobre as causas de abuso sexual, inclina-se para uma explicação multi-factorial, mas com forte incidência sócio-cultural. Entende que há uma forte influência da "construção da sexualidade masculina", ligada ao domínio, à força, e muitas vezes desligada de emoções, construção esta que é cultural, não provindo de qualquer inevitabilidade biológica (*The Moral...*, *cit.*, p. 276). Ocorre-nos chamar a atenção das mães, como principais "educadoras" (que inquestionavelmente ainda são), para a necessidade de educarem os seus filhos para o respeito pelo "outro"; no entanto, o papel do pai enquanto "modelo masculino" joga aqui inevitavelmente um papel crucial.

[10] Note-se que alguns esforços se têm empreendido no sentido de apoio às famílias em crise – *cf.*, por exemplo, o desempenho do Projecto de Apoio à Família e à Criança, desde 1993 na zona do Porto (Projecto representado neste Encontro pela Dra. Maria José Gamboa). De facto, uma actuação preventiva, incidindo sobre famílias em situação problemática, parece-nos essencial. Mas também nos parece essencial que, após a verificação do crime (ou seja, se não se conseguiu evitar esta situação), haja apoio à família e uma tentativa de "reconstrução familiar". Rui do Carmo e Isabel Alberto (*in ob. cit.* pp. 66 e ss.) chamam-nos a atenção para a insuficiência de uma intervenção punitiva, preconizando que, a seu lado, haja também uma intervenção terapêutica (em sentido amplo) – ou seja, sobre o agressor e sobre toda a família –, uma intervenção por forma a superar os factores que propiciam as situações de abuso. Salienta Isabel Alberto que "este tipo de intervenção não descura a protecção da criança (e, em caso de situações graves, o agressor é retirado do contexto da criança) nem rejeita a punição do abusador. O que esta forma de intervenção preconiza é a articulação e conjugação

2. O Direito penal, âmbito de que nos compete falar, vem reflectindo também estas preocupações, tal como o demonstram as sucessivas alterações da lei penal, nomeadamente no que concerne aos crimes sexuais em relação a menores (revisão do Código penal em 1995, em 1998 e em 2001).

O paradigma actual, em países de cultura democrática, pluralista, assenta na seguinte ideia: não cabe ao Direito penal, no domínio da sexualidade, impor um padrão rígido de comportamento, tutelar a denominada "moral sexual", mas proteger a liberdade e autodeterminação sexuais das pessoas. Assim, em Portugal, os crimes sexuais deixaram de ser "crimes contra a honestidade", "atentatórios dos fundamentos ético-sociais da vida em sociedade", ligados aos "sentimentos gerais de moralidade sexual", para passarem a verdadeiros crimes contra as pessoas, mais propriamente, contra o valor da liberdade e autodeterminação sexuais. Por isso é que "as actividades sexuais entre adultos, em privado, agindo de livre vontade, não deverão ser punidas"; tal punição representaria uma intromissão intolerável na vida íntima de cada um[11]. Por outro lado, sempre que aquela liberdade e/ou autodeterminação for afectada, impõe-se a intervenção penal.

É esta ideia que perpassa a configuração actual dos crimes sexuais na nossa ordem jurídica. O Código Penal integra os crimes

---

de várias formações, com vista à superação e resolução dos factores que favorecem e desencadeiam as situações abusivas." (*ob. cit.*, p. 69).

[11] É com base neste "credo" (como lhe chama Teresa Beleza, *Sem Sombra de Pecado – o repensar dos crimes sexuais na revisão do Código penal*, Jornadas de Direito Criminal, 1996, p. 165) que não é punida a homossexualidade entre adultos, baseada num livre consentimento e que não existe também um tipo legal autónomo de incesto, ou seja um tipo legal que puna condutas incestuosas entre adultos, baseadas num livre consentimento (porém, a existência de relações incestuosas é agravante dos crimes sexuais, ou seja, havendo abuso sexual, o facto de entre agente e vítima interceder uma relação familiar ou equiparada agrava a punibilidade) – *cf.* sobre estes problemas Conceição Ferreira da Cunha – *Breve Reflexão acerca do Tratamento Jurídico-Penal do Incesto*, in Revista Portuguesa de Ciência Criminal, ano 12, n.° 3, Julho – Setembro 2002, Coimbra Ed., p. 343 ss.

sexuais no Título I – Dos crimes contra as pessoas –, num capítulo específico – cap. V: Dos crimes contra a liberdade e autodeterminação sexual, subdividindo-o em duas Secções – a primeira refere-se aos crimes contra a liberdade sexual e a segunda aos crimes contra a autodeterminação sexual. Esta distinção faz pleno sentido, pois na secção I protege-se a liberdade e/ou autodeterminação sexual de todas as pessoas, sem acepção de idade, enquanto a secção II tutela especificamente a autodeterminação sexual de menores, ou seja, tutela o livre desenvolvimento do menor na esfera sexual. Deste modo, na secção II confere-se uma especial protecção a crianças e jovens, criminalizando condutas que, se praticadas entre adultos, não constituiriam crimes. De facto, dada a particular situação de vulnerabilidade e dependência de crianças e jovens e o processo de crescimento em que se encontram, certos comportamentos sexuais, mesmo livres de coacção, poderão "prejudicar gravemente o desenvolvimento da sua personalidade"[12]. A vítima também não terá ainda, em regra, capacidade para formar livremente a sua vontade e/ou para compreender o significado global (e todas as implicações) do seu comportamento. Estas serão as principais razões que levaram o legislador a criar uma secção para tutela específica dos menores no âmbito sexual, criminalizando condutas livres de violência e ameaças (graves). No entanto, face à prática de certos crimes da Secção I (coacção sexual, violação, procriação artificial não consentida) em relação a menor de 14 anos, haverá uma agravação da pena (*cf.* art. 177.º n.º 4). Também se prevê uma agravação da pena, quer para crimes da secção I quer para crimes da secção II, quando entre agente e vítima interceder uma relação de proximidade ou dependência (relação familiar ou equiparada, de dependência hierárquica, económica ou de trabalho – *cf.* art. 177 n.º 1 als. *a) e b)*). Qualquer uma destas situações conduz a uma ilicitude agravada (e também a uma culpa mais grave), o que justifica a aplicação de uma pena mais severa.

---

[12] Figueiredo Dias, *Comentário ao art. 172.º do Código Penal*, in Comentário Conimbricense do Código Penal, Parte Especial, Tomo I, Coimbra Editora, 1999, p. 541, § 1.

3. Para concretizar estas ideias sumariamente descritas faremos uma breve apresentação dos crimes sexuais de que poderá ser vítima um menor. Começaremos por referir os crimes da Secção I em que se aplicará uma agravante especial se a vítima for menor de 14 anos:

O crime de coação sexual (art. 163.°) e o de violação (art.164.°) constituem o "núcleo de protecção da liberdade sexual"[13], sendo o crime de coacção sexual o crime-base e constituindo o crime de violação uma coacção sexual especial (mais grave)[14]. Assim, ambos os tipos legais exigem meios de "constrangimento", distinguindo-se os crimes em análise quanto aos actos praticados: na coacção sexual o constrangimento dirige-se à prática de acto sexual de relevo[15], na violação, à cópula, coito anal ou coito oral[16] – trata--se de actos sexuais de relevo particularmente graves. Saliente--se que à cópula foi equiparado o coito anal e o oral e que o tipo legal deixou de fazer acepção de sexo (quer agente quer vítima pode ser um homem ou uma mulher e a violação pode ser intra ou extra--matrimonial). Assim, poder-se-á dizer que o "desenho tradicional" do crime de violação – cópula com mulher (por meios violentos) no âmbito extra-matrimonial[17] – foi completamente "revolucio-

---

[13] *Cf.* Figueiredo Dias, *Comentário ao art. 163.°*, in Comentário Conimbricense do Código Penal, Parte Especial, Tomo I, Coimbra Editora, 1999, p. 445, 446 – § 4.

[14] *Cf. ibidem*; Sobre o significado desta inversão de ordem dos tipos legais em apreço (pois tradicionalmente o crime de violação precedia o de coacção sexual), pode ver-se com interesse Teresa Beleza, *O Conceito Legal de Violação*, in Revista do Ministério Público, 1994, p. 54 ss.

[15] "constranger outra pessoa a sofrer ou praticar consigo ou com outrem acto sexual de relevo" – art. 163.° n.° 1.

[16] "constranger outra pessoa a sofrer ou a praticar consigo ou com outrem, cópula, coito anal ou coito oral" – art. 164.° n.° 1.

[17] É de salientar que já na versão original do nosso Código penal (1982) não se distinguia entre violação dentro e fora do casamento, punindo-se assim, também, a violação por parte do marido em relação à sua mulher, distinção que, no entanto, ainda constara do Projecto. Na Alemanha este problema suscitou viva polémica; no sentido de não se dever distinguir a situação das mulheres casadas

nado"[18], tal como era reclamado por vários autores.[19] Note-se ainda que a previsão expressa, no crime de violação, de uma atenuante especial para o caso em que a vítima tivesse contribuído de forma sensível para o facto deixou de constar deste tipo de crime. De facto, tal previsão ou seria supérflua, dada a existência de um preceito, na parte geral (art. 72.º – aplicável a todos os tipos de crime) que já se refere à atenuação especial da pena, nomeadamente nos casos em que (n.º 2 – *al. b)* a conduta do agente tenha sido determinada "...por forte solicitação ou tentação da própria vítima ou por provocação injusta ou ofensa imerecida" ou, a ter significado, poderia levar, no âmbito da sexualidade, a uma aplicação demasiado "lata" deste princípio.[20] Por isso, é de saudar esta alteração legislativa.[21]

Já "acto sexual de relevo" será todo aquele que, pela sua natureza, conteúdo ou significado se relacione com a esfera sexual, constituindo "um entrave" à liberdade sexual da vítima[22]; não será

---

das outras situações, Hemelken, *Zur Strafbarkeit der Ehegattennotzucht*, Heidelberg, ZRP Heft, p. 171 ss., 1980; sobre esta polémica *cf.* ainda Conceição Ferreira da Cunha, *Constituição e Crime*, Universidade Católica Portuguesa, Porto, 1995, 338 ss.

[18] Estas alterações só foram completamente concretizadas com a reforma de 1998 (em 1995 equiparou-se à cópula o coito anal e em 1988 alargou-se a equiparação ao coito oral).

[19] Saliente-se, entre outros, Ferreira Ramos, *Os Crimes Sexuais no Projecto de Revisão do CP de 1982*, in Revista Portuguesa de Ciência Criminal, 1993, 53 ss., esp., 62 e ss. e Teresa Beleza, *O Conceito Legal de Violação*, cit., esp. p. 57 e ss. e *Sem Sombra de Pecado...*, *cit.*, p. 173 e ss.

[20] Como de facto aconteceu em certos casos. Recorde-se o Ac. do STJ de 18/10/1989 (BMJ 390, 1989), particularmente ilustrativo de uma determinada "moral sexual masculina", afirmando: "as duas ofendidas, raparigas novas, mas mulheres feitas, não hesitaram em vir para a estrada pedir boleia a quem passava, em plena coutada do chamado "macho ibérico", com o que muito contribuíram para a sua (violação) realização"!

[21] Que se ficou a dever à reforma de 1995.

[22] Neste sentido, Figueiredo Dias, salientando também a importância de aferir a "relevância" do acto a partir do bem jurídico que se pretende tutelar (cf. *Comentário ao art. 163.º*, in Comentário Conimbricense do CP, *cit.*, p. 447 e ss.) Deverão ainda distinguir-se os "actos sexuais de relevo" dos "actos exibicio-

necessária a intenção libidinosa do agente[23], nem será também necessário que a vítima compreenda o significado sexual do acto, aspecto particularmente relevante estando em causa um menor.[24] Parece, assim, que deverá prevalecer a apreciação objectiva do acto.

Os meios de constrangimento previstos são exactamente os mesmos nos dois tipos legais em apreço: violência, ameaça grave, colocação da vítima em estado de inconsciência ou na impossibilidade de resistir (n.º 1) ou abuso de autoridade resultante de uma relação de dependência hierárquica, económica ou de trabalho (n.º 2)[25].

Quanto ao conceito de violência caberá salientar que não se trata de assunto totalmente pacífico[26]. De todo o modo, dever-se-á

---

nistas" (art. 171.º e, em relação a menores, art. 172 n.º 3 *al. a)*); assim, a prática de actos sexuais *perante* a vítima será de enquadrar nos "actos exibicionistas", exigindo-se no art. 163.º (actos sexuais de relevo) o " toque no corpo da vítima " (havendo mútuo contacto corporal ou actuando o agente por meio de objectos): para mais desenvolvimentos – cf. *idem*, p. 450 ss.

[23] Note-se que a liberdade sexual da vítima também pode ser afectada "por actos que da parte do agente não são dominados por uma intenção libidinosa, mas por um sentimento de desprezo, de cinismo, de curiosidade mórbida pela reacção da vítima, etc.; e que do lado da vítima não lhe provocam (nem são adequados a provocar-lhe) excitação sexual, mas pelo contrário sentimentos de repugnância, de vergonha, de desespero." (*cf.* Figueiredo Dias, *Comentário ao art. 163.º, in* Comentário Conimbricense.., cit., p. 448, § 10).

[24] Neste sentido *idem*, p. 452, § 17.

[25] Note-se que a inserção de um n.º 2 em ambos os tipos legais, consagrando algo de semelhante ao denominado constrangimento/assédio e violação//assédio (respectivamente) ficou a dever-se à revisão de 1998 e teve por influência o direito norte-americano, que também exerceu influência noutras ordens jurídicas europeias, nomeadamente na lei Francesa.

[26] Por exemplo, é duvidoso se no conceito "violência" cabe a violência psíquica se apenas a física; para Figueiredo Dias (Comentário ao art. 163.º, *in Comentário Conimbricense, cit.*, p. 453, § 20), englobar no conceito de violência a violência psíquica ou moral poderia ocasionar, na área da sexualidade, uma "confusão típica entre processos (tipicamente ilícitos) de violência e processos (atípicos) de sedução (*vis haut ingrata*)". Impõe-se-nos a seguinte consideração: se as formas relevantes de violência psíquica forem englobadas no conceito "ameaça grave" (*vide infra*) e se o conceito de violência física for entendido de forma abrangente – não apenas o exercício de força sobre o corpo da vítima, mas

atender ao contexto em que os factos se desenrolam, sendo particularmente importante a situação da vítima (a sua debilidade quer física quer psíquica, a sua idade, etc.). Por outro lado, não será necessária uma resistência efectiva da vítima para o tipo legal de coacção sexual ou de violação ficar preenchido. Na realidade, em muitas situações a vítima sabe que é inútil tentar resistir, não se compreendendo que, por esse facto, deixasse de haver crime. Nalguns desses casos poderá estar preenchido o meio "tornar a vítima incapaz de resistência", mas mesmo que tal não aconteça, desde que o agente use de violência ou ameaça grave haverá preenchimento do tipo de crime, independentemente da resistência efectiva da vítima.[27] Violência não implica o uso de uma pressão física particularmente forte; também se deverá considerar integrante do conceito de violência, por exemplo, o facto de o agente fechar a vítima num automóvel, transportando-a de um para o outro lado, sem lhe dar hipótese de sair, de se libertar.[28]

---

também a limitação da sua liberdade de movimentos (fechá-la num quarto, num automóvel, transportá-la de um lado para o outro contra a sua vontade), tal como é defendido por este Autor, então cremos que não será necessário abranger no conceito de violência a violência psíquica ou moral; mas já assim não seria, em nossa opinião, caso defendêssemos uma interpretação mais restritiva destes conceitos (violência física, ameaça grave e, ainda, colocação da vítima em estado de inconsciência ou na impossibilidade de resistir). Por outro lado, também cremos que não serão facilmente confundíveis processos (legítimos) de sedução e processos que englobam uma violência psíquica, a menos que o próprio conceito de violência psíquico seja alargado para além do que nos parecem ser os limites do razoável – como por exemplo, quando se considera que a insistência (verbal e sem ameaças) num convite ou numa "proposta" já constitui violência psíquica! Porém, perseguições continuadas já nos parecem de integrar no conceito de violência, sendo limitativas da liberdade da vítima e devendo, segundo cremos, ser abrangidas pelos tipos legais em análise.

[27] Neste sentido e para mais desenvolvimentos sobre todos estes problemas, Figueiredo Dias, *Comentário ao art. 163.º, in* Comentário Conimbricense.., *cit.*, p. 454/454 – § 20.

[28] Ou fechá-la num quarto; no fundo, trata-se sempre de constranger a vítima, de um acto de coacção que limita a sua liberdade física (em sentido semelhante, Figueiredo Dias, acentuando ser neste âmbito decisiva a perspectiva da vítima, cf. *Comentário ao art. 163.º, in* Comentário Conimbricense.., *cit.*, p. 454 – § 20).

O conceito de "ameaça grave" também poderá suscitar algumas dúvidas. Desde logo põe-se o problema de saber que tipo de ameaças se poderão considerar graves. A gravidade deverá referir-se quer ao conteúdo da ameaça quer à sua medida e intensidade[29]. Porém, parece-nos que, quanto ao conteúdo, não serão apenas ameaças para a vida e a integridade física[30] as susceptíveis de integrar este conceito legal; pense-se, p. ex., em ameaças para a honra e dignidade da vítima que, num concreto contexto, podem ser até mais gravosas do que ameaças para a sua integridade física (ameaça de denúncia ou de calúnia relativa a facto atentatório da dignidade da vítima). Cremos que o preenchimento do conceito mais uma vez terá de ser perspectivado a partir do bem jurídico que se pretende tutelar – liberdade e autodeterminação sexuais da vítima; uma ameaça que seja susceptível de "tolher" esta liberdade parece-nos que deverá ser considerada relevante para preenchimento do tipo de crime. Por outro lado, a ameaça não terá de se dirigir à própria vítima, podendo visar um terceiro, desde que, por essa via, represente também para a vítima uma ameaça grave.[31]

Dever-se-á distinguir o meio "tornar a vítima inconsciente ou incapaz de resistência" do aproveitamento de um estado de inconsciência ou incapacidade, caso em que estaria preenchido outro tipo legal (art. 165.º). Assim, nos tipos de crime em análise importa que haja uma relação meio-fim – ou seja, tornar a vítima incapaz de resistência é um meio para o acto sexual de relevo ou para a cópula, coito anal ou oral – p. ex., o agente alcooliza, droga ou hipnotiza uma pessoa (o que poderá acontecer com o acordo desta) com a in-

---

[29] Neste sentido, Figueiredo Dias, *Comentário ao art. 163.º*, in Comentário Conimbricense.., *cit.*, 455 – § 23.

[30] Cingindo-se apenas a estas ameaças – *cf.* Código Penal Alemão; porém, cremos que a nossa lei é (e bem, em nossa opinião) mais abrangente.

[31] Neste sentido, Figueiredo dias, *Comentário ao art. 163.º*, in Comentário Conimbricense.., *cit.*, p. 455 – § 23. Pense-se, p. ex., na ameaça que vise um parente próximo ou um amigo da vítima.

tenção de (intenção esta desconhecida da vítima), nesse estado, ter com ela relações sexuais[32].

Quanto às molduras penais saliente-se que houve uma agravação das penas e também uma aproximação entre a moldura legal da coacção sexual e a da violação.[33] Assim, para o art. 163.º n.º 1 a pena será de 1 a 8 anos e para o art. 164.º n.º 1 de 3 a 10 anos. Porém, sendo a vítima menor de 14 anos, haverá uma agravação de 1/3 dos limites da moldura legal, passando esta a ser, no caso de coacção sexual, de 1 ano e 4 meses a 10 anos e 8 meses e, no caso de violação, de 4 anos a 13 anos e 4 meses. Se estiver em causa o constrangimento/assédio ou a violação/assédio (n.º 2 dos tipos legais em análise) as penas serão, respectivamente – de 1 mês a 2 anos e de 1 mês a 3 anos, passando a ser, no caso de vítima menor de 14 anos – de 1 mês e 10 dias a 2 anos e 8 meses e de 1 mês e 10 dias a 4 anos.

Porém, tratando-se de vítima menor de 14 anos e tendo o agente com a vítima uma relação especial – p. ex., sendo o pai ou o padrasto (art. 177.º n.º 1 al. a)[34], não poderá haver uma nova agravação da pena (dupla agravação – cf. art. 177.º n.º 6), embora este facto deva ser tomado em consideração na determinação da pena concreta.[35]

---

[32] Para mais desenvolvimentos, cf. Figueiredo Dias, *Comentário ao art. 163.º, in* Comentário Conimbricense.., *cit.*, p. 455, 456 – § 24.

[33] *Vide* reformas de 1995 e de 1998.

[34] O art. 177.º prevê as várias causas de agravação das penas no domínio dos crimes sexuais. No n.º 1 estão previstas causas de agravação atinentes à relação do agente com a vítima; assim, no n.º 1 prevê-se uma agravação de 1/3 dos limites da moldura legal quando – al. a) a vítima for "ascendente, descendente, adoptante, adoptado, parente ou afim até ao segundo grau do agente, ou se encontra sob a sua tutela ou curatela" e, al. b) – " Se encontrar numa relação de dependência hierárquica, económica ou de trabalho do agente, e o crime for praticado com aproveitamento desta relação". Porém, estando em causa o art. 163.º n.º 2 ou o 164.º n.º 2, não se aplicará a agravante do 177.º n.º 1 b) (cf. art. 177.º n.º 5); caso contrário, o elemento que fundamenta a ilicitude (e, assim, a punibilidade) seria ao mesmo tempo factor de agravação dessa mesma ilicitude.

[35] *Cf.* Maria João Antunes, *Comentário ao art. 177.º, in* Comentário Conimbricense.., *cit.*, p. 592 – § 15.

Ora, face à multiplicação actual das "famílias de facto", e às situações de abuso sexual que muitas vezes também nestas famílias ocorre, importaria ponderar se outro tipo de relações não deveria (também) ser contemplado nesta alínea *a)* do n.º 1 do art. 177.º. Estamos a pensar, principalmente, no companheiro da mãe da criança (ou na companheira do pai) que tem, geralmente, uma relação de proximidade e de autoridade em tudo semelhante à de um verdadeiro padrasto.[36]

É também causa de agravação o facto de o agente ser portador de doença sexualmente transmissível (agravação de 1/3 – art. 177.º n.º 2) e haverá ainda agravação (de metade, nos limites da moldura legal) se do facto praticado resultar "gravidez, ofensa à integridade física grave, transmissão de vírus do síndroma de imunodeficiência adquirida ou de formas de hepatite que criem perigo para a vida, suicídio ou morte da vítima" (art. 177.º n.º 3)[37]. Evidentemente, se o crime em relação a menor de 14 anos provocar algum destes resultados, esta agravação sobrepor-se-á à agravação em razão da idade da vítima, pois trata-se de agravação mais forte (agravação de me-

---

[36] Quanto a este problema *cf.* Conceição Ferreira da Cunha, *Breve Reflexão..., cit.,* p. 356, 357 e 369, 370.

[37] Saliente-se que também a provocação de "anomalia psíquica grave" se enquadra no conceito "ofensa à integridade física grave" – *cf.* Paula Ribeiro de Faria, Comentário ao art. 144.º., in Comentário Conimbricense.., cit., p. 231, § 20. Note-se ainda que a agravação da pena nos termos do art. 177.º n.º 3 depende de o resultado poder ser imputado ao agente "pelo menos a título de negligência" (*cf.* art. 18.º do CP). Ou seja, o agente foi negligente na causação destes resultados ou actuou mesmo com dolo (no caso de gravidez e de suicídio, se o agente quis causar estes resultados, aplica-se também este art. 177.º n.º 3); mas se actuou com dolo em relação à causação de ofensas corporais graves ou de morte da vítima, haverá concurso efectivo de crimes (crime de violação ou de coação sexual em concurso com o crime de ofensas corporais graves – art. 144.º – ou em concurso com o crime de homicídio – art. 131.º –, o que conduzirá a penas ainda mais graves). Para mais desenvolvimentos, *vide* Maria João Antunes, *Comentário ao art. 177.º, in* Comentário Conimbricense..., *cit.,* p. 589, 590 – §§ 7, 8 e 9 e Damião da Cunha, *Tentativa e Comparticipação nos Crimes Preterintencionais, in* Revista Portuguesa de Ciência Criminal, 1992, 568.

tade – *cf.* art. 177 n.º 6) – ou seja, no caso de violação (164 n.º 1) a pena passará a ser de 4 anos e 6 meses a 15 anos; no caso de coacção sexual – de 1 ano e 6 meses a 12 anos.[38]

4. Centremos agora a nossa atenção naqueles tipos legais que foram especificamente criados para tutela da autodeterminação de menores no âmbito da sexualidade (Secção II). Trata-se, como referimos já, de condutas "livres de coacção" (livres de violência e ameaças graves), mas que, atendendo à vulnerabilidade e dependência da vítima e, ainda, à falta de capacidade para formar livre e conscientemente a sua vontade, são susceptíveis de causar graves danos no desenvolvimento da sua personalidade.

O crime de abuso sexual de crianças (art. 172.º) é dos mais importantes neste domínio. Tipifica um conjunto de comportamen-

---

[38] Não nos referimos ao crime de procriação artificial não consentida (art. 168.º), embora também em relação a ele se aplique a agravante em razão da idade (art. 177.º n.º 4), pois cremos tratar-se de uma situação muito específica, que talvez estivesse melhor enquadrada num capítulo próprio (tutela da liberdade para procriar, p. ex.) ou nos crimes contra a liberdade (em geral). De facto, trata-se da tutela da liberdade *de e para* a maternidade, fazendo também sentido que se viesse a tutelar a liberdade *de e para* a paternidade (utilização abusiva de esperma) – esta poderá ainda ser enquadrada nos crimes contra a liberdade pessoal. Para mais desenvolvimentos sobre estas questões cf. Anabela Miranda Rodrigues, *Comentário ao art. 168.º*, in Comentário Conimbricense…, *cit.*, p. 501, 502 – §§ 11 e 12, Teresa Beleza, *Mulheres, Direito, Crime ou a Perplexidade de Cassandra*, 1990, 515 e idem, *Sem Sombra de Pecado…, cit.,* 174 – defendendo esta Autora a integração destes crimes num capítulo autónomo sobre a liberdade de procriar. De todo o modo, sempre que se cometa este crime em relação a menor de 14 anos, a pena deixará de ser de 1 a 8 anos, passando a ser de 1 ano e 4 meses a 10 anos e 8 meses. Note-se ainda que, sendo a vítima menor de 14 anos, nunca o consentimento se deverá considerar eficaz, havendo sempre, assim, preenchimento do tipo de crime e da agravante especial (*cf.* art. 38.º do CP; neste sentido e entendendo também que, neste âmbito, o consentimento deverá ser pessoal, não podendo ser prestado por representante legal, Anabela Miranda Rodrigues, *Comentário ao art. 168.º,* in Comentário Conimbricense, *cit.,* p. 506, 507 – §§ 26, 27).

tos em relação a menores de 14 anos de idade. Assim, o n.º 1 refere-se a "quem praticar com menor ou o levar a praticar consigo ou com outrem acto sexual de relevo"[39], prevendo-se uma punibilidade de 1 a 8 anos de pena de prisão e, o n.º 2, a "quem tiver com menor cópula, coito anal ou oral"[40], prevendo-se para este caso uma moldura de 3 a 10 anos de pena de prisão. Note-se que as molduras legais correspondem exactamente às previstas, respectivamente, para o crime de coacção sexual (art. 163.º n.º 1) e para o crime de violação (art. 164 n.º 1), embora nos presentes tipos legais não se empreguem meios de constrangimento (violência, ameaça grave)[41]. Quer isto significar que a pouca idade da vítima é equiparada (em termos de gravidade, de grau de ilicitude) ao uso de meios graves de constrangimento. Este entendimento parece-nos correcto, já que a falta de maturidade da vítima, a sua vulnerabilidade e dependência e as relações de domínio (por vezes quase invisível, mas presente) que se estabelecem não nos permitem falar de relações livres, mesmo que o constrangimento não seja "forte" ou evidente. Para além disso, os danos prováveis para o desenvolvimento do menor serão em regra mais graves do que no caso de a vítima ser uma pessoa adulta.

Se o agente for pessoa com quem a vítima tem uma especial relação (se o agente for o pai, o padrasto, o adoptante), situação muito comum no caso de vítimas menores[42], haverá uma agravação

---

[39] Quanto ao preenchimento deste conceito, *cf.* as considerações feitas *supra* ponto 3.

[40] Existe aqui uma lacuna legal, ao não se prever (tal como no n.º 1) o facto de o agente levar o menor a praticar a cópula, coito anal ou oral com terceiro. Enquanto não se preencher esta lacuna (alterando a lei), estas condutas terão de ser punidas pelo n.º 1 (na medida em que também a cópula, coito anal e oral são actos sexuais de relevo, mas particularmente graves), aplicando-se assim uma medida menos severa do que aquela que faria sentido aplicar (a do n.º 2).

[41] Relembre-se que, caso existam estes meios de constrangimento, estaremos perante aqueles tipos de crime (art. 163.º ou art. 164.º) com uma agravante em razão da idade da vítima (art. 177.º n.º 4).

[42] *Vide* dados da Procuradoria-geral da República referidos *supra* nota 7.

de 1/3 dos limites da moldura legal (*cf.* art. 177.º n.º 1 *al. a)*), passando esta a ser de 1 ano e 4 meses a 10 anos e 8 meses (no caso do n.º 1) ou de 4 anos a 13 anos e 4 meses (no caso do n.º 2).[43] Mais uma vez, sobrepor-se-á a agravação do n.º 3 do art. 177.º, caso dos actos praticados provenha algum dos resultados previstos neste preceito – passando a moldura a ser de 1 ano e 6 meses a 12 anos (no caso do n.º 1) ou de 4 anos e 6 meses a 15 anos (no caso do n.º 2) – *cf.* art. 177.º n.º 6.

Atentemos agora no n.º 3 do art. 172.º: este número prevê vários comportamentos lesivos de um livre e harmonioso desenvolvimento do menor na área da sexualidade; assim, criminalizam-se os actos de carácter exibicionista, a actuação sobre menor por meio de "conversa obscena ou de escrito, espectáculo ou objecto pornográficos", a utilização de menor "em fotografia, filme ou gravação pornográficos" ou a exibição ou cedência a qualquer título ou por qualquer meio destes materiais e ainda a *detenção destes materiais com o propósito de os exibir ou ceder*[44]. Para qualquer um destes comportamentos prevê-se uma moldura de 1 mês a 3 anos de

---

[43] Note-se que estas são exactamente as molduras legais previstas para os casos em que os crimes de coacção sexual ou de violação são cometidos em relação a menores de 14 anos, por uma dessas pessoas que tem "ascendente" sobre o menor (o pai, o padrasto, o adoptante, para referir as situações mais comuns). Isto pode parecer um pouco estranho, pois, no caso de coacção sexual ou de violação houve actos graves de constrangimento (para além da vítima ser menor e do "ascendente" do agente sobre a vítima), enquanto no caso do art. 172.º não existem estes actos graves de constrangimento. Porém, chega-se a este "resultado" pelo facto do art. 177.º n.º 6 proibir a dupla valoração – ou seja, que funcionem duas agravantes sucessivamente (a agravação em razão da idade da vítima e a agravação em razão da relação existente entre agente e vítima – *cf. supra* ponto 3). No entanto, poder-se-á obviar a uma certa "injustiça relativa" se o juiz tiver em conta, como deverá ter, a "outra" agravante não considerada na moldura legal, para efeito de determinação da pena concreta.

[44] Itálico nosso; note-se que a parte em itálico foi introduzida pela lei n.º 99/2001.

pena de prisão[45], havendo uma agravação da pena (n.º 4 – pena de 6 meses a 5 anos) caso o agente actue com intenção lucrativa. Por outro lado, haverá também lugar à aplicação do art. 177.º quando se verifique algum dos factores agravantes aí previstos. Por exemplo, se for um ascendente do menor a praticar algum destes comportamentos, os limites da moldura legal serão agravados de 1/3 – passando a ser de 1 mês e 10 dias a 4 anos no caso de o agente não actuar com intenção lucrativa; pena de 8 meses a 6 anos e 8 meses se o agente actuar com intenção lucrativa.

Parece-nos de louvar o cuidado da lei em proteger o menor de 14 anos de condutas que, apesar de não violentas, são susceptíveis de lesar gravemente o desenvolvimento global da vítima[46]. O que se poderá perguntar é se a lei não deveria ter ido mais longe na protecção concedida, abrangendo vítimas até aos 18 anos de idade, especialmente tratando-se da sua utilização em materiais pornográficos (filme, fotografia ou outros).[47]

Os conceitos empregues pela lei deverão ser sempre interpretados tendo em atenção o bem jurídico que se pretende tutelar. Assim, "conversas obscenas" serão aquelas que, pela sua "baixeza", sejam susceptíveis de afectar o desenvolvimento da criança. Por outro lado, o conceito "actuar sobre menor" não implica qualquer partici-

---

[45] Não se tratará de moldura demasiado branda face à gravidade das condutas?

[46] Segundo conclusões da psicologia, o desenvolvimento da criança "pode ser mais duramente prejudicado por conversas obscenas e (sobretudo) por participação em manifestações pornográficas do que pelo toque sexual do seu corpo" cf. Hanack, *Gutachten*, z. 47 DJT, 1968, 131 ss., *apud* Figueiredo Dias, *Comentário ao art. 172.º*, in Comentário Conimbricense, *cit.*, p. 544 – § 8.

[47] Neste sentido se pronuncia Eliana Gersão, *Crimes Sexuais contra as Crianças. O Direito Penal à Luz das Resoluções do Congresso de Estocolmo contra a Exploração das Crianças para fins Comerciais,* in Infância e Juventude 97/2/25. Na opinião desta Autora a incriminação é insuficiente face às resoluções do Congresso de Estocolmo de 1996. De facto, os jovens entre os 14 e os 18 anos só estarão protegidos face a estes comportamentos se o agente for pessoa de quem dependam (a quem foram confiados para educação ou assistência – *cf. infra* art. 173.º).

pação activa do menor, bastando que assista à conversa ou ao espectáculo pornográfico; este não terá de ser um espectáculo público – levar o menor a assistir a uma orgia num círculo restrito (ou até familiar) preenche o presente tipo legal.[48]

Passemos agora a uma breve análise do art. 173.º – *Abuso sexual de menores dependentes*. Trata-se de um tipo de crime que visa tutelar menores entre os 14 e os 18 anos de idade face a agentes de que dependam, ou seja, face a agentes a quem tenham sido *confiados para educação ou assistência*. As condutas previstas são exactamente as que constam do artigo anterior (art. 172.º); mas, enquanto no tipo legal antecedente se protegem menores de 14 anos face a qualquer agente[49], no presente tipo legal protegem-se menores entre os 14 e os 18 anos, mas apenas face a determinados agentes. Parte-se da especial necessidade de protecção do menor relativamente à pessoa de quem depende para se criminalizarem comportamentos que, não fora essa especial relação, não seriam considerados criminosos.[50] É de salientar que não é necessário provar que o agente se aproveitou da sua posição (da relação de dependência do menor); é suficiente a existência desta relação para se pressupor o abuso ou para se entender que o comportamento implica sempre um abuso ou interfere sempre na (livre e harmoniosa) autodeterminação do menor.[51] Encontra-se nesta relação de dependência o menor entre

---

[48] Assim, e com mais desenvolvimentos, Figueiredo Dias, *Comentário ao art. 172.º*, in Comentário Conimbricense..., cit., p. 544 ss. – §§ 9, 10, 11, 12.

[49] Não tem de existir qualquer relação especial entre agente e vítima e, se existir, tal facto poderá conduzir a uma agravação da pena, caso tal relação se enquadre no art. 177.º n.º 1.

[50] Ou apenas seriam considerados crimes se tais condutas pudessem ser enquadradas nos tipos legais seguintes – art. 174.º (que implica a prova de *abuso de inexperiência*) ou 175.º (*Actos homossexuais com adolescentes*).

[51] Na redacção anterior do preceito exigia-se a prova do abuso de função ou posição; mas cremos que a actual redacção responde de forma mais satisfatória às reais necessidades de protecção dos jovens, face a relações que propiciam domínios de facto e abusos de facto, por vezes exercidos de forma velada e difícil de provar.

os 14 e os 18 anos relativamente aos progenitores no exercício do poder paternal (1878.º do Código Civil), mas também o menor que tenha sido confiado a um dos progenitores ou a terceira pessoa, a tutor ou a adoptante, por força de decisão judicial (arts. 1905.º, 1907.º, 1935.º, 1986.º e 1997.º do Código Civil); e encontra-se ainda nesta relação de dependência o menor que tenha sido *confiado de facto* ao agente para educação ou assistência.[52]

Parece-nos de louvar esta equiparação, pois o que aqui conta, face ao bem jurídico que se pretende tutelar, é a relação de fidúcia e de dependência que, *de facto*, se estabelece entre agente e vítima. Face a esta preocupação fará sentido perguntar se o tipo legal não deveria abranger ainda outras situações – casos em que o poder paternal é retirado a um dos progenitores mas este continua a manter com o filho (filha) uma relação de proximidade e de domínio e os casos em que o padrasto ou o companheiro da mãe[53], não sendo a pessoa a quem o menor foi confiado (esta pessoa será a própria mãe), detém, de facto, poder e ascendente sobre o jovem. Porém, algumas destas situações poderão ainda, segundo cremos (dependendo dos seus contornos concretos), ser enquadrados no presente tipo legal, no âmbito da "confiança fáctica"; por outro lado, quando se entenda não caberem no tipo legal em análise, poderão ainda ser abrangidas pelos tipos de crime dos arts. 174.º (*Actos sexuais com adolescentes*[54]) ou 175.º (*Actos homossexuais com adolescentes*).

As molduras legais previstas neste tipo legal são algo mais brandas do que as do tipo legal antecedente (tendo em atenção que a vítima já tem mais idade); assim, no caso da prática de actos sexuais de relevo ou de cópula, coito anal ou oral a pena será de 1 a 8

---

[52] Um terceiro, familiar ou não; mas já não quem, participando na educação do menor, não esteja encarregado dessa educação em termos globais – p. ex. um professor – *cf.* Maria João Antunes, *Comentário ao art. 173.º*, in Comentário Conimbricense..., *cit.,* p. 556 – 6.

[53] Para exemplificar com as situações mais frequentes, pois é evidente que também pode estar em causa a madrasta ou a companheira do pai.

[54] Porém, face a este tipo legal é necessária a prova do abuso de inexperiência (*vide infra*).

anos; para as condutas previstas no n.° 3 do art. 172.° a pena será de 1 mês a 1 ano[55], prevendo-se, no entanto, uma moldura de 1 mês a 3 anos se o agente actuar com intenção lucrativa (n.° 3).

Assim, se um pai[56], a quem esteja confiada a sua filha de, p. ex. 16 anos, tiver com ela cópula, sem que para tal tenha usado de meios (graves) de constrangimento (caso em que estaria preenchido o crime de violação – art. 164.°), será punido com pena de prisão de 1 a 8 anos. Põe-se agora a questão de saber se esta moldura será agravada de 1/3 nos seus limites mínimo e máximo, com base no art. 177.° n.° 1 al. a). A questão parece-nos pertinente, pois, por um lado, o art. 173.° é um dos crimes a que se refere o n.° 1 do art. 177.°; assim, pela "letra da lei", cremos que a agravante se aplicaria. Mas, por outro lado, é na relação existente entre agente e vítima que se funda o próprio art. 173.° e, ao mesmo tempo, é essa a razão de agravação da pena, podendo defender-se que, aplicando a agravante, se violaria o princípio de proibição de dupla valoração.[57] A menos que se entenda (entendimento um pouco difícil de sustentar, segundo cremos) que, fazendo parte das relações englobadas no art.

---

[55] Dada a gravidade de algumas destas condutas – como o caso da utilização de menor em filme ou outro material pornográfico – e a relação existente entre agente e vítima (logo, o ascendente deste sobre aquela) não será esta moldura demasiado branda? *Cf. supra* a referência à preocupação do Congresso de Estocolmo face a estas condutas e a crítica de Eliana Gersão ao facto de a vítima de tais comportamentos não estar protegida (independentemente da relação entre agente e vítima) até aos 18 anos de idade (*cf. supra* nota 47).

[56] Ou um adoptante ou um tutor a quem esteja confiada a jovem; ou um familiar a quem a jovem esteja confiada de facto, para citar outros exemplos.

[57] Ou seja, estar-se-ia a valorar o mesmo facto – neste caso, a dependência da filha em relação ao pai –, quer para fundamentar o crime-base, quer para agravar a pena deste mesmo crime (quanto ao princípio de proibição de dupla valoração *cf.* Figueiredo Dias, *Direito Penal Português, As consequências jurídicas do crime*, Aequitas, 1993, p. 234 e ss.); no sentido da não aplicação da agravante do art. 177.° n.° 1 al. *a)* aos casos em que o menor é confiado ao agente para educação ou assistência precisamente porque este é "ascendente, adoptante ou tutor", *cf.* Maria João Antunes, *Comentário ao art. 173.°, in* Comentário Conimbricense..., *cit.*, p. 558 – § 12.

173.º outras relações não contempladas no art. 177.º n.º 1 *al. a)* (caso do menor ser confiado a um terceiro que não é ascendente, nem adoptante nem tutor), faria sentido aplicar a agravante quando a relação existente se enquadrasse nesse preceito (exactamente quando o agente é o pai, o adoptante, o tutor). De todo o modo, *de jure condendo*, cremos que seria conveniente esclarecer esta questão.

É evidente que, quanto à agravante do art. 177.º n.º 1 *al. b)*, não se levantam problemas – é aplicável quando o menor, para além de ter sido confiado ao agente para educação ou assistência, se encontrar numa relação de dependência hierárquica, económica ou de trabalho e o crime tiver sido praticado com aproveitamento dessa relação.[58] Também a agravante do n.º 2 ou do n.º 3 do art. 177.º deverá ser aplicada se o caso preencher as circunstâncias aí previstas. Por exemplo, se no caso apresentado, da relação entre pai e filha resultasse gravidez ou ofensa grave à integridade física ou suicídio ou morte da filha (evidentemente, ofensa ou morte da filha não pretendida pelo agente – causada por negligência[59]), a pena passaria a ser de 2 a 16 anos.

O art. 174.º (*Actos sexuais com adolescentes*) sucedeu ao tradicional estupro, expurgando-o de "sexismos". Assim, tradicionalmente estava em causa a penalização do homem que seduzisse mulher virgem entre os 12 e os 18 anos para com ela ter cópula. Porém, já no CP de 1982, na sua versão original, autor poderia ser um homem ou uma mulher[60], sendo meio típico de sedução a "promessa séria de casamento". A revisão de 1995 eliminou este meio típico de sedução, tendo em atenção que tal previsão poderia até "privilegiar

---

[58] Cf. *ibidem*.

[59] *Cf. supra* nota 37 – se as ofensas ou morte da vítima tivessem sido causadas por dolo haveria concurso de crimes – *cf.* arts. 173.º e 144.º ou arts. 173.º e 131.º.

[60] *Cf.* Figueiredo Dias, *Comentário ao art. 174.º*, in Comentário Conimbricense..., *cit.*, 564, 565 – § 12; já neste sentido, Maia Gonçalves, *Código Penal Anotado*, art. 204.º, 3 e Leal-Henriques/Simas Santos, *Código Penal Anotado*, 1982, II, 72.

o perfeito sedutor que não precisa, para alcançar a cópula, de prometer seriamente casamento".[61] Assim, o que passa a ser relevante é o "abuso de inexperiência". Por seu turno, a revisão do CP de 1998 mudou a denominação deste tipo legal – de crime de "estupro" passou a "actos sexuais com adolescentes" –, estabeleceu que, autor deste tipo de crime, só poderia ser uma pessoa maior, e alargou o resultado, passando a abranger, para além da cópula, o coito anal e o oral.

Assim, o que está em causa, actualmente, é a protecção de menores entre os 14 e os 16 anos de idade, de qualquer sexo, face a processos proibidos de sedução – ou seja, face ao "abuso de inexperiência" – que conduzam a algum dos resultados tipificados (cópula, coito anal ou coito oral)[62]. Autor pode ser um homem ou uma mulher, mas a relação deverá ser heterossexual, pois, se for homossexual, já terá aplicação o artigo seguinte (art. 175.°). Com a actual exigência de maioridade do autor quis-se evitar a punição de comportamentos em que as idades de autor e "vítima" sejam aproximadas e em que, presumivelmente, não terá havido um "abuso" ou em que, presumivelmente, ambos serão "inexperientes", sendo até porventura difícil determinar quem é autor e quem é vítima (ou quem deveria ser considerado autor e quem deveria ser considerado vítima).[63] Por outro lado, a virgindade da vítima não

---

[61] Cf. Figueiredo Dias, *Comentário ao art. 174.°, in* Comentário Conimbricense..., cit., p. 562 – § 7.

[62] Assim, *idem*, p. 563, 564 – § 10.

[63] Na Comissão Revisora do CP (de 1991) estes problemas foram debatidos; porém, a previsão da maioridade do autor só veio a ser estabelecida com a revisão de 1998. Temos de reconhecer que este problema nos coloca algumas dúvidas, pois o fenómeno de abuso de um adolescente em relação a outro adolescente também existe, sendo até uma realidade preocupante no âmbito de instituições de acolhimento de menores e, por vezes, no âmbito familiar (entre irmãos). Ou seja, se por um lado entendemos a razão pela qual se optou por consagrar a maioridade do autor, no âmbito deste tipo legal, se entendemos ser razoável não interferir em relações de "paridade" ou em "jogos sexuais" de adolescentes, ditos de iniciação, em que dificilmente se poderia identificar um autor e uma vítima, por outro lado também receamos que algumas situações dignas de protecção

é requisito necessário à prova do "abuso de inexperiência".[64] Podem perfeitamente configurar-se situações em que a vítima não seja virgem, mas em que o autor tenha abusado da sua inexperiência.

Podemos concluir dizendo que, também neste tipo legal, o bem jurídico que se pretende tutelar é a livre autodeterminação dos adolescentes e não qualquer conceito rígido de moralidade sexual[65].

A moldura legal para este tipo de crime é de 1 mês a 2 anos ou pena de multa de 10 a 240 dias. Mais uma vez terão aplicação as agravantes do art. 177.º n.º 1, 2 ou 3, se se verificar alguma das situações aí previstas. Note-se que, se o autor for, p. ex., o pai ou o adoptante ou até o padrasto da vítima de, p. ex., 15 anos de idade, poderá ter aplicação o artigo antecedente (art. 173.º) ao invés do presente tipo legal, desde que a vítima estivesse *confiada de facto ou de direito* a essa pessoa, não tendo então de se provar o "abuso de inexperiência" e estando o autor sujeito a punibilidade mais severa (note-se que a moldura do art. 173.º é bastante mais "dura"). Tal seria o caso do pai no exercício do poder paternal, do adoptante no exercício dos seus direitos, do padrasto a quem tivesse sido confiada judicialmente a enteada ou a quem esta estivesse confiada de facto[66]. Mas, no caso de a vítima não estar *confiada* a alguma destas pes-

---

fiquem sem tutela penal – quando realmente um adolescente "abusa" do outro, interferindo na sua livre autodeterminação sexual e prejudicando o seu desenvolvimento. Poderia, assim, ter-se partido do princípio de que a necessidade de prova do "abuso de inexperiência" já delimitaria correctamente o âmbito de tutela.

[64] Exigência que ainda constava do Projecto de 1966, mas que já não estava prevista no CP de 1982 na sua versão original. No entanto, a virgindade poderia constituir presunção de abuso de inexperiência. *Vide*, com interesse sobre esta questão, uma decisão instrutória considerando não haver "abuso de inexperiência" por parte de uma menor de 14 anos, virgem, que *diz insistentemente ao arguido para "parar"* (não iniciar a relação sexual); seria necessário que gritasse? A nosso ver esta decisão não faz sentido – *cf. in Sub Judice* – Causas – Jan.-Março, 1998, p. 1.

[65] Neste sentido, Figueiredo Dias, *Comentário ao art. 174.º, in* Comentário Conimbricense..., cit., 563, p. 564 – § 10.

[66] *Cf. supra*. Já se se tratasse do companheiro da mãe tal tipo de crime só poderia ser aplicado na medida em que se pudesse ainda considerar que a vítima estava *confiada de facto* ao autor.

soas, então, já se aplicaria o presente tipo legal, provando-se o "abuso de inexperiência" e havendo uma agravação de 1/3 dos limites da moldura legal, por aplicação do art. 177.° n.° 1 *al. a)*. Por outro lado, se da relação resultasse algum dos resultados previstos no n.° 3 do art. 177.° (p. ex., gravidez ou ofensas graves não intencionais), sobrepor-se-ia esta agravante, elevando de metade os limites da moldura legal do art. 174.° (*cf.* também n.° 6 do art. 177.°).

O art. 175.° refere-se aos "*actos homossexuais com adolescentes*", criminalizando quem, sendo maior, praticar com menor entre os 14 e os 16 anos (ou levar a que sejam praticados por este com outrem) actos sexuais de relevo. Trata-se de um tipo legal em que se pode ver alguma discriminação face à homossexualidade, pois, a não existir este tipo de crime, as práticas homossexuais com adolescentes seriam enquadradas no artigo antecedente, ficando a sua penalização dependente exactamente dos mesmos requisitos exigidos para a penalização das práticas heterossexuais. Porém, face à existência deste tipo legal, o que se verifica é que a criminalização da homossexualidade com adolescentes é mais abrangente: não se criminaliza apenas a prática de actos sexuais de relevo particularmente graves (coito anal e oral), mas de qualquer acto sexual de relevo, abrange-se quer a prática pelo próprio autor quer o facto de este levar a que a vítima tenha tais práticas com outrem e, aspecto muito importante, não se exige a prova de "abuso de inexperiência"[67], mas presume-se este abuso (presunção inilidível), ou, então, presume-se que tais práticas serão sempre lesivas do desenvolvimento do menor no âmbito sexual.

Saliente-se que o nosso Código Penal, baseado numa ideia de tolerância, de não imposição de uma determinada moral sexual (e de uma determinada orientação sexual) e na afirmação da liberdade e autodeterminação sexuais como únicos bens jurídicos a tutelar neste domínio, não criminaliza a homossexualidade entre adultos, assente

---

[67] Note-se que todos estes aspectos tornam o presente tipo legal mais abrangente que o anterior; no art. 174.° apenas se criminaliza o facto de o próprio autor ter com a vítima cópula, coito anal ou oral se se provar o "abuso de inexperiência".

num livre consentimento.[68] Face a esta mundivisão, baseada até em princípios constitucionais e comum a países de cultura democrática, pluralista, poderá parecer estranho este tratamento algo discriminatório da homossexualidade, havendo quem ponha em causa a sua legitimidade constitucional.[69] De facto, o legislador partiu da convicção de que "os actos homossexuais em que intervenham maiores de idade e menores entre os 14 e os 16 anos de idade são prejudiciais ao livre desenvolvimento destes últimos", revelando, neste diferente tratamento da homossexualidade, o seu "desvalor especial".[70]

Questionemos: será que tais práticas homossexuais serão, em regra, mais traumatizantes para os adolescentes[71] envolvidos do que a prática de actos heterossexuais, legitimando tal facto este tratamento diferenciado ou será que, mesmo face a menores, não faz sentido este tipo de diferenciação (ou discriminação)? Ou seja, será que, mesmo no âmbito de ordens jurídicas como a nossa, em que se pretende (em nome da liberdade e tolerância) ser neutral face às diversas formas de orientação sexual[72], faz sentido estabelecer estas distinções, eventualmente atendendo a diferentes repercussões dos comportamentos no desenvolvimento dos jovens, ou será esta discriminação ilegítima e infundada face aos bens jurídicos em jogo?

---

[68] *Cf.* considerações feitas *supra*, ponto 2.

[69] *Vide* Figueiredo Dias / Pedro Caeiro – *Crimes contra a Liberdade e Autodeterminação Sexual*, Polis; Teresa Beleza, *Sem Sombra de Pecado...*, cit., p. 181; Assim, Maria João Antunes, *Comentário ao art. 175.º*, in Comentário Conimbricense..., cit., p. 570, 571, 572 – §§ 4, 5 e 6.

[70] *Cf. idem*, p. 570, § 4 e *Actas, 1993*, 264.

[71] Até pela discriminação social da homossexualidade que ainda se faz sentir nos nossos dias...

[72] Relacionando o princípio de que só podem tutelar-se penalmente os bens jurídicos da liberdade e autodeterminação da expressão sexual com a igualdade entre os sexos e, por outro lado, com "a neutralidade face às diversas modalidades de orientação sexual, não devendo estabelecer-se tratamentos diferenciados para as condutas homo e heterossexuais", Costa Andrade, *Consentimento e Acordo*, 1990, 388.

A resposta a estas questões passaria, segundo cremos, por uma análise (até de tipo psicológico e sociológico) mais aprofundada que não poderemos encetar. Porém, não estamos muito convictos da bondade da solução legal. A exigência de prova de abuso de inexperiência seria provavelmente mais razoável até porque, de facto, só nestes casos parece haver fundamento para intervir. De resto, o próprio art. 172.º não distingue entre práticas hetero e homossexuais; ora, a haver razão para estabelecer a distinção, parece que esta faria mais sentido face a menores de 14 anos; assim, esta previsão diferenciada (nos arts. 174.º/175.º) também não se nos afigura muito coerente. Agora, quanto aos actos abrangidos pela criminalização e quanto ao facto de se abarcarem não só os casos em que o autor pratica os actos com o menor, mas também aqueles em que o autor leva o menor a praticá-los com terceiro, aí, cremos que a solução mais correcta seria a de alargamento do próprio art. 174.º (ao invés de estreitamento do art. 175.º). Assim, com estas modificações, o tipo legal poderia ser apenas um, abrangendo quer actos homo quer hetero sexuais.[73]

Por fim, o art. 176.º criminaliza o *lenocínio* (n.º 1) e o *tráfico de menores* (n.º 2). Saliente-se que foram as revisões de 1995 e de 1998 que autonomizaram, respectivamente, o lenocínio de menor e o tráfico de menor, estabelecendo-se, assim, uma protecção mais abrangente para menores de 16 anos, relativamente à que é concedida a maiores de 16 anos (arts. 169.º e 170.º).

O n.º 1 do art. 176.º refere-se ao favorecimento, fomento ou facilitação do exercício de prostituição ou da prática de actos sexuais de relevo, por parte de menor entre os 14 e os 16 anos, prevendo uma moldura de 6 meses a 5 anos de pena de prisão e o n.º 2 criminaliza o aliciamento, transporte, alojamento, acolhimento ou propiciação de condições para a prática, por menor de 16 anos, em

---

[73] Neste sentido, pelo menos quanto ao alargamento dos actos criminalizados pelo art. 174.º, Maria João Antunes, *Comentário ao art. 175.º, in* Comentário Conimbricense..., *cit.*, p. 571 – § 5.

país estrangeiro, de prostituição ou de actos sexuais de relevo, estabelecendo uma moldura de 1 a 8 anos de pena de prisão. Já o n.º 3 prevê uma agravação "se o agente usar de violência, ameaça grave, ardil, manobra fraudulenta, *abuso de autoridade resultante de uma relação de dependência hierárquica, económica ou de trabalho*, actuar profissionalmente ou com intenção lucrativa, ou se aproveitar de incapacidade psíquica da vítima, *ou de qualquer outra situação de especial vulnerabilidade*[74], ou se esta for menor de 14 anos", passando a pena de prisão a ser de 2 a 10 anos.

Saliente-se que muitos destes motivos de agravação da pena são fundamentos da ilicitude criminal dos factos constantes dos arts. 169.º e 170.º; ou seja, o que em relação a maiores de 16 anos fundamenta a criminalização – no tráfico de pessoas (art. 169.º) terá de haver violência, ameaça grave, ardil, manobra fraudulenta, *abuso de autoridade (resultante de uma relação de dependência hierárquica, económica ou de trabalho), ou aproveitamento de qualquer situação de especial vulnerabilidade*[75], no lenocínio (art. 170.º) o agente terá de actuar profissionalmente ou com intenção lucrativa –, em relação a menores de 16 anos, agrava a ilicitude criminal, pois esta já existe (n.º 1 e 2 do art. 176.º) independentemente dos meios usados. Assim se verifica a maior abrangência da protecção em relação a menores de 16 anos, em razão da sua especial vulnerabilidade. O que se poderá questionar é se esta protecção especial não deveria alargar-se a menores de 18 anos, dada a gravidade das condutas em causa – referimo-nos ao favorecimento de prostituição (em Portugal ou no estrangeiro).[76] Neste sentido pronuncia-se Eliana Gersão, en-

---

[74] Note-se que as partes em itálico foram introduzidas pela lei n.º 99/2001.

[75] A parte em itálico foi introduzida pela lei n.º 99 / 2001.

[76] De facto, em relação ao favorecimento da prática de actos sexuais de relevo, há mesmo dúvidas quanto à necessidade da sua criminalização (principalmente em relação ao n.º 1 – em território nacional). Entendendo que não faz sentido criminalizar o fomento, favorecimento ou facilitação de actos sexuais de relevo de menor entre os 14 e os 16 anos, pois tais comportamentos não violam "o bem jurídico do livre desenvolvimento da personalidade do menor na esfera sexual", dando como exemplo o caso dos "pais que facilitem a prática de actos

tendendo mesmo ser insuficiente face às resoluções do "Congresso de Estocolmo contra a Exploração de Crianças para Fins Comerciais" limitar aos menores de 16 anos esta "protecção incondicional face a quem os induza ao exercício da prostituição".[77]

Sublinhe-se ainda o facto de o agente destes crimes ser o intermediário, não a pessoa que tem com o (a) menor relações sexuais ou que com ele (a) pratica actos sexuais de relevo. Assim, se o agente tem uma relação sexual ou pratica actos sexuais de relevo com uma prostituta menor de 14 anos, aplicar-se-á o art. 172.°, ao invés do presente tipo legal. Mas se a vítima for menor entre os 14 e os 16 anos, já só estará protegida pelo art. 173.° (o que pressupõe a relação de dependência *supra* referida) ou pelo art. 174.° (o qual não abrange os actos sexuais de relevo, mas apenas a cópula, coito anal e oral e impõe a prova de abuso de inexperiência)[78].

---

sexuais de relevo da filha de 15 anos de idade com o namorado", Maria João Antunes, *Comentário ao art. 176.°, in* Comentário Conimbricense.., *cit.*, p. 578 – § 3. Note-se que quando a lei falava de "actos contrários ao pudor ao à moralidade sexual" (art. 215.° da versão original do CP de 1982) parecia não serem de abranger tais situações; quando Eduardo Correia foi questionado sobre se os pais que permitiam relações sexuais da filha com o noivo deveriam ser punidos, respondeu negativamente – "não pode dizer-se que a sua actuação seja contrária ao pudor ou à moralidade sexual"(*Actas, 1979*, p. 213). Quer dizer, assim, que houve um questionável alargamento da criminalização. No entanto, em nosso entendimento, também haverá situações em que se torna mais compreensível (ou até exigível) a criminalização. Pense-se no fomento da prática de actos sexuais de relevo entre uma rapariga de, p. ex., 15 anos e um adulto que lhe é estranho...

[77] Eliana Gersão, *Crimes Sexuais contra Crianças..., cit.*, 22.

[78] Parece-nos, porém, que este artigo deveria ser mais abrangente, incluindo os actos sexuais de relevo (*vide supra* nota 73 e texto correspondente). Por outro lado, dadas as características específicas da prostituição (nomeadamente a situação de necessidade e dependência económica em que geralmente se encontra quem se sujeita à prostituição e, do lado do cliente, a situação de exploração desta necessidade), não faria sentido criminalizar o comportamento de quem tem relações sexuais e de quem pratica actos sexuais de relevo com prostituta(o) menor de 18 anos? Ou seja, não faria sentido proteger (defender) de forma mais abrangente os menores de 18 anos do exercício da prostituição?

Ao art. 176.º também se aplica a agravante prevista no art. 177.º n.º 1 al. *a)*. Assim, se, p. ex., for o próprio pai, padrasto, avô (al. *a))* a favorecer o exercício da prostituição ou a prática de actos sexuais de relevo, a pena será agravada de 1/3 nos seus limites mínimo e máximo, passando a ser de 8 meses a 6 anos e 8 meses de pena de prisão. Tratando-se de comportamento previsto no n.º 2 do art. 176.º (tráfico de menores), levado a cabo por alguma destas pessoas, a pena passará a ser de 1 ano e 4 meses a 10 anos e 8 meses e, estando em causa o n.º 3, a moldura será de 2 anos e 8 meses a 13 anos e 4 meses.[79]

Porém, cremos que a agravante do art. 177 n.º 1 al. *b)* não será aplicável, uma vez que, actualmente, a existência de abuso de autoridade resultante de uma relação de dependência hierárquica, económica ou de trabalho[80] já está prevista como factor agravante no art. 176.º n.º 3. Assim, aplicar a agravante do art. 117.º n.º 1 al. *b)* ao art. 176.º n.º 1 ou n.º 2, ao invés de aplicar o art. 176.º n.º 3, retiraria qualquer sentido à introdução, no art. 176.º n.º 3, daquela causa de agravação. Por outro lado, aplicar ao art. 176.º n.º 3 a agravante do art. 177.º n.º 1 al. *b),* redundaria numa dupla agravação pelo mesmo facto, o que não é admissível[81]. Poderá então pôr-se em questão o sentido útil da introdução desta causa de agravação no art. 176.º n.º 3, uma vez que já era situação agravante segundo o art. 177.º n.º 1 al. *b)*. Na verdade, aplicando-se o art. 176.º n.º 3 ao invés da agravante do art. 177.º, o que se verifica é o seguinte: se se tratar de comportamento previsto no n.º 1 do art. 176.º, a moldura torna-se mais severa – ao invés de uma moldura de 8 meses a 6 anos e 8 meses de pena de prisão (agravação de 1/3 da moldura legal), aplicamos uma moldura de 2 a 10 anos de pena de prisão; mas se estiver em causa um comportamento previsto no n.º 2 do art. 176.º,

---

[79] Note-se que os outros motivos de agravação previstos no art. 177.º não têm aplicação em relação a este tipo legal (ao art. 176.º).

[80] Ora, a formulação "abuso de autoridade" parece-nos ter significado similar àquela outra usada no art. 177.º n.º 1 al. *b)* – "aproveitamento desta relação".

[81] Cf. Figueiredo Dias, *Direito Penal Português....*, cit., p. 234 e ss.

só o limite mínimo será mais elevado (2 anos ao invés de 1 ano e 4 meses), sendo o limite máximo mais baixo (10 anos ao invés de 10 anos e 8 meses)[82].

5. Faremos agora uma breve referência ao art. 178.º (*Queixa*) e ao art. 179.º (*Inibição de poder paternal*).

Cabe-nos salientar que, apesar da maior parte dos crimes sexuais serem de natureza semi-pública (dependentes de queixa), em razão do "melindre" das situações[83], prevêem-se algumas excepções a esta regra. Assim, sao de natureza pública, atenta a gravidade dos factos em causa (ou a impossibilidade da própria vítima apresentar queixa), os crimes dos arts. 169.º, 170.º e 176.º e do art. 166.º – ou seja, os crimes de lenocínio e tráfico de pessoas (maiores e menores) e o abuso sexual de pessoa internada (art. 166.º).

Por outro lado, sempre que do crime sexual resultar morte ou suicídio da vítima, o início de procedimento criminal deixa de depender de queixa (art. 178.º n.º 1 *al. a)*).

Recentemente (em 2001)[84], o art. 178.º passou a prever outra situação em que o início de procedimento de criminal deixa de depender de queixa. Trata-se dos casos em que o crime (um dos referidos no n.º 1 do art. 178.º) tenha sido "praticado contra menor de 14 anos e o agente tenha legitimidade para requerer procedimento cri-

---

[82] Por outro lado, resta saber como proceder quando, na situação concreta, se verifique esta causa de agravação – "abuso de autoridade" – e outra causa prevista no art. 176.º n.º 3 – p. ex., a vítima for menor de 14 anos ou o agente tiver usado de violência… Parece que apenas se poderá aplicar o art. 176.º n.º 3; porém, se não se tivesse introduzido esta "nova" situação no art. 176.º n.º 3 (*abuso de autoridade*), seria aplicável o art. 176.º n.º 3 e o art. 177.º n.º 1 *al. b)* – ou seja, elevar-se-iam de 1/3 os limites da moldura legal do art. 176.º n.º 3.

[83] De facto, tendo em conta o particular "melindre" das situações, a investigação pode ser muitíssimo dolorosa, acarretando danos acrescidos à vítima, resultantes de uma "revitimização" (sobre este problema, salientando a necessidade de cautelas especiais na condução destes processos, especialmente quanto aos interrogatórios das vítimas, devendo evitar-se repetições desnecessárias, Rui do Carmo, *ob. cit.*, pp. 69 e ss.).

[84] Lei n.º 99/2001.

minal, por exercer sobre a vítima poder paternal, tutela ou curatela ou a tiver a seu cargo" (art. 178.º n.º 1 *al. b)*). De facto, o art. 113.º n.º 5 já estipulava (regra que continua em vigor) que, quando a titularidade do direito de queixa pertencesse apenas, no caso, ao agente do crime, o Ministério Público pudesse dar início ao procedimento "se especiais razões de interesse público o impuserem". Porém, a regra agora introduzida no art. 178.º apresenta especificidades face àquela outra, impondo o início do procedimento, independentemente de *especiais razões de interesse público* (e da sua detecção ou ponderação por parte do Ministério Público). A razão para tal imposição parece-nos residir na particular gravidade das situações abrangidas por este preceito. De facto, tem que estar em causa um crime sexual (um dos elencados no n.º 1 do art. 178.º, enquanto o art. 113.º n.º 5 se reporta a qualquer tipo de crime), a vítima terá de ser menor de 14 anos (e não menor de 16 ou pessoa sem capacidade para entender o alcance e o significado do exercício do direito de queixa – *cf.* art. 113.º n.º 3 e 5) e terá de haver uma especial relação entre agente e vítima – ou seja, o agente exerce sobre a vítima poder paternal, tutela, curatela ou tem a vítima a seu cargo. É verdade que, para ser aplicável o art. 113.º n.º 5, também terá de interceder uma determinada relação entre agente e vítima – mais, o agente terá até de ser o único que teria titularidade para o exercício do direito de queixa[85], exigência esta que não se faz no art. 178.º n.º 1 al. *b)*; ou seja, face a esta *al. b)* do n.º 1 do art. 178.º, pode haver outra(s) pessoa(s) para além do agente com a titularidade do exercício do direito de queixa – p. ex., agente do crime foi o pai da criança, mas esta tem mãe, a qual poderia apresentar queixa. No entanto, apesar daquela exclusividade do agente quanto à titularidade do direito de queixa (no art. 113 n.º 5), o seu vínculo à vítima não terá necessariamente de ser tão forte ou pode não implicar uma tão intensa relação de confiança e de dependência – pense-se, p. ex., num crime come-

---

[85] Quanto às pessoas legitimadas para apresentar queixa no caso de o ofendido não a poder apresentar (caso de morte do ofendido – art. 113.º n.º 2) ou não ter legitimidade para a apresentar (art. 113.º n.º 3) – *cf.* art. 113.º n.º 2 als. *a)* e *b)*.

tido por um irmão da vítima, no caso, único com a titularidade do direito de queixa (*cf.* art. 113.º n.º 3 e n.º 2 *al. b)*), crime este que não terá de ser de natureza sexual (como vimos, o art. 113.º n.º 5 refere-se a qualquer tipo de crime). Assim, se uma situação for enquadrável em ambos os preceitos em confronto, cremos que se deverá aplicar o art. 178.º n.º 1 *al. b)*, atento o seu carácter específico (ou especial). Deste modo, se o pai abusa sexualmente da sua filha de, p. ex., 13 anos de idade, o Ministério Público deverá dar início ao procedimento criminal (independentemente da criança ter ou não mãe que pudesse legitimamente apresentar queixa e independentemente de razões de interesse público ou outras – ou seja, independentemente mesmo do próprio interesse da vítima). Porém, o Ministério Público pode vir a decidir-se pela suspensão provisória do processo "tendo em conta o interesse da vítima, ponderado com o auxílio do relatório social" (art. 178.º n.º 2). Quer dizer que, para se evitarem sofrimentos acrescidos à vítima, pode o Ministério Público decidir-se por esta suspensão, a qual terá a duração máxima de 3 anos, "após o que dá lugar a arquivamento, em caso de não aplicação de medida similar por infracção da mesma natureza ou de não sobrevir naquele prazo queixa por parte da vítima, nos casos em que possa ser admitida" (art. 178.º n.º 3)[86].

---

[86] Esta possibilidade de suspensão provisória do processo levanta algumas questões que não poderemos aqui aprofundar. Diremos tão-só que se trata de uma norma que apresenta especificidades face à regra geral (art. 281.º do CPP) – desde logo, pode ser aplicada a crimes mais graves (note-se que, segundo a regra geral, a suspensão só seria aplicável a crimes puníveis com pena de prisão não superior a 5 anos – art. 281.º n.º 1 CPP) e na decisão quanto à sua aplicação assume especial relevância o interesse da vítima (também neste sentido Rui do Carmo, *ob. cit.*, p. 52 e s.). No entanto, podem suscitar-se dúvidas quanto à necessidade (ou não) de se respeitarem as outras exigências previstas na regra geral (nomeadamente quanto à necessidade de concordância do arguido e do assistente – *cf.* art. 281.º n.º 1 *al. a)* do CPP). Por outro lado, há quem estranhe o facto de esta possibilidade de suspensão provisória do processo não abranger também os casos do art. 178.º n.º 4 – ou seja, casos em que a vítima tenha entre 14 e 16 anos ou em que seja menor de 14 anos, mas em que o agente não exerça sobre ela poder paternal, tutela, curatela, nem a tenha a seu cargo (*cf.* Rui do Carmo, *ob. cit.*,

Poderíamos pensar que, face à existência de um preceito como o (agora) previsto no art. 178.º n.º 4, a (posterior) introdução da regra constante da alínea b) do n.º1 deste artigo, se afiguraria desnecessária. De facto, o n.º 4 do art. 178.º prevê que, tratando-se de crime contra menor de 16 anos, o Ministério Público possa dar início ao procedimento criminal *se o interesse da vítima assim o impuser*[87] (art. 178.º n.º 2). Parece-nos de saudar esta redacção, introduzida pela revisão de 1998, pois veio permitir a diminuição da impunidade, sempre que o interesse da vítima aponte nesse sentido.[88] De facto, atendendo ao interesse da vítima, ponderando todas as consequências para o bem/mal-estar do menor, é que o Ministério Público deverá decidir. Esta possibilidade de o Ministério Público dar início ao procedimento parece-nos particularmente relevante atendendo à circunstância de o menor não ter capacidade para apresentar queixa (art. 113.º n.º 3) e de o titular deste direito, mesmo podendo não ser o agente do crime, as mais das vezes não a apresentar dadas as relações que muitas vezes mantém com o agente

---

pp. 52, 53). De facto, nestes casos, só poderá haver suspensão do processo com base nas regras gerais (art. 281.º do CPP). Parece que, face a estas situações, as alternativas serão em regra mais radicais – o Ministério Público, segundo o interesse da vítima, ou não inicia o processo ou o leva até ao seu termo. Mas, de facto, poderia ser do interesse da vítima (e da própria comunidade – interesse preventivo) que o processo se iniciasse, mas fosse suspenso, impondo-se ao agente regras e injunções.

[87] Sublinhado nosso. Quanto ao preenchimento do conceito "interesse da vítima" face a cada caso concreto, à ponderação das vantagens / desvantagens (para o menor) da existência de um processo, impõe-se um diálogo aberto e permanente entre o direito, a psicologia e a sociologia.

[88] Assim, com a revisão de 1988, a possibilidade de promoção do processo por parte do Ministério Público (na falta de queixa dos titulares do direito – art. 113.º) foi alargada (dantes só abrangia as vítimas menores de 12 anos); por outro lado, também nos parece acertado que tal promoção processual dependa do interesse da vítima (expressão mais clara que a anterior formulação "razões de interesse público") – já face à anterior redacção, fazendo coincidir estas "razões de interesse público" com o "interesse do menor", entre outros, Fernanda Palma (*in Jornadas de Direito Criminal*, 1996, I, p. 144) e Teresa Beleza (*Sem Sombra de Pecado, cit.*, p. 182).

(p. ex., o agente é cônjuge ou unido de facto com a mãe da vítima).[89] Assim, esta parece-nos uma posição acertada da nossa lei, que procura prosseguir de forma ponderada o real interesse do menor, atentas as especificidades de cada situação.[90]

Ora, é evidente que as situações previstas no art. 178.° n.° 1 *al. b)*, caso este preceito não existisse, ficariam sob a alçada do n.° 4 do art. 178.°. Porém, o legislador de 2001 terá entendido ser esta norma insuficiente face às situações mais "gritantes"; ou seja, nos casos de vítimas menores de 14 anos e em que o agente tem aquela especial relação e aquela especial responsabilidade face à vítima,

---

[89] Salientando este aspecto, Maria João Antunes, *Comentário ao art. 178.°, in* Comentário Conimbricense.., *cit.,* p. 594 – § 4. Em sentido semelhante – de diminuir a impunidade, mas de salvaguardar sempre o interesse da vítima, *cf.* art. 152.° n.° 2, prevendo-se neste tipo legal a possibilidade de oposição da vítima até à dedução de acusação (sobre este aspecto, Américo Taipa de Carvalho, *Comentário ao art. 152.°, in* Comentário Conimbricense.., *cit.,* p. 337 – § 20 e Rui do Carmo, *ob. cit.,* pp. 47 e ss.).

[90] A este propósito impõe-se-nos fazer uma pequena nota sobre o problema da desistência de queixa em relação a casos enquadráveis neste preceito (art. 178.° n.° 4). De facto, tratando-se de uma situação em que o Ministério Público, atendendo ao interesse da vítima, iniciaria o processo se o titular do direito de queixa a não tivesse apresentado, e havendo, depois, uma desistência de queixa, parece-nos que faz todo o sentido que esta desistência não releve caso o Ministério Público entenda que é do interesse da vítima o prosseguimento do processo. Este foi um dos problemas tratados (neste sentido) no Acórdão do Supremo Tribunal de Justiça, proferido em 31/05/2000, o qual foi transcrito (nas suas partes mais significativas) e comentado na citada obra de Rui do Carmo, Isabel Alberto e Paulo Guerra (vide supra nota 1). Também estes Autores defendem que caberá ao Ministério Público, nestes casos, decidir da relevância (ou não) da desistência de queixa, segundo o interesse da vítima. Diz-nos Rui do Carmo: "Aplicar, sem mais, o regime dos arts. 116.°, 2 CP e 51.° CPP (ou seja, declarar extinto o procedimento criminal como efeito inevitável da desistência de queixa sem oposição do arguido), esvaziaria completamente o sentido da norma do actual n.° 4 do art. 178.° do CP, pois as razões que impedem ou dificultam o exercício do direito de queixa nestas situações são as mesmas que podem conduzir à apresentação da sua desistência por razões estranhas à ponderação das vantagens e inconvenientes do desenrolar do processo sobre a vítima" (*ob. cit.,* p. 49).

o legislador quis impor o início do procedimento criminal – não quis deixar ao Ministério Público a decisão de iniciar ou não o processo segundo o interesse da vítima[91], embora lhe tenha conferido a possibilidade de suspender provisoriamente o processo, em razão desse interesse[92].

Parece-nos importante salientar que qualquer pessoa pode comunicar (denunciar) ao Ministério Público ou às entidades policiais um crime sexual contra menor de 16 anos, cabendo depois ao Ministério Público dar ou não início ao procedimento criminal (consoante se trate ou não de situação abrangida pelo art. 178.º n.º al. *b)* e, não cabendo neste preceito, consoante o interesse da vítima – art. 178.º n.º 4). Mas haverá situações em que não se trata de uma mera faculdade de denunciar, mas de um verdadeiro dever. Assim, os funcionários públicos (na acepção do art. 386.º do CP[93]) têm o dever de denúncia quanto a crimes de que tomem conhecimento no exercício

---

[91] No fundo, o legislador não confiou, face a estes casos particularmente graves, na interpretação e ponderação, por parte do Ministério Público, do "interesse da vítima", ou então entendeu que, independentemente deste interesse, se impunha o início do procedimento, deixando a ponderação do interesse da vítima para a decisão sobre a suspensão (ou não) do processo.

[92] Cumpre-nos ainda tentar resolver este problema: se a vítima de crime sexual tiver entre 14 e 16 anos e o agente for a única pessoa que teria a titularidade do direito de queixa, ou se a vítima for menor de 14 anos mas o agente, apesar de ser a única pessoa que teria legitimidade para exercer o direito de queixa, não exercer sobre a vítima nenhuma das "funções" referidas no art. 178.º n.º 1 *al. b)* (p. ex., é o irmão da vítima – mas não seu tutor nem a pessoa que a tem a seu cargo), o caso deverá ser resolvido pelo art. 113.º n.º 5 ou pelo art. 178.º n.º 4? A resposta não é indiferente do ponto de vista prático, pois segundo o art. 113.º n.º 5 o Ministério Público poderá dar início ao procedimento se especiais razões de interesse público o impuserem, enquanto que segundo o art. 178.º n.º 4 a decisão do Ministério público deverá reger-se pelo interesse da vítima. Cremos que, reportando-se o art. 178.º apenas a determinado tipo de crimes – crimes sexuais –, se deverá considerar uma norma especial, sendo, pois, de aplicar nestas situações.

[93] Quanto ao conceito de funcionário, cf. Damião da Cunha, *Comentário ao art. 386.º*, in Comentário Conimbricense.., *cit.*, p. 810 – § 8 e ss.

das suas funções e por causa delas. Será o caso, p. ex,. de um professor do ensino público que, no exercício das suas funções, tome conhecimento de que um seu aluno tem sido vítima (ou foi vítima) de abuso sexual (art. 172.°) ou de violação (art. 164.°)[94].

---

[94] Neste âmbito saliente-se ainda o art. 11.° do DL 270/98: este artigo impõe à escola a promoção de medidas adequadas sempre que um aluno se encontre em perigo para a saúde, segurança ou educação – a solicitação da cooperação das autoridades administrativas e entidades públicas e particulares competentes (n.° 1), ressalvando o princípio da "mínima intervenção" (n.° 2), cabendo à administração e gestão da escola, sempre que a situação não possa ser ultrapassada com os meios à disposição da escola, suscitar a intervenção da comissão de protecção de menores ou, caso esta não esteja instalada, comunicar o facto ao Ministério Público junto do Tribunal em matéria de menores (n.° 3); o n.° 4 e 5 já se referem aos casos em que o aluno comete ilícito criminal. Também relevante quanto a esta matéria é a Lei de protecção de crianças e jovens (Lei n.° 147 / 99), estipulando o art. 66.° que, qualquer pessoa, tendo conhecimento da situação de perigo (art. 3.°), pode comunicar às entidades com competência em matéria de infância e juventude, às entidades policiais, às comissões de protecção ou às autoridades judiciárias (n.° 1), sendo a comunicação obrigatória em caso de grave risco para a vida, a integridade física ou a liberdade da criança ou do jovem (aqui incluir-se-á, segundo defendemos, o risco grave de crime sexual, na medida em que este constitui um atentado à liberdade e integridade física – note-se que, actualmente, os crimes sexuais são considerados crimes contra a liberdade e autodeterminação sexual). Por outro lado (art. 70.°), quando os factos que determinam o perigo constituírem crime, as entidades com competência em matéria de infância e juventude e as comissões de protecção devem comunicar este facto ao Ministério Público ou às entidades policiais. Por fim, os arts. 91.° e 92.° desta lei prevêem um procedimento de urgência face a um perigo actual para a vida ou integridade física do menor. Cremos que estes procedimentos deveriam também ter lugar face a um perigo actual de crime sexual; na medida em que o crime sexual pode atentar contra a integridade física, será suportável pela lei esta interpretação abrangente? De todo o modo, em nossa opinião, seria preferível que a lei referisse explicitamente estes casos (entendendo também existirem situações em que, não estando em causa a vida nem a integridade física de crianças – mas, p. ex., o abuso sexual –, se justificaria uma intervenção nos mesmos moldes.., João Ferraz Correia, *As Situações de Perigo e as Medidas de Protecção, in* Direito Tutelar de Menores – o sistema em mudança – Coimbra Ed., 2002, p. 29). Com base neste procedimento de urgência tomam-se medidas para protecção imediata do menor, cabendo ao Tribunal proferir decisão provisória no prazo máximo de 48 h., "confirmando as providências tomadas ou aplicando outra medida ou determinando

Note-se ainda que qualquer agente que seja punido por crime sexual (arts. 163.º a 176.º) pode, "atenta a concreta gravidade do caso e a sua conexão com a função exercida, ser inibido do exercício do poder paternal, da tutela ou da curatela por um período de 2 a 15 anos" (art. 179.º). É de saudar a elevação do limite máximo da inibição (de 5 para 15 anos – por força da lei n.º 65/98), que veio dar resposta aos apelos que se faziam sentir.[95] Já a não automaticidade da inibição, criticada por certos autores[96], afigura-se-nos questão mais complexa, pois contende com a própria natureza das penas acessórias e com os próprios princípios constitucionais que neste âmbito vigoram.

6. Gostaríamos de terminar estas breves reflexões apelando à sensibilização da comunidade, à sua participação no sentido de melhorar as condições de vida dos mais indefesos, dos que estão mais expostos às agressões, cujas marcas permanecem, afectando o seu desenvolvimento pessoal e as suas relações com os outros, com a própria vida[97]. Gostaríamos também de apelar às entidades com competência em matéria de protecção da infância e juventude – aos responsáveis pelas instituições que acolhem menores e a todas

---

o que tiver por conveniente relativamente ao destino da criança ou menor" (art. 92.º n.º 1).

[95] Esta elevação do limite máximo era reclamada, p. ex., por Teresa Beleza, *Sem Sombra de Pecado...*, cit., p. 183.

[96] Nomeadamente por Teresa Beleza, *Sem Sombra de Pecado..*, cit., p. 183. Esta Autora defende que, tratando-se de crime sexual em relação a crianças, a inibição deveria ser automática. Porém, esta solução levantaria problemas a nível constitucional (*cf.* art. 65.º) e também quanto à configuração das penas acessórias como verdadeiras penas (*cf.* Figueiredo Dias, *Direito Penal Português, As Consequências Jurídicas do Crime*, cit., p. 158 ss.).

[97] A participação da comunidade pode dar-se por diferentes formas, como vimos, denunciando situações de perigo para os menores, comunicando-as às entidades competentes (*cf.* especialmente nota 94), dando o seu contributo no âmbito de instituições de apoio à infância e juventude, intervindo como juízes sociais, mas também educando, apoiando famílias com problemas, prevenindo as situações de conflito.

os que nelas trabalham, aos que participam nas comissões de protecção de crianças e jovens, aos delegados do Ministério Público, aos juízes dos Tribunais de família e menores, às entidades policiais – para que haja uma ponderada aplicação da lei, visando sempre o interesse do menor. Embora possamos considerar que as leis que temos não são perfeitas[98], elas parecem permitir, na maioria dos casos, um tratamento adequado das situações; mas há sempre um trabalho de interpretação e adaptação da lei às reais necessidades, que exige "sensibilidade e bom senso"[99]. Aqui também pode ter um papel importante o juiz social[100], se for bem informado e possuir estas qualidades, assim como as comissões de protecção de crianças e jovens. No fundo, é ao "cuidado"[101] para com as crianças e jovens que queremos apelar; poderíamos terminar dizendo – "uma ética do cuidado – precisa-se!"

---

[98] Ao longo da nossa exposição fomos fazendo um outro reparo às leis penais em matéria de criminalidade sexual em relação a menores. Quanto a outras leis – nomeadamente leis relativas à protecção de crianças e jovens em perigo, apenas as referimos incidentalmente; de todo o modo, também essas leis nos parecem de um modo geral adequadas; mas há que as aplicar correcta e articuladamente – note-se que a boa articulação entre as várias instituições é também um aspecto importante a salientar. Assim, há que trabalhar para uma boa "comunicabilidade entre o processo protectivo e o processo-crime" (Paulo Guerra, *ob. cit.*, p. 59).

[99] Como nos diz Rui do Carmo "precisamos de saber mais sobre o abuso sexual do que aquilo que diz a lei penal, para que sejamos capazes de a aplicar correctamente". (*ob. cit.*, p. 35).

[100] Note-se que estes juízes não intervêm na maior parte das situações de que tratámos – no julgamento de crimes sexuais contra menores; mas já intervêm no julgamento de menores (quando são estes os agentes dos crimes) e nas decisões relativas a menores em perigo (de que não tratámos aqui senão incidentalmente – *cf. supra* nota 94), situações que muitas vezes se "cruzam" com a nossa temática – na medida em que o perigo para o menor pode provir de este ser vítima de crimes sexuais.

[101] Pareceu-nos assim particularmente bem escolhido o título deste Encontro, saliente a palavra "cuidar", que traz consigo conotações éticas importantes.

QUANDO AS PORTAS DO MEDO SE ABREM...

DO IMPACTO PSICOLÓGICO AO(S) TESTEMUNHO(S) DE CRIANÇAS VÍTIMAS DE ABUSO SEXUAL

CELINA MANITA[*]

> "Sou feliz só por preguiça. A infelicidade dá uma trabalheira pior que a doença: é preciso entrar e sair dela, afastar os que nos querem consolar, aceitar pêsames por uma porção da alma que nem chegou a falecer".[1]
>
> MIA COUTO. *Mar me quer.*

Questões introdutórias

O abuso sexual de crianças tem consequências individuais, familiares e sociais que ainda não estão suficientemente estudadas em Portugal. O reduzido número de estudos científicos nacionais sobre este fenómeno, a falta de estatísticas nacionais fiáveis, o reduzido número de instituições de apoio e de intervenção junto destas crianças, são alguns dos factores que contribuem para a manutenção

---

[*] Professora Auxiliar na Faculdade de Psicologia e de Ciências da Educação da Universidade do Porto. Membro do Centro de Ciências do Comportamento Desviante (CCCD) e do Gabinete de Estudos e de Atendimento a Vítimas (GEAV) desta Faculdade.

[1] Excerto da obra indicada por uma menor vítima de abuso sexual como retratando a forma como se sentia no momento.

desta situação. O facto da sociedade não estar ainda suficientemente informada, sensibilizada e mobilizada para a questão dos abusos cometidos sobre as crianças (e seus efeitos traumáticos) e para a necessidade de proteger e apoiar as vítimas de crimes, designadamente as vítimas de crimes sexuais, é outro factor-obstáculo à melhoria da situação em Portugal. Por isso se torna fundamental quebrar o silêncio que habitualmente rodeia estes comportamentos e discutir o abuso sexual, defini-lo, caracterizá-lo, informar sobre as suas consequências, sobre os elementos que permitem a sua identificação, sobre a acção a desenvolver, sobre as melhores formas de apoio a oferecer às crianças vítimas deste crime. Formar profissionais de diferentes áreas de intervenção, educar pais, professores e cidadãos em geral, para uma cidadania activa, para a defesa dos direitos e da justiça.

Para isso, é imperativo que saibamos estabelecer o difícil equilíbrio entre quebrar o silêncio perpetuador do abuso sexual (quebra do silêncio absolutamente imprescindível à protecção da criança) e evitar discursos que calam ou discursos que gritam de tal forma que obrigam ao silêncio, afectando a compreensão e intervenção no fenómeno. Referimo-nos designadamente aos discursos sociais enformados de mitos e de falsas crenças que se tornam prejudiciais à efectiva protecção da criança, aos discursos de condenação, directa ou implícita, das vítimas, aos discursos tecnicamente incorrectos e a alguns discursos mediáticos, promotores de ruído, desinformação, sensacionalismo ou pânico moral. Se há seguramente silêncios que magoam e têm de ser quebrados, há discursos que podem ser revitimizadores[2] das crianças vitimizadas.

Esperamos, com este texto, poder contribuir um pouco para esse "equilíbrio discursivo". Embora não sejam aprofundados aqui aspectos teóricos relativos ao abuso sexual, sua compreensão e intervenção, dadas as limitações de espaço, importa que algumas

---

[2] Dado que a língua portuguesa permite o recurso a ambos os termos, com significados praticamente iguais, tanto utilizaremos o termo vitimização como vitimação.

noções sejam definidas ou clarificadas, para que potenciais malentendidos sejam evitados.

Assim, dimensão primeira: ao falar de abuso sexual, estamos a falar da utilização de uma criança, por um adulto, para qualquer tipo de propósito sexual, incluindo-se aí toda a forma de contacto sexual directo ou indirecto (e.g., penetração vaginal, oral ou anal, masturbação da ou pela criança, exposição dos genitais à criança, pedir à criança que toque no adulto ou em si própria de uma forma sexualizada, coagir a criança a ter relações sexuais com terceiro, exploração através de pornografia infantil). Pode configurar também abuso sexual o contacto sexual de uma criança mais velha com uma mais nova (apontando a maioria dos autores para uma diferença mínima de 5 anos entre as duas) ou, ainda, embora excepcionalmente, entre crianças da mesma idade, desde que exista entre ambas uma diferença significativa de desenvolvimento cognitivo-afectivo[3].

O abuso sexual nunca é "apenas" abuso sexual: ele é, também, um abuso emocional, um abuso psicológico e um abuso de poder, como mais à frente iremos ver.

Segundo aspecto a clarificar: existem duas grandes categorias gerais de abuso sexual – o intra-familiar (envolvendo o abuso de uma criança por um abusador da sua família) e o extra-familiar (envolvendo o abuso da criança por alguém exterior à família, quer por estranhos, quer por vizinhos, professores, amigos, etc[4]). Tem-se falado muito de "redes de pedofilia" e de pedófilos, mas importa esclarecer alguns aspectos. Em primeiro lugar, abuso sexual não é sinónimo de pedofilia: a maioria dos abusos não é praticada por indivíduos com o desvio de orientação sexual ou a parafilia que é desig-

---

[3] Esta última situação coloca evidentes dificuldades de operacionalização: como definir e/ou quantificar, mesmo à luz dos mais recentes conhecimentos da Psicologia do Desenvolvimento, uma **diferença significativa** no desenvolvimento cognitivo e afectivo de duas crianças de, por exemplo, 5, 8 ou 10 anos?

[4] O abuso cometido por adultos com responsabilidade na tutela, protecção, cuidado ou educação do menor é considerado genericamente mais grave que o cometido por estranhos.

nada por pedofilia (um desvio da conduta sexual, para alguns autores, uma forma de perturbação ou de doença mental para outros[5]). A maioria dos abusos sexuais é praticada por indivíduos normais, sem doença mental ou qualquer tipo de psicopatologia relevante associada, muitas vezes os pais ou outros familiares das crianças. Importa perceber que, ao falar do abuso sexual, estamos a falar de um comportamento e não de uma doença. Se alguns pedófilos podem, de facto, praticar actos de abuso sexual de menores eles não representam a dimensão mais vasta do fenómeno.

Focar excessivamente a atenção em desconhecidas "redes de pedófilos" que actuam via internet ou na imagem de um ser estranho (quase um *alien*) que ronda escolas para aliciar menores, é desviar a atenção do essencial do fenómeno: o abuso sexual perpetrado por familiares, amigos e conhecidos. Não queremos com isto dizer que não se deve intervir junto de pedófilos ou de redes organizadas de tráfico de crianças e de exploração da pornografia infantil, bem pelo contrário; apenas chamar a atenção para a realidade do abuso intra-familiar, situação em que se torna ainda mais difícil para a criança proceder à revelação do abuso e ser acreditada. Com a agravante de estar já demonstrado que o abuso sexual por pessoas afectivamente próximas é ainda mais traumático, na maior parte dos casos, que o abuso por desconhecidos.

---

[5] Para o diagnóstico de pedofilia, de acordo com a DSM-IV, são requisitos: o indivíduo manifestar, ao longo de um período mínimo de 6 meses, fantasias sexualmente excitantes recorrentes e intensas, impulsos sexuais ou comportamentos envolvendo actividade sexual com uma (ou mais de uma) criança (geralmente com 13 anos ou menos); essas fantasias, impulsos sexuais ou comportamentos causarem sofrimento clinicamente significativo ou prejuízo no funcionamento psicossocial ou em outras áreas importantes da vida do próprio indivíduo; e ter, no mínimo, 16 anos e ser 5 anos mais velho que a criança ou crianças abusada(s). Alguns indivíduos com pedofilia sentem atracção sexual exclusivamente por crianças (Tipo Exclusivo), enquanto outros sentem também atracção por adultos (Tipo Não-Exclusivo). Alguns orientam a sua atracção apenas para meninas e outros apenas para meninos, outros, ainda, podem orientá-la para crianças de ambos os géneros.

Da mesma forma, tende-se a focar excessivamente a atenção nas situações de abuso homossexual, nomeadamente no abuso de rapazes por homens, estabelecendo-se frequentemente uma falsa associação entre homossexualidade e abuso sexual de menores, quando essa associação é incorrecta. Não só se verifica que a maior parte dos abusos sexuais são heterossexuais e praticados por indivíduos definidos como heterossexuais, como, apesar de existirem muitos rapazes vítimas de abuso, a maior parte das vítimas continua a ser do sexo feminino e a ser abusada por agressores do sexo masculino. Por outro lado, não podemos esquecer que há também mulheres que abusam sexualmente de menores, embora estatisticamente continuem a ser do sexo masculino a maior parte dos abusadores.

Dimensão terceira: existem formas de abuso único ou ocasional e formas de abuso continuado. Este último é muito mais frequente nas situações de abuso sexual por familiares, amigos e conhecidos, enquanto que a maior parte dos abusos sexuais perpetrados por desconhecidos são abusos únicos ou ocasionais[6]. Para a maior parte das vítimas, e como facilmente se poderá perceber, uma situação de abuso continuado no tempo revela-se mais traumática que uma situação de abuso único.

Quarto aspecto: a maior parte das crianças vítimas de abuso sexual, no imediato ou a médio prazo, sofre um impacto psicológico e emocional negativo do abuso e, por essa razão, beneficia de apoio psicológico especializado. No entanto, esta não é uma situação universal e há casos de crianças que, não obstante terem sido vítimas, não manifestam perturbações na sequência de uma situação de abuso e, mais frequentemente ainda, há crianças que possuem os recursos emocionais, cognitivos e familiares suficientes para superarem o impacto negativo da situação vivida, sem necessidade de apoio especializado.

---

[6] Exceptuam-se os abusos cometidos no contexto de redes de tráfico e exploração sexual de menores, que não só são continuados como, frequentemente, revestidos de múltiplas outras formas de violência física, emocional, psicológica e social.

Não raras vezes, a exposição social e/ou mediática de uma criança, após a revelação de um abuso, tem consequências mais negativas do que a própria situação de abuso sexual sofrida. Da mesma forma, o contacto com o sistema de justiça, nas suas diferentes vertentes policial, judicial, médico-legal, psico-forense, poderá, em alguns casos, provocar um dano subjectivo na criança superior ao que foi causado pela acção do criminoso. Por isso é importante, para os objectivos deste texto, distinguir ainda: a vitimização primária (directa e indirecta, sendo que, aqui, falamos apenas da vitimação directa), a revitimização e os processos de vitimização secundária.

Quanto às duas últimas, há alguma discordância na sua utilização entre autores, sendo que em Portugal se tende a falar de revitimização quando ocorre um segundo acto ou conjunto de actos criminais sobre a mesma vítima e de vitimização secundária para referir aquelas situações em que uma vítima, depois de ter sofrido um processo de vitimação primária pelo acto criminoso de que foi alvo, acaba por ser objecto de um novo processo de vitimação no seu contacto com as instituições e/ou profissionais que a deveriam estar a apoiar e proteger.

Este processo de vitimização secundária pode resultar, quer de dimensões características do nosso actual sistema legal e médico (como, por exemplo, a necessidade de repetição do depoimento, quando a vítima avança com uma "queixa-crime"; a necessidade da vítima ser submetida, o mais subsequentemente possível ao crime, a um exame médico-legal para fazer prova de uma situação de abuso sexual ou de violação) quer de dimensões que, por resultarem de falta de formação ou de erros dos técnicos ou do sistema formal, não são admissíveis e devem, a todo o custo, ser evitadas (e.g., uma revelação de abuso não acreditada, a não aceitação policial de uma queixa, um inquérito policial ou judicial mal conduzido, uma avaliação psicológica mal realizada, uma desarticulação entre diferentes subsistemas de intervenção judicial, uma "fuga de informação" para os media). Esta autêntica revitimização, por vitimização secundária ou institucional (o "segundo insulto", de acordo com a designação de alguns autores), pode ser vivida pela pessoa como tão ou mais prejudicial que o acto criminal de que foi vítima inicialmente. No caso dos menores os cuidados devem, obviamente, ser redobrados.

Ao nível da intervenção a implementar, importa recordar que quando falamos de abuso sexual estamos perante um objecto multidisciplinar por natureza, mas face ao qual nem sempre é fácil promover uma correcta articulação e, sobretudo, integração entre os diversos saberes e práticas que convergem para a sua compreensão e intervenção. Elemento tão mais preocupante quanto qualquer interventor nesta área sabe que uma intervenção desadequada de qualquer um dos subsistemas de acção (social, médico, psicológico, judicial, etc) em qualquer um dos subsistemas pode gerar uma crise e produzir transformações, por vezes irreversíveis, na dinâmica individual, familiar e social.

Para além disso, nem sempre existe (ou é possível implementar) uma intervenção devidamente planificada e integrada, tendo em conta esta forte dimensão sistémica e interdisciplinar do fenómeno, sabendo-se que nas intervenções junto de menores, sobretudo nas intervenções em crise, estão em jogo, acima de tudo, os interesses do menor e a protecção da sua integridade (quando não da sua própria vida).

A intervenção com vítimas de crime, em geral, e com crianças sexualmente abusadas, em particular, revela-se, assim, um autêntico "campo minado", na medida em que estamos perante um domínio no qual somos mais ignorantes do que conhecedores e no qual, para intervir sem prejudicar a vítima, temos de conhecer bem o fenómeno, seus factores de risco, dinâmicas do abuso, suas consequências e os modelos de intervenção mais adequados a cada momento e a cada situação[7].

---

[7] Em termos históricos importa não esquecer que a visão do abuso sexual como *problema social* é *recente*, ainda enformada de variados mitos e crenças incorrectas, que afectam não só a sua compreensão e intervenção técnica, como a própria condenação social generalizada e a denúncia das situações pelos cidadãos.

Será sobre algumas dimensões particulares da vitimação primária no abuso sexual – o seu impacto psicológico, desenvolvimental e psicossocial, os factores de intensificação do impacto traumático, a identificação e intervenção precoce nas situações de abuso sexual continuado e, de forma particular, a manutenção do segredo e seu impacto traumatogénico, – e, de forma muito breve, sobre alguns aspectos da vitimização secundária que nos iremos debruçar aqui, partindo, não só do conhecimento científico já produzido sobre este fenómeno, mas também da experiência do Gabinete de Estudos e Atendimento a Vítimas (GEAV)[8], no qual são avaliadas e/ou acompanhadas psicologicamente crianças sexualmente abusadas.

Por último, e porque também não iremos aprofundar aqui essa vertente, gostaríamos apenas de ressaltar a importância da prevenção do abuso ou, pelo menos, da sua detecção precoce – isto é, a necessidade de conhecer os factores de risco e de *aprender a ler os sinais do abuso*. Este, por vezes, esconde-se por detrás dum sofrimento físico e psicológico ou psicossomático continuado, do qual não são encontrados, por largos períodos de tempo, nem a origem nem o tratamento eficaz, para se verificar anos mais tarde que se tratava de uma situação de abuso continuado, não diagnosticado, que a vítima não conseguia "revelar" ou "exprimir" de outra forma. Daí a importância fundamental do diagnóstico diferencial e da formação específica nesta área, pelo menos, de médicos e outros técnicos de saúde, de psicólogos, de assistentes sociais, dos diferentes

---

[8] O GEAV é um serviço do CCCD da FPCEUP que presta serviço à comunidade, em torno de duas valências principais: (i) apoio psicológico e psicoterapêutico a vítimas de crime; (ii) avaliação psico-forense em articulação com o Instituto Nacional de Medicina Legal e com diversos Tribunais. Foi também desenvolvido no GEAV um programa de intervenção com agressores, temporariamente suspenso por falta de recursos humanos e logísticos. Para além da intervenção, é realizada investigação científica em torno de diferentes questões relacionadas com a violência e a vitimação, a avaliação forense, a intervenção com vítimas de crime e agressores, e a "articulação saber/fazer". O GEAV presta, ainda, serviços de supervisão a outras instituições e investe na formação teórica e prática de alunos e de profissionais.

intervenientes do sistema de justiça, incluindo as forças policiais, e, genericamente, dos agentes do sistema de educação.

Factores de intensificação do trauma

Um conjunto diversificado de factores contribui para a severidade e extensão do impacto do abuso sexual ou, dito de outra forma, contribui para a intensificação do trauma dele resultante, tendo, por isso, óbvias implicações ao nível da intervenção psicológica com as vítimas (Briere, 1992; Furniss, 1991[9]). De entre eles destacam-se o padrão de violência (frequência, severidade e tipo de actos cometidos), a relação com o agressor (duração, proximidade, grau de intimidade, antecedentes da relação), o contexto e circunstâncias em que ocorre, a rede de suporte social e familiar e os recursos económicos, habitacionais, jurídicos, médicos, psicológicos, etc, disponíveis para a vítima.

Assim, o impacto traumático do abuso sexual, particularmente do abuso continuado, será tanto maior, quanto mais precoce tiver sido o seu início (uma excepção ocorre nos casos de abuso extra-familiar episódico: se ocorrer uma única situação de abuso, em idade inferior a 1-3 anos, e a família souber lidar de forma adequada com esta situação, não há qualquer razão para que a criança venha a sofrer efeitos traumáticos para além dos danos físicos imediatos, se os houver); duração e frequência do abuso (quanto mais prolongado no tempo e mais frequente a sua repetição, maior o impacto traumatogénico); quanto maior o grau de violência envolvida, como o uso da força ou de coacção/ameaça emocional ou psicológica em relação ao próprio ou a terceiros significativos, maior será o impacto do abuso (sobretudo a existência de ameaças de morte, profunda-

---

[9] Briere, J. (1992). *Child abuse trauma: theory and treatment of the lasting effects*. Newbury Park, CA: Sage.; Furniss, T. (1991). The multiprofessional handbook of child sexual abuse: integrated management, therapy and legal intervention. London: Routledge.

mente traumáticas para qualquer vítima); co-ocorrência de abuso físico e sexual; ocorrência de múltiplos abusos por múltiplos abusadores (e não só nos casos de abuso por estranhos, como frequentemente se pensa. Não são, infelizmente, raras as situações em que um pai abusador deixa que amigos ou conhecidos abusem também da/o sua/seu filha/o, gratuitamente ou em troca de proveitos económicos); ocorrência de penetração vaginal ou anal; diferença elevada de idades entre ofensor e vítima; proximidade afectiva na relação ofensor-vítima (por isso o *incesto* é particularmente traumático); tentativas de revelação mal sucedidas; o grau de segredo estabelecido entre ofensor e vítima; ausência de figuras de vinculação positivas e protectoras que, de alguma forma, compensem o impacto da acção e da presença do agressor.

Impacto do abuso sexual

O impacto desenvolvimental e psicossocial do abuso sexual revela-se em diferentes áreas do funcionamento e do comportamento da criança (Finkelhor & Browne, 1985; Furniss, 1991; Briére, 1992[10]) e deve ser sempre alvo das intervenções psicológicas em que ela esteja envolvida.

Por estarem mais frequentemente relacionados com as situações de revitimização, destacamos aqui os seguintes aspectos:

(a) desenvolvimento de uma *sexualização traumática* que tanto se pode orientar para o evitamento da proximidade física e para a recusa da sexualidade normal, como para uma excessiva sexualização do comportamento. Pais e técnicos devem estar profundamente atentos a esta última dimensão, uma vez que ela tem um impacto de largo espectro na vida das crianças e está fortemente associada ao risco de revitimização, nomeadamente por crimes sexuais. Se é

---

[10] Finkelhor, D. & Browne, A. (1985). The traumatic impact of child sexual abuse: A conceptualization. *American Journal of Orthopsychiatry*, 55, 530--541. Furniss, 1991 – op. cit.; Briére, 1992 op. cit.

compreensível que os pais de uma criança sexualmente abusada sintam dificuldades em lidar com comportamentos de exibicionismo sexual, masturbação compulsiva, comportamentos altamente erotizados face a terceiros, etc, – e devem ser ajudados a lidar com estas situações, de forma a contribuir para a sua positiva resolução por parte dos menores –, é absolutamente inaceitável que psiquiatras e psicólogos, entre outros técnicos, confundam efeitos traumáticos do abuso com "causas" de novos crimes sexuais. A "sensualidade exacerbada" e os comportamentos sexuais inadequados numa criança/jovem devem ser lidos como indícios de abuso, a avaliar com cuidado e a intervir adequadamente, não como estratégias de sedução de uma criança que justificam ou atenuam a responsabilidade do adulto numa situação de abuso ou outro crime sexual[11];

(b) emergência de processos e comportamentos de estigmatização na família, na escola, ou no meio (resulta, geralmente, da violação do segredo judicial ou da divulgação maciça da ocorrência nos diferentes contextos de vida da criança, da divulgação por familiares, ou pela própria criança/jovem, da ocorrência do abuso);

(c) sentimento generalizado de traição pelos adultos, pelas pessoas em quem confiava e de quem esperava protecção que poderá dificultar o desenvolvimento de futuras relações positivas;

(d) sentimentos de impotência, de falta de poder ou controlo sobre a sua vida e sobre o seu corpo, sobre as suas reacções e emoções; por vezes associados a uma redução da auto-estima;

(e) confusão emocional, sobretudo em casos em que o abusador é o pai ou um familiar próximo (resultante do facto de gostar duma pessoa e ter sido magoado e traído por ela, não ter sido devidamente protegido pelos outros adultos próximos; nas situações em que não houve recurso a violência, o ter, eventualmente, gostado das

---

[11] Por vezes, a criança pode recorrer ao comportamento sexual explícito como forma de procurar um sentido para o que lhe aconteceu – nem sempre os comportamentos erotizados são uma perturbação psicológica da criança, podendo ser um "grito de socorro", uma tentativa de dar voz ao sofrimento e ao problema que vive, de dar visibilidade, de forma indirecta, à situação de abuso sexual que sofre e que não consegue revelar de outra maneira.

recompensas oferecidas pelo abusador, ou até das sensações associadas à própria actividade sexual, e descobrir, entretanto, que a situação é errada, não deveria ocorrer);

(f) um profundo medo, por vezes orientado para situações ou dimensões específicas, outras vezes, difuso ou generalizado aos diferentes contextos e dimensões de vida da criança. O medo, a insegurança, a ansiedade, associados à sensação de falta de controlo sobre o futuro e de perda de sentido, são algumas das consequências mais intensas e visíveis em crianças que foram vítimas de abuso sexual.

O abuso como síndrome de segredo[12]

O silêncio face ao abuso é um dos grandes, se não o maior obstáculo, à intervenção (preventiva ou remediativa) neste domínio. Importa, por isso, referir a complexa dinâmica que envolve as situações de abuso, particularmente as de abuso continuado, e que sustenta o silêncio das vítimas: aquilo que tem sido designado por "síndroma do segredo". É deste conjunto de processos, activamente construídos pelo agressor, sucessivamente reforçados na dinâmica da interrelação agressor-vítima, dolorosamente vividos pela criança, que frequentemente deriva a não revelação do abuso, um segredo mantido, por vezes, durante anos. Importa, desde logo, não esquecer que a criança é, pela sua própria natureza e etapa desenvolvimental, fácil de iludir, seduzir, cativar, sendo muito susceptível quer à manipulação (e.g., oferta de bolos, guloseimas, dinheiro, bicicletas, bonecas, jogos electrónicos ou informáticos, passeios de motorizada ou carro, idas ao cinema ou a outros espaços lúdicos[13]) quer à coacção (e.g., convencer a criança de que ninguém vai acreditar nela, que

---

[12] Termo retomado de Furniss (1991).

[13] Por essa razão, crianças de meios socio-económicos mais desfavorecidos ou crianças com menor supervisão parental, poderão ser mais facilmente contactadas e manipuladas pelos abusadores, nos casos de abuso extra-familiar.

coisas terríveis lhe acontecerão se contar, ameaças à integridade ou vida da criança e/ou da família, amigos e/ou animais de estimação).

Paralelamente, importa relembrar que a criança está envolvida numa relação sexual desadequada, que não entende, e à qual é desenvolvimentalmente incapaz de dar um consentimento informado. Há sempre uma imposição (mesmo que sem recurso à força ou violência física) de um adulto em relação a uma criança, incapaz de se lhe opor ou de consentir.

> "Eu tive medo de contar à minha mãe porque ele disse-me que se eu contasse ainda ia fazer pior e que a minha mãe não ia acreditar. Depois eu contei na escola e a professora é que contou à minha mãe" (menor de 8 anos, vítima de abuso sexual)

Alguns dos mais intensos e perturbadores sentimentos envolvidos numa situação de abuso são os de medo, coacção, embaraço e culpa, sendo precisamente estas algumas das mais frequentes razões para uma criança não revelar o abuso de que é vítima: medo de que não acreditem nela; medo das retaliações do abusador, em relação a si e a familiares/amigos; medo de ser culpabilizada e que lhe aconteça algo de mau; medo de ser rejeitada e/ou retirada da família; medo de que aconteça algo de mau ao ofensor (sobretudo quando este é um familiar, particularmente o pai/mãe); medo de magoar alguém significativo ou de destruir a família; não saber como dizer o que lhe está a acontecer; não ter consciência de que o comportamento de abuso é inadequado[14]; medo de ser rejeitada ou ridicularizada pelos pares; medo que a considerem homossexual, quando o abuso o foi; embaraço ou falta de à-vontade na referência de temas sexuais; sentimento de que deveria ter sido capaz de evitar a ocorrência ou de que deveria ter sido capaz de resolver o problema sozinha; sentimento de que já devia ter contado há mais tempo e agora

---

[14] Não esquecer, porém que, mesmo que não a tenha agora, irá ter essa consciência um dia, pelo que a denúncia e a interrupção do abuso, mesmo que a criança na altura não o entenda como mau, é indispensável.

poderão achar tarde de mais ou de duvidar, por causa de não ter contado antes; já ter tentado contar a alguém e não ter encontrado receptividade ou não ter sido acreditado (crença de que ninguém se interessa por ela ou acredita nela).

Por outro lado, um conjunto de factores é, frequentemente, responsável pela revelação, mesmo que esta ocorra muito tempo depois de iniciada a situação de abuso: ocorrência de uma escalada no tipo ou na frequência do abuso; aumento súbito da violência física e verbal associada; ouvir falar ou receber informação sobre o abuso, suas consequências, formas de agir e instituições que apoiam as vítimas; contar o segredo a um amigo, confiando que ele fica calado, e esse amigo contar a outras pessoas; ter conhecimento de abuso de irmãs(ãos) mais novas(os); a chegada à adolescência e o receio de engravidar; o ter arranjado um namorado; a criação de uma relação de confiança com um adulto; problemas físicos e consequente necessidade de ajuda médica.

Os factores que sustentam o abuso como síndroma de segredo poderão ser divididos em dois grandes grupos: *factores externos de segredo* (e.g., falta de evidência médica; tentativas de revelação mal sucedidas; ameaças, pressões, etc, por parte do abusador, em relação à criança e/ou a familiares e amigos; medo, pela criança, das consequências negativas da revelação, quer para si e seus familiares, quer para o próprio abusador, sobretudo se este é o pai ou outro familiar próximo) e *factores internos à dinâmica abusiva*.

Ou seja, o segredo é reforçado, não só pela manipulação e pelas acções de coacção e intimidação do adulto sobre a criança[15], mas também pela própria dinâmica interna do abuso, característica das situações de abuso continuado (sobretudo no intrafamiliar): um complexo emaranhado de processos que sustentam o silêncio da criança sobre a ocorrência do abuso e que justificam que, em muitos casos,

---

[15] Nas palavras de uma menor de 14 anos, vítima de abuso sexual aos 12 anos, que estamos a acompanhar em psicoterapia: "depois de terem [os abusadores] o que querem, têm que ter a certeza que nada nem ninguém vai saber o que se passou, manipulam-nos, põem-nos com medo".

as famílias não cheguem a desconfiar das situações de abuso perpetradas dentro da sua própria casa. Esta é também a razão pela qual muitos adultos não acreditam nas revelações das crianças, apesar de estar já demonstrado que as crianças raramente mentem sobre o abuso sexual e que, quando mentem, espontaneamente ou por instrução de terceiro, dificilmente mantêm uma história de abuso verosímil para um especialista.

> "Ele fechava os estores, mais ou menos até meio, e o quarto ficava um bocadinho escurinho, mas não ficava muito, muito... depois dizia-me para ir para a cama dele e (...). Depois, quando sentia que era a hora da minha mãe chegar do trabalho, ele dizia-me para eu ir à casa de banho a correr para me vestir..." (menor de 8 anos, vítima de abuso sexual)

De entre as diferentes dinâmicas e processos já identificados, destacaríamos:

(i) a "anulação" do contexto do abuso, reduzindo os *inputs* sensoriais e contextuais (local escondido, escuro, fechado, sem testemunhas);

(ii) a transformação do abusador "noutra pessoa", fruto da diferença de comportamento do abusador durante a situação de abuso e de estratégias da criança para lidar com ela (atitudes como evitar "olhar nos olhos", evitar a intimidade, a própria transformação no comportamento do agressor inerente ao exercício de uma actividade sexual, são factores que facilitam que a criança "veja" no abusador "outra pessoa", ou o pense como "outra pessoa" que não o pai, a mãe ou aquele adulto conhecido);

(iii) existência de rituais de entrada e de saída da situação de abuso que produzem um "corte com o quotidiano", uma contenção espacial e temporal da situação de abuso, fomentando a percepção de "quase irrealidade" da situação – p.e., ocorrer sempre num dado sítio, a uma dada hora, após um dado gesto ou uma dada frase do abusador, que ambos sabem que significa o início do ciclo do abuso e, da mesma forma, existir um indicador de que acabou, pelo menos naquele dia, após o que abusador e abusado "fazem de conta que nada aconteceu", retomam uma "falsa normalidade" ou uma "pseudonormalidade familiar"[16]. Se o abusador é o pai, este pode comportar-se de uma dada forma durante o abuso (e.g., ser violento fisicamente, utilizar linguagem pornográfica, ter um determinado tom de voz) e, logo depois, alterar radicalmente o seu comportamento. Estes sinais/rituais são fundamentais para a "sobrevivência" psicológica da vítima, durante o abuso, mas constituem fortes obstáculos à eliminação da situação de abuso, bem como à recuperação psico-emocional, após revelação pela criança.

Esta sobrevivência emocional e psicológica assenta num conjunto de processos e mecanismos psicológicos de "acomodação ao abuso continuado" que muitas crianças implementam e que passam, na sua maioria, pela criação de estados de "pseudonormalidade", tentando anular a incompreensível e insuportável experiência do abuso: estados de consciência ou de percepção alterados ou "fazer de conta" que se é outra pessoa (experiências dissociativas); "fazer de conta" que não se está ali; "fazer de conta" que não se sente o corpo; "fazer de conta" que se está a sonhar e não se dá por nada ou que aquilo não é real. Por vezes, as crianças desenvolvem a crença de

---

[16] Por exemplo, uma situação de abuso em que o abusador é o pai e que ocorre sempre num determinado dia da semana em que não está mais ninguém em casa, em que as aulas acabam mais cedo e é o pai que vai buscar a criança à escola. A atitude/frase que marca o início da situação de abuso pode ser qualquer coisa como: "agora vai-te lavar que o pai já lá vai para te ajudar a secar"; ou "vai pôr os livros no teu quarto e prepara-te para a lição de hoje"; ou "vai buscar o creme e espera por mim no quarto que eu já lá vou ter". Quando a situação de abuso acaba pode existir outra frase como: "agora vai-te pôr limpinha outra vez para receberes a tua mãe"; ou "acabamos a lição de hoje, acaba os teus deveres que a mãe está a chegar para jantar"; ou "vai pôr o creme no sítio e arranja-te que está quase na hora do jantar". Alguns minutos depois, a criança pode estar a jantar com toda a família reunida à mesa e mantendo conversas sobre o dia escolar com os pais, o abusador agora transformado em "bom pai", atento às necessidades da criança, preocupado com o seu bem-estar e desenvolvimento, interessado em informar-se sobre as suas evoluções escolares ou desportivas.

que o abusador é "mais do que uma pessoa" ou é "invadido/substituído" temporariamente por outra pessoa, traduzindo essa construção em expressões como: "às vezes há um monstro que entra no pai e o obriga a fazer-me coisas más..." ou "às vezes o meu pai fica outra pessoa e faz-me coisas que magoam... e ele não pára de as fazer, mesmo quando eu lhe peço muito e choro muito. Depois muda e fica outra vez o meu pai. E eu já não choro mais".

A continuação destas experiências no tempo, particularmente as de tipo dissociativo, tem obviamente custos psicológicos tremendos, a médio e longo prazo, que impõem uma intervenção psicológica específica (Putnam, 1985, 1990; Putnam e Trickett, 1993[17]).

Como o abuso sexual raramente surge isolado, os danos sofridos pelos menores resultam da concomitância de diferentes causas e tipos de abuso. Assim, não há "um síndrome" da criança sexualmente abusada, embora existam algumas características e sinais apresentados pela maioria das crianças sexualmente abusadas. Importa não esquecer, no entanto, que há muitas crianças que não exibem nenhum destes sinais e que foram igualmente abusadas[18].

Para além disso, é hoje reconhecido que, mais do que a gravidade objectiva de um crime, a sua experiência subjectiva (juntamente com os recursos individuais e sociais disponíveis para ajudar a lidar com ela e permitir a integração subjectiva dessa experiência e a reorganização biopsicossocial da pessoa), são os grandes definidores do seu impacto traumático.

---

[17] Putnam, F. (1985). Dissociation as a response to extreme trauma. In R. Kluft (Ed.), *The Childhood Antecedents of Multiple Personality*. Washington, DC, American Psychiatric Press; Putnam, F. (1990). Disturbances of self in victims of childhood sexual abuse. In R. Kluft (Ed.), *Incest-related syndromes of adult psychopathology*. Washington, DC: American Psychiatric Press; Putnam, F. & Trickett, P. (1993). Child sexual abuse: A model of chronic trauma. *Psychiatry*, 56, 82-95.

[18] Estima-se que cerca de 1/3 das crianças abusadas possa não manifestar esses sinais.

Identificação e intervenção precoces

Quanto mais precoce for a identificação de uma situação de abuso sexual, menor será o seu impacto traumatogénico e maior a probabilidade da criança vir a integrar e superar positivamente a experiência de abuso. Por essa razão, a formação específica nesta área se revela fundamental, sobretudo nos profissionais das áreas da saúde (e.g., enfermeiros, médicos, analistas) e da educação (educadores, professores, auxiliares de acção educativa), aqueles que, para além dos pais ou outros familiares, maior contacto directo têm com crianças de idade inferior a 14 anos.

Na realidade, há conjuntos de sinais tão evidentes em crianças vítimas de abuso sexual continuado que chega a ser inacreditável que profissionais das áreas da saúde, da educação ou da psicologia estejam perante eles e não os descortinem. Outros, embora identifiquem esses sinais, preferem não proceder à sua denúncia. São diversas as razões pelas quais alguns profissionais não denunciam situações de abuso sexual de que tomam conhecimento. De entre as que são referenciadas em diferentes estudos como as mais frequentes, destacaríamos: a falta de formação específica/conhecimento para *saber ler* certos sinais como indicadores de abuso; a falta de conhecimento/sensibilização para as reais consequências traumáticas da situação de abuso sexual; o desconhecimento dos procedimentos a implementar depois de uma suspeita ou confirmação; a falta de vontade de se envolver num processo que se poderá prolongar por largos períodos de tempo e implicar idas à polícia ou ao tribunal, situações encaradas como desagradáveis por muitos técnicos (sobretudo os que nunca estiveram em contacto directo com as instâncias judiciais). Se ambas as situações são negativas para a vítima, esta última parece-nos particularmente inaceitável em profissionais que têm como função apoiar, proteger e cuidar das crianças.

Tendo o cuidado de alertar, desde já, para a necessidade de não se proceder a uma leitura linear dos elementos que a seguir apresentamos, bem como para a necessidade de evitar as situações de *pânico moral* que a referência repetida a situações de abuso sexual por vezes suscita (e que leva algumas pessoas a *ler* sinais de abuso em comportamentos ocasionais e perfeitamente normativos no processo de desenvolvimento da criança), apresentamos de seguida alguns dos sinais e sintomas mais frequentemente exibidos por crianças vítimas de abuso sexual (Trickett e Putnam, 1998; Wolfe *et al*, 1997; West, 1991;Walker, 1988[19]):

a) ao nível dos indicadores físicos – lesões genitais ou anais, eventualmente, ocorrência de pequenas hemorragias; surgimento de doença venérea, dor ou prurido genital persistente; mudança na aparência e no cuidado de si (ao nível dos cuidados com a higiene, o vestuário, alimentação e súbitas alterações de peso); alterações do apetite; alterações do sono (insónia e/ou pesadelos recorrentes); emergência de queixas corporais novas e persistentes, sobretudo dores de cabeça e queixas gastrointestinais.

b) ao nível dos indicadores comportamentais, eles podem ser classificados genericamente em três grupos – comportamentos de externalização, de internalização e sexuais:

b.1) ao nível dos *comportamentos de externalização*, podem surgir comportamentos agressivos ou hostis, globalmente disruptivos; emergência de comportamentos desviantes repetidos e/ou diversificados, como fugas repetidas de casa ou da escola e abuso de álcool ou drogas; mentira compulsiva; redução do rendimento escolar.

b.2) ao nível dos *comportamentos de internalização*, surgem frequentemente crises de choro imotivado, ansiedade, medos intensos associados a determinadas pessoas ou lugares,

---

[19] Trickett, P. & Putnam, F. (1998). Developmental consequences of child sexual abuse. In P. Trickett & C. Schellenbach (Eds), *Violence against children in the family and the community*. Washington: American Psychological Association; Wolfe, D.A.; McMahon, R.J. & Peters, R. DeV. (Eds., 1997). *Child abuse. New directions in prevention and treatment across the lifespan*. Thousand Oakes: Sage; West, D. (1991). The effects of sex offenses. In C. Hollin & K. Howells (Eds.), *Clinical approaches to sex offenders and their victims*. Chichester: John Wiley & Sons; Walker, L.E. (Ed., 1988). *Handbook on sexual abuse of children*. New York: Springer Pub. Comp.

medo de ficar sozinha, medo do escuro, etc; evitamento social e isolamento; comportamentos regressivos (e.g., enurese, chuchar no dedo, querer beber pelo biberão, pedido insistente de colo); auto-mutilação; depressão e, em casos mais graves, ideação ou tentativas de suicídio.

b.3) ao nível do *comportamento sexual*, é comum a masturbação compulsiva, frequentemente em público, a tendência para uma expressão sexualizada do afecto (seguindo a lógica tão bem expressa por Furniss de que "quando precisaram de afecto tiveram sexo, agora para obter afecto oferecem naturalmente sexo"), a existência de linguagem, de conhecimentos ou comportamentos sexuais inadequados para a idade, bem como de comportamentos de sedução óbvios e persistentes. Noutros casos, surge o medo ou vergonha de tocar ou de ser tocada e a vergonha face à nudez. Em alguns casos, pode ocorrer o envolvimento com um elevado número de parceiros sexuais ou o envolvimento em redes de prostituição.

Segundo algum autores são indicadores altamente significativos da existência de abuso: a criança iniciar jogos sexuais com os pares, tocar excessivamente nos orgãos sexuais dos pares, tocar os adultos excessivamente ou de forma inapropriada (sexualizada, erotizada), fazer comentários sexuais inapropriados, guardar objectos ou armas de defesa junto a si, tentar sistematicamente invadir a privacidade dos outros na casa de banho, fugir de casa ou ameaçar fazê-lo, apresentar comportamentos regressivos, ser sexualmente activa, ter conhecimentos sexuais incomuns na sua idade, masturbar-se excessivamente, evidenciar medos extremos de determinado tipo de pessoas ou contextos.

De acordo com diferentes estudos, as vítimas de abusos continuados que não obtiverem um apoio adequado podem, em virtude destas alterações desenvolvimentais e comportamentais, tornar-se mais susceptíveis a novas situações de vitimação, designadamente por outros crimes sexuais.

Processos de vitimação secundária

Para além do risco de revitimização, muito frequente nestas crianças, existe o risco de *vitimação secundária* (ou o "segundo insulto"[20]) no contacto com técnicos e instituições que supostamente as defendem e apoiam. O risco de vitimação secundária surge em diferentes momentos da intervenção: num processo de recolha de dados mal conduzido; quando não se acredita numa revelação de abuso que era verdadeira; na má articulação inter-institucional que leva a falhas na resposta necessária; se há revelação pública dos factos, gerando estigmatização da vítima; a partir do comportamento da própria vítima, se não foi feita uma correcta avaliação ou intervenção psicológica, por exemplo, se esta se torna agressiva e socialmente isolada, por vezes em consequência de uma rotulação social negativa e/ou da alteração dos modos de relação com ela.

De entre as diferentes formas potenciais de revitimação destacaríamos aqui a ineficácia do sistema da justiça (na sua acepção mais lata), a incorrecta recolha de depoimentos/testemunhos (por assistentes sociais, polícias, juristas, magistrados,...), a incorrecta entrevista de revelação ou avaliação do menor (por psicólogos e psiquiatras), o forçar a criança para além do limite aceitável para proceder à realização de um exame médico-legal (pelo médico), a quebra do sigilo deontológico (por todos), o não acreditar no testemunho das crianças, uma vez que são bem mais frequentes os casos de não revelação (falsos negativos) do que os casos de falsas alegações (falsos positivos), e que estes últimos são, quase sempre, detectados nas primeiras fases de avaliação da revelação.

Está já hoje bem estudado e demonstrado que uma criança jovem, até aos 10-12 anos, dificilmente mantém uma falsa história de abuso de forma verosímil, sobretudo se entrevistada e avaliada por um especialista nesta área. Elementos relativos aos detalhes, linguagem usada, afectividade revelada, consistência interna da narra-

---

[20] Doerner, W.D. & Lab, S.P. (1995). *Victimology*. Cincinatti: Anderson Pub. Co.

tiva, interpretações tipicamente infantis, são alguns dos elementos usados na avaliação da veracidade de uma revelação de abuso. Para além disso, a revelação pela criança não é o único meio de confirmação de uma situação de abuso.

Qualquer queixa de abuso (físico, psicológico ou sexual) deve ser atendida e aceite como verdadeira e, mesmo que se revele falsa, ou que partes da história contada sejam falsas (e.g., indicação de um falso abusador, depois de confirmado o abuso, situação relativamente comum quando o abusador é o pai/mãe), importa avaliar a situação e os actores nela envolvidos, para se perceber o que está em jogo e entender o papel ou função da mentira contada. Esta revelará, de qualquer forma, uma situação familiar ou individual que merece ser compreendida e, se necessário, intervida.

A quebra do sigilo pode gerar estigmatização no meio de vida do menor e agravar o sentimento de insegurança, de traição pelos adultos, de desprotecção, de ausência de pessoas em quem confiar. Os incorrectos procedimentos técnicos de recolha de depoimentos/testemunhos, de entrevista psicológica e médica, de exame médico-legal e psico-forense (e seu potencial efeito traumático) não serão aprofundados aqui, dadas as limitações de tempo/espaço. Ressaltaríamos apenas a necessidade de formação específica e de actualização regular de todos os profissionais que trabalham com vítimas de crime, e a inaceitabilidade dos processos de vitimação secundária resultantes de má prática profissional.

Uma outra questão, relacionada mas distinta desta, é a da construção subjectiva das experiências de contacto com o sistema judicial e de apoio às vítimas. Independentemente da qualidade da intervenção dos profissionais, a dimensão subjectiva das experiências vividas e do dano leva a que uma mesma situação – por exemplo, o contacto com a polícia – possa ser vivenciada de formas muito diferentes por diferentes crianças e, consequentemente, ter impactos muito variáveis.

Para algumas crianças, o facto de ir à Polícia Judiciária ver um conjunto de fotografias para tentar identificar o abusador pode ser vivenciado de forma muito positiva, construído como um contributo para ajudar a "prender os maus" e como factor re-securizante – "afinal, há muitos polícias nossos amigos que andam atrás dos maus", "os polícias são bons", "os polícias estão do nosso lado, acreditam na nossa palavra e vão vencer os maus". A mesma situação pode ser experienciada como negativa e insecurizante por outras crianças – "já tinha percebido que há pessoas muito más no mundo quando isto me aconteceu... agora [ao ver tantas fotografias diferentes] percebi que há muito mais pessoas más do que eu pensava", "se isto já me aconteceu uma vez, quem me garante que, mesmo com tantos polícias a trabalhar, não me volta a acontecer se há tantos homens maus à solta nas ruas?"[21].

Se conseguirmos aprofundar o conhecimento destes processos e construções e aliarmos isso a uma melhoria dos serviços prestados às vítimas de crimes, sejam as crianças vítimas de abuso sexual, seja qualquer outra vítima de crime, estaremos seguramente a contribuir para a redução dos processos de vitimação secundária e a criar melhores condições para apoiar a integração experiencial do abuso, a sua superação positiva e a recuperação psicossocial da pessoa.

Palavras para (por) um fim...

Uma criança abusada sexualmente tem que, entre outras coisas, proceder à reavaliação da ideia que tinha da realidade, à reconstrução da imagem do mundo e de si própria, tem que explorar as implicações e consequências da experiência pela qual passou, tem que encontrar novos sentidos para a existência e, eventualmente, um significado ou sentido (não auto-destrutivo) para a ocorrência de que foi vítima. Estas transformações são particularmente visíveis ao nível da percepção do mundo como um lugar inseguro e da perda de

---

[21] Exactamente o mesmo tipo de construção divergente das experiências tende a ocorrer no contacto com os tribunais, com o exame médico-legal, com a avaliação psico-forense, mas por razões óbvias não o poderemos desenvolver no espaço deste texto.

confiança nos outros e, por vezes, em si mesma; ao nível do questionamento do valor da vida, do valor da acção e do sentido da existência.

A súbita descoberta e confronto com a imprevisibilidade da vida, o contacto directo com alguém cuja acção nos prejudica sem que nada tenhamos feito para o suscitar, o medo de que esse acto se repita,..., são realidades que tendem a reduzir o sentimento de segurança pessoal, a autonomia e a procura de novas experiências, limitando assim o desenvolvimento e a promoção da mudança, factores essenciais para qualquer criança ou jovem.

Como nos escrevia uma menor vítima de abuso sexual[22]:

"(...) nunca mais vou poder esquecer. Esse dia [o dia em que foi vítima de uma situação de abuso sexual] marcou horas de silêncio, semanas de calmantes e meses sem dormir. Os meus pesadelos são tantos, e sempre rodam à volta da mesma pessoa. O tempo apagou as marcas físicas mas as emocionais nunca mais consegui esquecer. Todos me dizem: esquece, guarda isso num "cantinho do sótão" porque é passado, mas esquecem-se que eu ainda sou uma criança, ou melhor, uma adolescente, com mentalidade de adulta, mas mesmo assim para mim isso é impossível esquecer. (...) Por causa disto há no céu uma estrela que deixou de brilhar, agora a minha vida gira num sentido que não faz sentido, e isto porquê?"

As consequências do abuso sexual tendem a ser tão profundas e negativas para o desenvolvimento e para o adequado funcionamento psico-emocional dos menores que nada justifica a sua perpetuação pelo silêncio, seja pelo silêncio ignorante, seja pelo silêncio desinteressado, seja pelo silêncio preguiçoso, seja pelo silêncio

---

[22] Menor que foi vítima de abuso sexual aos 11 anos, foi depor em tribunal aos 14 anos e, na sequência dessa experiência e do re-contacto directo com o abusador, desenvolveu um conjunto de sérias perturbações emocionais e comportamentais que levaram os pais a procurar apoio psicológico para ela. Transcrevemos aqui as suas palavras, escritas aos 14 anos, depois de nos ter dado a sua autorização para isso, com duas condições: nunca a identificar e fazê-lo com o objectivo de, através destas palavras, tentar alertar outras pessoas para o problema do abuso sexual de menores. Esperamos poder cumprir as duas.

amedrontado, seja pelo silêncio cúmplice. A manutenção do silêncio é, sem dúvida, a melhor arma de defesa dos abusadores.

Porém, e tal como alertávamos no início deste texto, há que ter cuidado com alguns "erros ou excessos discursivos", quer os que resultam do desconhecimento quer os que perpetuam os mitos e falsas crenças que existem em torno do fenómeno e dificultam uma mais correcta intervenção, quer os que desinformam, quer os que promovem o pânico moral.

Retomando, para concluir, as palavras e os apelos da mesma menor, vítima de abuso sexual numa situação que foi altamente mediatizada e frequentemente exposta e repetida nas televisões e jornais:

> "Só queria saber como descobriram o meu número e, aí, estaria um pouco mais segura e melhor [refere-se a jornalistas que telefonaram para a sua casa]. (...) Definitivamente estou mal, parece que pegou moda a pedofilia e o abuso de menores. (...) Os casos de abuso de menores estão a aumentar e isso faz-me ter mais medo. Estou farta de viver com medo, estou farta de pensar no (...) e de sonhar com ele. Neste momento sinto-me mal, dói cá dentro, sinto-me perdida e triste. Pareço um castelo, onde tiram uma pedra de baixo e ele cai. Sinto que estou a cair e que tudo está a cair sobre mim. Voltei a ver o (...) na TV, fiquei com raiva e ódio. Se todas as feridas passam porque é que esta também não pode passar? Sinto que assassinaram a minha alma e roubaram a minha infância. (...)
>
> Estou a crescer, fui ouvida à porta fechada mas hoje parece que me estão a fechar as portas a mim!..."

INTERVENÇÃO DA CÂMARA MUNICIPAL DO PORTO NO PROCESSO DE NOMEAÇÃO DE JUÍZES SOCIAIS PARA O TRIBUNAL DE FAMÍLIA E MENORES DO PORTO

Luis Mesquita[*]

1. Desejo começar por agradecer ao Núcleo Regional do Porto da Universidade Católica, e particularmente à Faculdade de Direito, na pessoa do seu director, o Dr. Engrácia Antunes, por terem aceite o desafio que lhes lançamos de organização conjunta deste Encontro que procura sensibilizar a cidade para a importância da função do juiz social na delicada problemática dos menores em risco, e que assegurou para esta iniciativa uma marca de inquestionável qualidade, credibilidade e competência científica.

Desejo agradecer ainda, em nome do Departamento Municipal de Desenvolvimento Social, co-organizador do Encontro, a todos os conferencistas, e a todos os participantes no Encontro por tornarem possível este espaço tão necessário de reflexão e debate. Uma palavra de grande apreço ao Grupo de Teatro "Companhia do Saco", aos jovens actores da Obra do Frei Gil e ao seu encenador José Carretas pelo belo espectáculo "A Cor da Morte" com que nos presentearam ontem.

Uma referência final de reconhecimento ao grupo organizador do Encontro e, em particular à Dr.ª Clara Sottomayor, à Dr.ª Leonídia

---

[*] Director do Departamento Municipal de Desenvolvimento Social da Câmara Municipal do Porto.

Fernandes, à Dr.ª Ana Isabel Fonseca e à Dr.ª Natália Silva, que foram inexcedíveis de empenho e criatividade, assegurando uma organização exemplar.

2. A minha intervenção pretende apelar para a responsabilidade que todos devemos assumir nesta matéria. É importante exercitarmos o nosso juízo crítico, mas é igualmente relevante interrogarmo-nos sobre qual pode ser o nosso contributo. A solução para os problemas que temos estado a debater não é mágica, nem exterior a nós.

Este Encontro realiza-se no âmbito da responsabilidade do município pela organização das listas de juízes sociais do Tribunal de Menores do Porto. Compete, com efeito, ao Município do Porto organizar uma lista de 120 candidatos a juízes sociais, que deverá ser aprovada em Assembleia Municipal e posteriormente remetida ao Ministério da Justiça e ao Conselho Superior de Magistratura. A nomeação dos referidos juízes será feita por despacho do Ministro da Justiça e publicada no Diário da República, como dispõe o Dec. Lei 156/78, que estabelece o regime de recrutamento e funções dos Juízes Sociais.

3. O que são Juízes Sociais? Este Encontro e várias das anteriores comunicações deixaram claro que se trata de um serviço público obrigatório, considerado como prestado na profissão, actividade ou cargo do titular. Tem a duração de dois anos, mantendo-se os titulares em exercício de funções até à tomada de posse dos seus substitutos. Intervêm nas audiências em que esteja em causa a aplicação da medida de internamento, a última e a mais severa de todas as medidas tutelares educativas e que portanto deve ser decidida com a máxima prudência, dada, até, a natureza das instituições, a sua cultura e clima organizacional, ontem aqui bem evidenciados. Intervêm também na fase de debate judicial em processos de promoção de direitos e protecção de crianças e jovens em perigo. Em ambos os casos o tribunal é constituído pelo juiz do processo e por dois juízes sociais.

O seu campo de intervenção é o das crianças e jovens em perigo, ou seja, crianças e jovens abandonados, mal tratados, abusados, negligenciados, forçados a trabalhos excessivos ou inadequados, sujeitos a comportamentos que afectam a sua saúde, segurança, educação e desenvolvimento, sem que as suas famílias ou quem legalmente tenha a sua guarda garantam o seu bem estar.

Quem são estas crianças? A caracterização sociológica das crianças que compareçem perante o sistema judicial, de que o Relatório do Observatório Permanente da Justiça Portuguesa de Março de 1998 dá conta, evidencia muito claramente a desestruturação das famílias de origem, o seu baixo estatuto económico e social e baixos níveis de escolarização. Ou seja, se o risco infantil atravessa todos os grupos sociais, ele é muito claramente marcado por quadros sociais de pobreza e por lógicas de reprodução social.

No concelho do Porto, um estudo do IDS de 1999, no âmbito do processo de instalação das Comissões de Protecção de Crianças e Jovens e baseado em informação recolhida junto do Instituto de Reinserção Social do Porto, do Centro Regional de Segurança Social do Norte e, residualmente, da delegação do Porto do PAFAC, permitiu concluir pela existência de 1620 casos (num total de 76389 indivíduos com idade igual ou inferior a 19 anos – 2,1% do total), de crianças e jovens em risco. As freguesias que registaram uma maior incidência foram Campanhã, Paranhos e Ramalde, em termos do número de casos sinalizados, apresentando Miragaia, Sé e Vitória as maiores taxas de risco infantil (que se obteve cruzando o número de casos, com o número de residentes menores de 19 anos). As problemáticas dominantes identificadas foram a negligência, o abandono, os maus tratos e o absentismo escolar. Dados coincidentes com outros estudos aqui já referidos.

A situação dos menores em perigo é uma situação socialmente intolerável em relação à qual existe uma forte responsabilidade colectiva que a própria lei consagrou ao institucionalizar os Juízes Sociais como forma de participação da comunidade na administração da justiça; ao mesmo tempo, o sistema judicial obtém ganhos de legitimação pelo envolvimento e pela co-responsabilização de novos actores.

A questão que se coloca é se este novo quadro legal que procura superar a dicotomia entre os modelos dominantes da "defesa da sociedade" e da "defesa do interesse do menor", pela adopção de um modelo participativo envolvendo todos os actores sociais e privilegiando a protecção e a promoção dos direitos das crianças e jovens, encontra suficiente eco e espaço de afirmação, quer junto do sistema judicial, quer no terreno da participação social.

4. Como são recrutados os juízes sociais? A lei estabelece um conjunto de critérios elementares para aferir a capacidade ou incapacidade para o exercício do cargo. Assim, deve o candidato possuir:
 – reconhecida idoneidade (tendo normalmente a sua candidatura a chancela de uma organização);
 – residência na área do município da sede do Tribunal;
 – idade superior a 25 anos e inferior a 65;
 – competências básicas de literacia (ler e escrever);
 – pleno gozo dos direitos civis e políticos;
 – não estar pronunciado nem ter sofrido condenação por crime doloso.

Não podem ser candidatos os titulares de órgãos de soberania, magistrados, ministros de qualquer religião, ou quem padeça de doença ou anomalia que impossibilite o exercício do cargo e podem pedir escusa os militares, os que padeçam de doença ou anomalia ou que aleguem razão justificativa, desde que não susceptível de compensação pecuniária.

Importa, no entanto aprofundar a reflexão acerca do perfil desejável de um juiz social. Penso ser possível conceber um perfil de competências pessoais e sociais que integre, com certeza, a informação e a reflexão crítica sobre essa mesma informação, o que significa que precisamos de pessoas informadas e atentas aos problemas do mundo que as rodeia, e que conheçam a realidade onde vão intervir, mas também o desenvolvimento do raciocínio moral e da reflexão sobre os sistemas de valores, bem como os processos e competências psicológicas mais gerais de relacionamento interpessoal, autonomia, motivação, identidade, aquilo que podemos designar por experiência de vida, ou seja, competências que nos permitem enfrentar as várias situações com que nos deparamos na nossa vida, o que significa que precisamos de pessoas experientes, habituadas a enfrentar e resolver os complexos problemas do quotidiano.

5. Que metodologia estamos a seguir na organização das listas? Estabelece a lei que, na preparação das listas, podem as Câmaras socorrer-se da cooperação de entidades, públicas e privadas, ligadas por qualquer forma à assistência, formação e educação de menores, nomeadamente: associações de pais, estabelecimentos de ensino, associações de profissionais, associações e clubes de jovens, instituições de protecçao da infância e juventude.

O presente processo foi lançado em Outubro de 2001, tendo sido enviado um ofício a um conjunto de instituições (escolas, juntas de freguesia, IPSS), convidando-as a propor candidatos a juízes sociais. Como resultado, 27 instituições responderam propondo 55 juízes. Muito longe portanto do número pretendido de 120.

Relançamos este processo já este ano, tendo decidido promover este Encontro, e, simultaneamente, avançar com um segundo processo de contacto com as instituições da cidade, a quem convidamos a participar no Encontro e a propor candidatos a integrar a lista concelhia de juízes sociais. Contactámos, de novo, as instituições que tinham anteriormente designado candidatos, tendo apenas reafirmado o seu interesse 16 cidadãos, aliás quase todos inscritos neste Encontro. Neste novo processo de consulta procurámos envolver todas as instituições interessadas neste problema, a saber: Escolas de todos os níveis de ensino e respectivas Associações de Pais, Universidades e Institutos Politécnicos (nas áreas da Educação, do Direito e das Ciências Sociais) públicas e privadas, Hospitais e Centros de Saúde, Juntas de Freguesia, Bombeiros Voluntários, Centros Sociais e Comunitários com oferta de serviços de infantário, ATL, ludotecas, e ocupação de jovens, centros de acolhimento de menores, associações profissionais e sindicatos de professores, Federações de associações juvenis, Associações de minorias, a Cruz Vermelha, a UNICEF, o IPJ e a Fundação da Juventude, e outros serviços do Estado. Até ontem contabilizámos cerca de 40 juízes sociais propostos.

O que significa que precisamos ainda de um forte impulso de voluntariado e de participação cívica, das instituições e dos cidadãos, para atingirmos este objectivo de propor uma lista de 120 bons candidatos à nomeação como juízes sociais. Este processo de constituição da lista, de que este Encontro é uma peça central, e a metodologia que temos vindo a seguir, integra perfeitamente a possibilidade de acolhermos cidadãos que se auto-disponibilizem, sem terem sido propostos por uma organização.

6. Com este Encontro esperamos ter contribuído para o aprofundamento da reflexão sobre a Justiça de crianças e jovens e sensibilizado os cidadãos do Porto e as entidades públicas e privadas ligadas, directa ou indirectamente, à assistência, formação e educação de menores para a importância da indicação de candidatos, com um perfil adequado, à nomeação como Juízes Sociais.

Também nos preocupam as condições do exercício das funções de juiz social e por isso a CMP procurará encontrar formas de os apoiar e de acompanhar o seu percurso. Algumas boas ideias já aqui foram avançadas, ao nível da formação, do associativismo, da troca de experiências, do aprofundamento do seu conhecimento das instituições de acolhimento. Estou certo que outras boas ideias surgirão.

A Câmara deve assumir as suas responsabilidades nesta área da promoção dos direitos e da protecção de crianças e jovens, contribuindo para a existência de um corpo de Juízes Sociais renovado e competente e viabilizando a instalação das Comissões de Protecção de Crianças e Jovens no concelho do Porto, peça fundamental nesta estratégia de garantir os direitos das nossas crianças e jovens, que é uma responsabilidade da cidade, uma responsabilidade de todos.

Não estamos, no Porto, como já foi explicado pelo Dr. João Pedroso, sem comissões há dez anos. Só o ano passado puderam começar a ser instaladas. O processo de instalação é moroso e no caso do Porto passou por um processo de consulta sobre o número e a delimitação geográfica das comissões, sofrendo, posteriormente, um atraso significativo com as mudanças, simultâneas, no governo da cidade e do país.

É preciso que se diga que as Comissões representam ainda um importante encargo para os municípios, que devem providenciar instalações e respectivo equipamento, técnicos, apoio logístico e administrativo (só estes dois últimos contratualizados). Mas, para além de uma obrigação legal, são necessárias, como aqui ficou claro. Muitos casos de protecção de menores e promoção de direitos não ganham em ser judicializados, e devem ser tratados neste nível do sistema.

O processo da sua instalação está de novo em marcha e estou confiante que em breve a cidade passará a dispor deste instrumento que esperamos se revele útil para as crianças e jovens em risco, e para todos os que diariamente convivem com estes problemas, agindo segundo a lei e a sua consciência.

A DECISÃO NO PROCESSO DE PROMOÇÃO E PROTECÇÃO

CARLOS JORGE PORTELA[*]

Antes do mais gostaria de agradecer aos organizadores destas jornadas o amável convite que me foi endereçado e realçar mais uma vez o prazer de retornar a esta casa, que permitam que o diga, é de algum modo também um pouco minha.

O tema que me propus tratar foi como é do vosso conhecimento "A decisão no Processo de Promoção e Protecção".

No entanto considero que terá todo o interesse fazer uma rápida abordagem das fases processuais que antecedem a da decisão propriamente dita.

Assim e como é por demais sabido as regras substantivas a ter em conta são as consagradas na Lei n.º 147/99 de 1 de Setembro.

Sem cuidar das questões mais genéricas e programáticas deste diploma é de referir por exemplo que no artigo 5.º da supra aludida lei se explicitam as noções e conceitos fundamentais para a sua aplicação prática.

Assim e por exemplo na alínea a) do mesmo artigo refere-se que "criança ou jovem", para efeito desta, se considera a pessoa com menos de 18 anos ou a pessoa com menos de 21 anos que voluntariamente solicite a continuação da intervenção protectora iniciada ainda antes da sua maioridade.

---

[*] Juiz de Direito do Tribunal de Família e Menores do Porto.

Mais se explicita agora na alínea c) que se considera *"situação de urgência"*, a situação de perigo actual ou eminente para a vida ou a integridade física da criança ou do jovem.

Curioso será referir que por exemplo na alínea f) e no que diz respeito ao chamado *"acordo de promoção e protecção"*, se diz que este é o compromisso reduzido a escrito entre as comissões de protecção de crianças e jovens ou o tribunal e os pais, representante ou representantes legais ou quem tenha a guarda de facto e ainda, a criança e o jovem com mais de 12 anos.

Por via deste acordo estabelece-se um plano contendo medidas de promoção de direitos e de protecção.

O legislador como que pretendeu equiparar as citadas comissões de protecção de crianças e jovens ao tribunal pelo menos numa fase preliminar de intervenção, querendo pois que a intervenção judicial tenha em regra um carácter subsidiário.

Por isso e agora no artigo 11.º se enumeram de modo claro as situações em que há lugar verdadeiramente a um processo judicial.

E estas são genericamente as hipóteses em que a comissão de protecção de menores e jovens não existe na área onde a situação de risco para o menor é de algum modo descoberta ou existindo esta se esgotou o poder de intervenção da mesma.

O processo judicial terá ainda lugar quando por exemplo exista oposição da criança ou do jovem à sua intervenção, nas situações em que se esgotou o prazo legalmente previsto para que a comissão de protecção tome qualquer decisão.

A intervenção judicial terá ainda lugar nas situações em que o Ministério Público considera que a decisão tomada pela mesma comissão é ilegal ou desadequada à promoção dos direitos ou à protecção da criança ou do jovem.

Conclui-se pois sem dificuldade que numa primeira fase e atenta designadamente a natureza dos interesses em apreço, é sempre das entidades com competência em matéria de infância e juventude ou ainda à comissão de protecção de menores a primeira intervenção protectora.

Privilegia-se pois de modo evidente a resolução consensual das situações de risco, sempre que naturalmente tal se mostre possível, dando-se relevo à proximidade destas entidades com o cidadão.

Daí que tenha havido o cuidado de proceder com a celeridade possível à reorganização e instalação das mesmas comissões na maior parte do território nacional.

Lamentavelmente e não poderia deixar de o referir aqui, a cidade do Porto é ainda hoje uma das poucas no País onde por uma razão ou outra não está ainda criada qualquer comissão de protecção de menores.

São pois e obviamente nefastos os efeitos de tal vazio na pendência deste tipo de processos no Tribunal onde exerço funções, sabendo-se como se sabe da competência territorial alargada do mesmo.

Não obstante a circunstância da criação dos Tribunais de Família e Menores de Vila Nova de Gaia e de Matosinhos ter mitigado tal realidade, a verdade é que o Tribunal de Família e Menores do Porto continua assoberbado com questões cuja solução passaria apenas pela intervenção da competente comissão de protecção de menores.

Resta pois a garantia da Câmara Municipal do Porto que estão a ser já realizadas todas as diligências preliminares necessárias à criação e subsequente instalação a breve prazo das mesmas comissões.

A composição e funcionamento das comissões de protecção de menores estão tratadas nos artigos 15.º e seguintes, sempre da Lei 147/99 de 1 de Setembro, dispensando-me de abordar com mais pormenor tais questões.

No que toca estritamente à decisão e consequentemente à aplicação de qualquer das medidas previstas na lei, é de fazer notar que é permitido e até exigido quer às comissões de protecção quer aos tribunais uma intervenção célere ao abrigo do disposto no artigo 37.º.

Assim e como é habitual e corrente pode qualquer destas entidades e enquanto se procede ao diagnóstico mais aprofundado da situação da criança, pôr de imediato cobro ao risco que se afigura evidente, aplicando uma medida de carácter provisório a qual e de todo o modo não poderá enquanto tal, ter uma duração superior a *seis meses*.

Vemos pois que neste tipo de intervenção se relegam para segundo plano preocupações de cariz eminentemente formal, já que o que naturalmente importa é afastar o mais rapidamente possível a criança ou o jovem do perigo que sobre ela paira.

A intervenção provisória nestes termos não afasta no entanto a necessidade de se dar início ao processo judicial de promoção e protecção.

Os passos que devem ser posteriormente percorridos são os previstos no Capítulo IV e mais concretamente no artigo 100.º e seguintes.

Cabe realçar que tais processos, como facilmente se entende, têm *carácter urgente* correndo por isso durante as férias judiciais e tendo em mente a sua celeridade, nem sequer estão sujeitos à distribuição habitual, sendo de imediato averbados ao juiz de turno, permitindo a este e desde logo a intervenção em protecção da criança ou menor em perigo (artigo 102.º).

Como refere o artigo 103.º é sempre possível nestes processos a constituição de advogado por parte dos pais ou do representante legal do menor.

Impõe-se por outro lado ao tribunal a nomeação de um advogado oficioso ao menor quando exista conflito de interesses entre aquele e os seus progenitores ou detentores da guarda de facto.

Consagra-se claramente a criança ou o menor como figura ou pessoa processual de pleno direito, ainda que compreensivelmente sob o "manto protector" do tribunal.

É por outro lado exigido o respeito estrito das regras do contraditório, possibilitando aos intervenientes processuais e designadamente às pessoas atrás referidas, a apresentação de alegações escritas e a produção ou o requerimento de todos os meios de prova que o tribunal considerar atendíveis.

No artigo 105.º, n.º 1 refere-se que a iniciativa processual cabe ao Ministério Público, sem afastar a possibilidade da tal impulso poder pertencer aos pais, aos detentores da guarda de facto sobre o menor e mesmo a este quando maior de 12 anos.

As fases processuais expressamente consagradas são a instrução, o debate judicial, a decisão e a execução da medida.

1) A primeira fase, a da instrução, tem como limite temporal máximo os quatro meses e compreende por exemplo a audição dos pais, do menor ou dos técnicos que possam ter conhecimento da situação e que, por tal facto, se revelam um auxiliar precioso para o tribunal.

Não obstante tal intervenção pode sempre o tribunal solicitar às entidades com legitimidade para intervir neste tipo de processos a elaboração a curto prazo, no caso oito dias, de um relatório social sobre a situação da criança e do núcleo familiar onde a mesma se insere.

Encerrada a fase de instrução o tribunal pode optar por uma das três hipóteses previstas no artigo 110.º, a saber:
– pelo arquivamento sem mais do processo;
– pela designação de conferência destinada a obter o chamado acordo de promoção e protecção;
– e por fim pela realização do chamado debate judicial quando considerar que o acordo acabado de citar, se mostra manifestamente improvável face aos elementos que tem já ao seu dispor nos autos.

O arquivamento é adoptado quando se concluir que a situação de perigo antes trazida a juízo se não verifica ou deixou entretanto de subsistir.

O acordo de promoção e protecção tem como objectivo último e na esteira do já antes referido, a decisão do processo pela via consensual.

Para o efeito, são convocados o Ministério Público, os pais ou os representantes legais do menor, este último quando tenha mais de 12 anos e ainda e sempre os técnicos ou representantes das entidades enumeradas no artigo 5.º, alínea d), quando a sua presença for considerada relevante pelo tribunal.

É curioso que o legislador pretendeu dar a este acordo um certo formalismo já que exige no artigo 113.º que dele fique a constar a identificação e a assinatura de todos os intervenientes, o técnico ou o membro da comissão de protecção que acompanhará a implementação da medida ou o prazo definido para a mesma.

Não sendo possível o aludido acordo de promoção e protecção ou quando este se mostre manifestamente improvável será ordenada a notificação de todos os intervenientes processuais para, em 10 dias e por escrito, produzirem alegações.

Juntas estas ou decorrido o prazo concedido por lei, será então designado dia para o debate judicial (cf. artigo 114.°).

2) É nesta fase processual que intervêm finalmente os juízes sociais já que como preceitua o artigo 115.° da Lei de Promoção e Protecção (LPP), o debate judicial é efectuado perante um tribunal constituído pelo juiz do processo e por dois juízes sociais a designar da lista oficial.

Tendo em vista a celeridade processual, sempre fundamental neste tipo de processos, determinam os n.° 1 e 2 do artigo 116.° que o debate não pode ser adiado e é contínuo, apenas podendo ser interrompido pelos períodos considerados necessários por quem ao mesmo preside.

Quanto a provas só são admitidas as que puderem ser sujeitas ao princípio do contraditório no decurso do próprio debate judicial (artigo 117.°).

É obrigatório o registo da prova para o qual se optará em regra pela gravação sonora através dos meios que actualmente dotam a unanimidade dos tribunais (artigo 118.°).

Terminada a produção de prova podem os advogados e o Ministério Publico alegar nos termos habituais a qualquer audiência de discussão e julgamento, sendo curioso realçar que a lei concede a cada um e para o efeito o período máximo de 30 minutos.

Preceitua o artigo 120.° que findo o debate, o tribunal formado nos termos já atrás aludidos, recolhe para analisar a prova e proferir decisão.

3) Esta, como diz o n.° 2 do mesmo normativo, é tomada por maioria de votos, votando em primeiro lugar os juízes sociais, por ordem crescente de idade e por fim o juiz presidente.

Cumpre realçar que ao contrário do que ocorre noutras situações em que o tribunal é composto por juízes sociais, o juiz presidente não tem aqui voto de qualidade.

Assim e na defesa do espírito que norteia a constituição deste tipo de tribunal, a decisão tem sempre que ser tomada por maioria.

Ao juiz presidente cabe apenas e só proceder naturalmente à leitura da decisão, a qual por norma e salvo uma especial complexidade, será de imediato ditada para a acta.

Exige-se no entanto no artigo 121.º que na elaboração da decisão sejam respeitadas determinadas regras formais, nomeadamente a identificação correcta do menor, dos seus progenitores, do seu representante legal ou de quem detenha a sua guarda, a descrição ainda que sumária da tramitação processual, a enumeração dos factos provados e não provados, a fundamentação de tal decisão e por último a análise e valoração das razões que determinaram a opção por uma ou outra das medidas legalmente previstas.

Quanto a estas e ainda que sumariamente sempre se dirá que estão taxativamente enumeradas no artigo 35.º e são as seguintes:
– Apoio junto dos pais;
– Apoio junto de outro familiar;
– Confiança a pessoa idónea;
– Apoio para autonomia de vida;
– Acolhimento familiar;
– Acolhimento em instituição.

As decisões finais neste tipo de processos são sempre e como seria de prever passíveis de recurso, consagrando-se que os mesmos seguem as regras previstas no Código do Processo Civil para os recursos de agravo.

Quanto ao seu efeito, determina o n.º 2 do artigo 124.º da LPP que cabe sempre ao tribunal e atenta a particular natureza deste tipo de processos, fixar o mesmo.

4) A fase derradeira e posterior à da decisão é naturalmente a da execução da medida aplicada.

Como determinam os artigos 125.º e 9.º da LPP cabe naturalmente ao tribunal designar a entidade que se mostre mais adequada para tal efeito.

A última das normas do diploma legal que temos vindo a acompanhar e que em meu entender merece referência é a do artigo 126.º.

Assim, a mesma elege como direito subsidiário neste tipo de processos as normas do Processo Civil de declaração sob a forma sumária.

Não espantará tal opção já que a ideia mestra que em boa hora orientou o legislador aquando da alteração das leis que regem o Direito de Menores, foi a de separar de modo claro as chamadas situações de risco daquelas que regem as chamadas condutas e comportamentos "delituosos" quando praticados por menores as quais passaram a estar hoje debaixo da tutela da Lei n.º 166/99 de 14 de Setembro.

Aqui e diversamente, como facilmente se entende, o Direito processual subsidiário é antes o Processual Penal.

Mas não obstante ser também importante a intervenção dos Juízes Sociais no âmbito da chamada Lei Tutelar Educativa não cuidarei por impossível face às naturais limitações temporais, das regras e procedimentos de tal diploma.

Esperando ter contribuído para um melhor esclarecimento da forma como se tramita os processos e se proferem decisões no âmbito da chamada Lei de Promoção e Protecção e realçando mais uma vez a importância dos Juízes Sociais enquanto representantes da Sociedade Civil neste campo de acção dos tribunais, resta-me agradecer o interesse e a paciência de todos os presentes.

O OLHAR DE UM "JUIZ SOCIAL"

Dulce Guimarães[*]

Há dezoito anos que sou juíza social, a juntar aos trinta anos de profissão como assistente de social na Obra Diocesana de Promoção Social, no Centro Social da Pasteleira.

Os momentos de reflexão ao longo de toda esta caminhada conduziram-me a uma questão fulcral: **O que levei da minha experiência para a função de Juiz Social e o que trouxe para a minha profissão da experiência vivida nesta função?**

O que levei

Um olhar mais atento aos imensos casos com que me deparei ao longo dos anos.

O que vi

Meninos de rosto triste, assustados, alguns com ar mais reguila, que a luta pela vida lhes deu bem cedo um olhar diferente. Alguns de mãos nos bolsos a quererem logo sentar-se, ao que alguns Meritíssimos Juízes prontamente se apressavam a dizer para tirarem as mãos dos bolsos e levantarem-se. Para alguns, começa aqui a apren-

---

[*] Assistente Social responsável pelos Serviços de Infância e Terceira Idade, do Centro Social da Pasteleira – Obra Diocesana de Promoção Social.

dizagem da forma de estar perante o Juiz, aprendizagem essa que vai ser útil no seu futuro percurso pelas cadeias e tribunais. Alguns, a não saberem o dia em que tinham nascido, pois que para muitos deles, esse acontecimento não foi motivo de alegria para a família, porque nalguns casos foi mais uma boca para alimentar.

À pergunta sacramental – "porque é que não vais à escola"? A resposta quase sempre igual – "Porque não gosto". "Então o que fazias"? "Ia brincar" – claro que, nestas brincadeiras, estavam implícitas as acusações de que era alvo.

Com quem vives?

Com a minha mãe, pai, companheiro da minha mãe, companheira do meu pai. Em muitos casos com a avó ou avós, uma tia, madrinha, estrutura familiar que, em muitas situações, com que deparei, tinha sido o único laço afectivo destas crianças.

Onde vives?

Bairro tal, zona tal.
Sempre locais que os meios de comunicação social se apressavam a dar a conhecer pela negativa e que as leis do urbanismo foram marginalizando, arrastando consigo as pessoas.

As histórias de vida dramáticas destas crianças repetiram-se ao longo destes 18 anos:
- Famílias desorganizadas;
- Fracos recursos económicos;
- Baixa escolaridade;
- Pais que, nalguns casos, tinham já um percurso pela antiga Tutoria e crescido em Instituições;
- Pais presos;
- Problemas de origem psicológica, nalguns casos graves dificuldades de aprendizagem e de comportamento;

- Más condições de habitação;
- Problemas de álcool, prostituição e, nos últimos anos, o flagelo da droga, com estes meninos a serem acusados de consumo e de colaborarem com os traficantes a passar droga.

O que mudou ao longo dos anos?

As instalações que, de salas menos formais situadas na velha Tutoria, passaram para as instalações do Tribunal de Família com salas próprias para "julgar". E aqui, ao longo destes anos, nos questionámos sempre – julgar quem? Estes meninos ou as instituições que os abandonaram?

O primeiro abandono começou na família que os não soube amar, acolher e acarinhar logo que nasceram.

Depois, a escola ou o pré-escolar que nunca os recebeu e que não soube, ou não teve meios para avaliar, diagnosticar e tratar os primeiros indícios de problemas de aprendizagem, comportamento e agressividade.

A seguir, as estruturas que as comunidades têm (aqui estou incluída, como responsável de uma Instituição que trabalha num meio difícil) e que por vezes não sabem também lidar com estas situações – umas porque não sabem actuar e são muitas, outras porque não têm os meios suficientes para trabalhar com estas crianças.

Assim como as doenças graves, no ponto de vista físico, não se tratam com qualquer mezinha, de qualquer curandeiro, estes sintomas de doença não podem ser tratados com carolice ou com simples boas intenções, dizendo que gostamos muito destes meninos. Para ajudá-los, é fundamental gostar deles, mas também é preciso saber e ter meios.

A seguir, o abandono do chamado "Tribunal Tutelar de Menores" em que, no meio da burocracia, do atraso dos processos, estas crianças vão vendo passar os dias, os anos sem lhes ter conseguido, juntamente com as famílias, fazer um projecto de vida.

Em alguns casos as situações passam pela incapacidade da família ter o menor e estes são misturados com crianças cujos problemas são mais graves, em que já há manifestamente indícios de delinquência.

Assisti a muitas boas vontades da parte de juízes, curadores e equipas técnicas, tentando encontrar resposta para algumas situações. Senti que, por vezes, não havia a certeza se o internamento daquela criança, naquela instituição, seria a melhor resposta. Sabemos que a solução Institucional não é a melhor.

Assisti à revolta dos menores pela medida de internamento, o que me levava a pensar que o primeiro passo, para a sua reeducação, não estava dado.

De que forma esta experiência me enriqueceu enquanto pessoa e profissional

Pessoalmente reconheço que tive a sorte de ter nascido numa família que me amou incondicionalmente e ter tido um filho ao qual consegui fazer o mesmo.

Profissionalmente, **prevenir** é a palavra chave.

Eu, em jeito de graça, costumo dizer que, em Portugal, só o calendário das vacinas é que exerce a prevenção. Mesmo esse, não coberto nalgumas situações a 100%.

Na área do social muita coisa há a fazer. A prevenção começa na família, prolonga-se na escola e constitui, afinal, responsabilidade de toda a comunidade.

Só detectando os problemas precocemente e procurando trabalhá-los com a família e a comunidade, se podem minorar alguns efeitos de doença grave.

É importante criar pequenas estruturas nas comunidades, por forma a dar resposta. Desconfio sempre das mega soluções e mega planos nacionais, assim como a criação de grupos, para estudar os problemas que anteriores comissões não resolveram.

As comunidades, donde provêm essas crianças, têm que estar envolvidas juntamente com as famílias na resolução desses mesmos problemas.

Dizia o Padre Américo: *Cada paroquiano cuide dos seus pobres*, eu adapto este conceito à minha realidade profissional e digo *Cada comunidade trate dos seus problemas em parceria com todas as Instituições*.

Se hoje a economia é o principal motor do mundo, então senhores economistas, fica mais barato ao país prevenir do que remediar.

TUDO OU QUASE TUDO É UMA QUESTÃO DE PERSPECTIVA ...

Manuel Nunes de Faria[*]

Um exemplo:

Há algum tempo atrás, a TV francesa apresentava um programa sobre o célebre chocolate belga ("praline") e explicava que era hábito cada caixa conter uma pequena inscrição ou mensagem amorosa, delicada. Porventura a tradição já não é o que era, hoje em dia ...

Diziam então que tinha começado a aparecer outro tipo de bilhetes – nessas caixas de chocolate. E mostravam um que rezava assim:

«Une petite sardine voit passer un soumarin.

Sa mamam lui explique – tu vois, ce sont des hommes en boîte.»

(Uma pequena sardinha vê passar um submarino. A mamã explica-lhe – estás a ver, são homens em lata, ou homens de conserva).

Foi-me pedido um testemunho da minha experiência como Juiz Social.

Estamos no final da manhã, já um pouco cansados – neste espaço universitário e com certo ambiente de direito – o que me leva a desejar falar-vos de maneira muito simples – algo torta ... apenas por perrice (como os jovens) e para contrapor ao referido direito –.

---

[*] Director do Centro António Cândido.

E vou tentar fazê-lo recorrendo a dois poetas – um que todos certamente conhecem – Luís de Camões e um outro que viveu muito pouco tempo – 1922/1959 = 37 anos – e nos deixou um único livro de poemas – Reinaldo Ferreira.

Indigitados pela Segurança Social em 1986, tomámos posse no Palácio de Justiça do Porto em Outubro de 1987. Vejam quantos anos lá vão ...
Os primeiros tempos foram de muita incerteza:
Aqui vai Camões – «Erros meus, má fortuna, amor ardente
       em minha perdição se conjuraram;
       os erros e a fortuna sobejaram,
       que para mim bastava o amor somente
       ...»

As convocatórias para julgamento apareciam, com longo tempo de antecedência (3 ou 4 meses) – o que é bom para os mais organizados mas tende a esquecer ...; eram convocados quatro juízes – dois efectivos e dois suplentes. À hora prevista e como as primeiras experiências são sempre bem aceites, dois dos presentes eram logo "recambiados" ....
No espaço de espera e fixando bem os diferentes intervenientes, lá se descobria o outro Juiz Social – talvez por alguma serenidade do seu rosto ou pela sua quietude ...
Não tomando eu a iniciativa, só nos encontrávamos lá dentro.
A sessão passava e dos juízes sociais só a vénia ... «estamos de acordo ou estão de acordo?» Algo a acrescentar? E vinha a vénia ...
Isto para não falar da questão do pagamento devido ao Sr. Juiz Social – com formalidade ainda que muito menor do que a do serviço militar – e que se situava em qualquer coisa como 600 ou 700 antigos escudos ... pela tarde.
Ou então a necessidade de lá voltar para assinar a sentença ou algo no processo e que não ficou resolvido nesse dia.
E Camões continua (no mesmo soneto):

«Tudo passei, mas tenho tão presente
a grande dor das cousas, que passaram,
que as magoadas iras me ensinaram
a não querer já nunca ser contente ...»

Então temos:

Alguns pequenos erros e má fortuna – a título de exemplo.

E, por outro lado, o amor ardente e o "nunca ser contente" ...

Comecei a tentar perceber como poderia eu entrar neste esquema. Talvez a experiência de quase trinta anos no Centro António Cândido – que é um espaço de ensino/educação e reabilitação de crianças e jovens surdos (sobretudo casos de surdez profunda), com grande parte em internato – e a minha formação académica e profissional me tivessem ajudado.

A primeira medida foi a necessidade de estudar antecipadamente os processos previstos para o dia de julgamento.

Assim fiz – não sem atrapalhar um pouco o sistema dado que aparecia um ou dois dias antes e pedia para consultar os processos e lá tinha que andar a senhora Escrivã a recolhê-los (entre quatro e seis, penso eu). Imaginem o espanto por essa consulta prévia, naquela altura...

Depois, também os processos não eram de leitura fácil – muitos pequenos despachos, muitas folhas, muitos carimbos (conhecem o assunto bastante melhor do que eu) e quase só – no início – as escritas dos senhores agentes que apanhavam os menores ...

Mesmo assim, reter as moradas, os bairros onde viviam, relação idade/frequência ou ausência escolar, se só ou em grupo, se poucas vezes ou repetidamente e agravando – enfim, um conjunto de dados que tinha que descobrir ao longo do processo (depois veremos que melhorou).

Segundo aspecto – atacar com coragem o outro colega para saber o que fazia, se tinha ou não menores, a sua experiência, etc, etc. Alguns apresentavam pouco depois sintomas de mal estar, queriam sair, etc.

Terceiro aspecto – coragem para conversar com as rapariguinhas ou rapazes às vezes no exterior e também no interior – na audiência – no sentido de os ouvir um pouco pois tudo era muito rápido.

Importa – aqui e agora – uma palavra sobre a própria evolução do Tribunal segundo a minha experiência:

Inicialmente era a Tutoria "Titoria" – a ideia que todos tínhamos, o ar de polícias e o sentimento de respeito/medo que definia aquele espaço. Sentia-se isso nos utentes e também nas suas próprias famílias – quer como um bem "ficas e aprende a ser um homem" – quer como uma revolta grande "não te preocupes que a gente tira-te de cá" ... (aqui não é a perspectiva mas o tom de voz ...; podem até treinar pois quanto mais vulgar melhor ...).

Quem vivia na zona de Cedofeita, por ali, sabia bem da sua existência.

Na altura da minha entrada, a já célebre Tutoria era designada por C.O. A.S. e o colégio mantinha o nome de Santo António.

O espaço envolvente foi sempre lindo mas as instalações foram melhoradas e ficou então um primeiro andar com muita graça e mesmo certo conforto.

Havia alguma familiaridade, as salas eram pequenas e mais acolhedoras – não havia ar de julgamento ...

Creio que por 1995, há nova alteração com a passagem dos Serviços Tutelares de Menores para o Instituto de Reinserção Social e, mais tarde, também se verifica o enquadramento no tribunal de Família e Menores, em Barão de Forrester.

Saliento estas passagens porque se vem caminhando num sentido de maior formalização do tribunal; agora o esquema pretende e exige a presença dos juízes sociais e as próprias decisões são tomadas em conjunto e com carácter formal – por exemplo reunir para deliberar e estabelecer a medida.

Agora reparem:

Imagine-se o quão lamentável se torna ter que adiar um julgamento porque o Sr. Juiz Social não compareceu, por exemplo; muitos ignoram este novo modo de proceder; às vezes de quatro só havia um presente ...

Por outro lado, este formalismo do sistema não quer necessariamente dizer que haja novo e diferente relacionamento entre Juiz e Juiz Social.

De facto, em cada um deles se verifica uma frequente mudança – como no caso dos magistrados (cada um de nós vai conhecendo diferentes ao longo dos anos), também os juízes sociais têm uma alternância que favorece o desencontro.

Por outro lado, não há qualquer ponto comum entre eles – apenas se juntam no acto de julgar – embora um tenha acompanhado a organização do processo, o seu estudo, possa mesmo conhecer o menor e a sua evolução, o outro só aparece naquela altura e pode até, se não se interessou, não ter a mínima ideia dos casos que vai apreciar.

Para atenuar um pouco o mal estar ... e salientar esta dificuldade real de comunicação, simbolicamente vou buscar o nosso amigo Reinaldo Ferreira:

Na tarde erramos (não de cometer erro mas sim de passear, de vaguear por aí ...)

«Na tarde erramos
Nós, tu e eu,
Mas três.
Tão sós que vamos
E não sou eu
Quem vês.»

...

«Melhor me fora
Que a outro assim
Levasses
E, longe embora,
Somente em mim
Pensasses.»

Importa – ainda e agora – salientar uma modificação qualitativa muito importante:

Trata-se da minha experiência na consulta de processos depois da passagem para o Instituto de Reinserção Social ou um pouco antes (não sei bem precisar...).

Começaram a aparecer em cada processo relatórios da Técnica de Serviço Social e do Psicólogo com um resumo ou relato muito bem elaborado, descrevendo situação inicial da criança e família, evolução, acompanhamento tido até então – etc – indo mesmo ao ponto de propor ou sugerir medidas relativamente ao futuro do menor.

Bastava, por isso, percorrer o processo mas agora à procura desses relatórios que definiam e localizavam bastante bem o essencial sobre cada um dos menores.

Agora vejam a ironia do destino ...

Tudo bastante melhor mas é também neste período que começa um novo fenómeno muito curioso:

Havia processos para apreciar, havia convocatórias, enfim havia tudo mas menores nem vê-los...! Deixaram de aparecer. Não exagero se disser que, em mais de dois terços das idas e depois de algum tempo de espera, voltámos pelo mesmo caminho. Rara e honrosa excepção quando o menor vinha num carro da polícia e aí coitado ... tinha que ficar (às vezes também de um ou de outro centro, como por exemplo de Vila do Conde).

Era ou foi um período mais difícil, com fugas de menores muito frequentes, repetidas e constantes e que por agora vai sendo objecto de medidas diferentes que não me compete analisar.

Instalou-se, então, o desânimo completo em alguns juízes sociais...

E o amor ardente e o nunca ser contente?

O nosso amigo Camões não desiste e lá continua (num lindíssimo soneto):

"Amor é um fogo que arde sem se ver,

é ferida que dói e não se sente;

é um contentamento descontente – (reparem bem nesta expressão)

é um contentamento descontente»

e mais adiante
"é um andar solitário entre a gente
é nunca contentar-se de contente ..."

Então em que ficamos?

Bem, de duas ... ... uma:

Ou verificamos que algo está mal nesta questão dos juízes sociais

(não se trata de uma crítica negativa ou de atribuição de culpas)
 – aparecem para decidir sem saber muito bem qual o enquadramento do caso
 – não têm relacionamento entre eles e tão pouco com os magistrados
 – não há, de verdade, comunicação fácil entre juiz e juiz social
 – o papel de um é demasiado apagado em relação ao outro, etc.

e então humildemente reconhecemos que o sistema – assim – não funciona e, portanto e na pior das hipóteses, acabamos com ele!

Até poderia acontecer que a figura de Juiz de menores – passando a ser preparada e vocacionada para isso, qualitativamente interessante e interessada por essa problemática – não necessitasse de qualquer outro apoio.

Ou então acreditamos que vale a pena implementar o sistema dentro de novas bases e vamos passar a lutar por ele:

Se assim for, teremos que recomeçar **quase tudo de novo**.

Não nos restará outra solução que não seja recorrer a Camões e a um último e não menos belo soneto seu (um pouco mais longo – mas descansem – será o último)

> "Sete anos de pastor Jacob servia
> Labão, pai de Raquel, serrana bela;
> mas não servia o pai, servia a ela,
> e a ela só por prémio pretendia.
>
> Os dias, na esperança de um só dia,
> passava, contentando-se com vê-la;
> porém o pai, usando de cautela,
> em lugar de Raquel lhe dava Lia."

O pai, muito mau, trocava-lhe as voltas – ou melhor trocava-lhe as filhas...

> "Vendo o triste pastor que com enganos
> lhe fora assi negada a sua pastora,
> como se a não tivera merecida,
>
> começa de servir outros sete anos,
> dizendo: «Mais servira, se não fora
> para tão longo amor tão curta a vida»."

Dado que reforça esta mesma ideia, contrariamente à minha promessa de início e a título excepcional, permitam-me ir buscar Almada Negreiros:

"Não deram resultado todas as esperanças que eu tinha posto no dia de hoje...
Mas amanhã, se Deus quiser, logo de manhã, muito cedinho, todas as esperanças começam – outra vez – à procura da minha vez."

De qualquer modo e seja qual for a fórmula encontrada, por mais pequeno que seja o seu papel – tratando-se de voltar a insistir na figura do Juiz Social, ela terá que ser valorizada e completamente remodelada. Ser voz do Povo ou voz da Sociedade sem voz ... não é NADA!

É que, como diz Reinaldo Ferreira num dos seus poemas – muito pequeno, tão pequeno que se intitula O PONTO

Mínimo sou.
Mas quando ao nada empresto a minha elementar realidade
O nada é só o resto!

Agradeço aos Responsáveis a oportunidade que me deram de participar neste Encontro e, sobretudo, de partilhar convosco esta minha **perspectiva**.

CONCLUSÕES

MARIA CLARA SOTTOMAYOR

Neste Encontro, de carácter interdisciplinar, em que participaram Juristas, Assistentes Sociais, especialistas na área da Medicina e da Psicologia, representantes de algumas instituições de acolhimento de crianças do Porto, fizemos uma reflexão e um debate sobre as crianças vítimas de maus tratos dentro da família, sobre as crianças institucionalizadas e o isolamento em que vivem e a forma como a lei, a sociedade e o sistema judicial lidam com estes problemas sociais. Concluo que todas estas questões reflectem uma cultura que menoriza as crianças em relação ao adulto. Estamos, não perante questões susceptíveis de serem resolvidas pela lei, mas perante questões culturais, que exigem uma evolução de mentalidade e a criação, por parte da sociedade civil, de uma *nova cultura da infância.* As crianças são pessoas. Mas não basta afirmá-lo, temos todos que o sentir no mais fundo de nós mesmos. Temos que nos interrogar: Quem somos nós? Que tipo de sociedade somos nós, que trata tão mal as suas crianças? A vitimização das crianças e o tratamento que o Estado dá a estas crianças resultam de uma responsabilidade social, colectiva e individual. A *empatia com o sofrimento das crianças,* o rompimento da opacidade e do silêncio, são essenciais para que a sociedade e o Estado assumam a sua responsabilidade. Nenhuma solução legal terá êxito, se o Estado não investir nas crianças, se os critérios políticos de distribuição de recursos não forem alterados, em prole das crianças, cuja integridade física e psíquica é mais importante para a sociedade do que a dos adultos. A agenda política sistematicamente faz declarações de direitos das crianças mas não cria as estruturas capazes de os tornar efectivos. É urgente a criação das Comissões de Crianças e Jovens em Perigo, na cidade do Porto, para que a comunidade se envolva no cuidado das suas crianças e para que estas não se sintam estigmatizadas pelo contacto com os Tribunais. As crianças e os jovens, como referiu, ontem, o Dr.º João Pedroso, precisam de uma *justiça de proximidade*, de uma *justiça doce*. É urgente o investimento em equipas multidisciplinares junto das instituições, que acompanhem as crianças e as suas famílias e que se responsabilizem pela definição do projecto de vida das crianças em perigo. É urgente a formação especializada dos juristas e dos técnicos de Segurança Social que participam nestes processos.

E como está o ensino do Direito nas Universidades? Continua a recorrer-se a métodos lógico-dedutivos, que eliminam a emotividade dos juristas em relação aos problemas psico-sociais, reduzindo o Direito a uma técnica fria e conceitual, que não tem em conta o sofrimento humano envolvido nas questões que dizem respeito às pessoas. E, depois, assistimos a decisões de magistrados que revelam uma total insensibilidade aos sentimentos e necessidades das crianças e que as tratam como se fossem objectos que se transferem de instituição em instituição, sem relações afectivas com ninguém. É preciso desconstruir a dogmática clássica, aparentemente neutra, para a substituir por uma concepção do direito baseada na protecção dos mais fracos.

A figura dos juízes sociais, como uma forma de participação dos cidadãos na administração da justiça de crianças e jovens, deve ser dignificada e dinamizada. E deixo um apelo: Tomemos as decisões em relação ao destino das crianças com o mesmo *cuidado* com que tomamos as decisões em relação aos nossos filhos.

Recentemente, descobrimos que a família, um lugar de refúgio, de afecto e de protecção perante a sociedade, pode ser um lugar de crime, e o lugar mais opressivo, em que o sofrimento é mais *silenciado*. Pensemos nas crianças vítimas de abuso sexual, na dificuldade que as famílias e a sociedade têm em denunciar estes crimes, devido à especial *reverência* prestada aos homens, numa sociedade patriarcal, de domínio masculino, em que as mulheres e as crianças não são consideradas pessoas mas objectos do poder do chefe de família masculino. Não esqueçamos que todos os estudos sobre abuso sexual de crianças chegam ao mesmo resultado: 97% dos abusadores sexuais de crianças, são homens, e 70% das vítimas, são do sexo feminino. É preciso ter a noção da história, de seis mil anos de patriarcado, para perceber como a raíz da criminalidade dentro da família contra as crianças é cultural, e na mudança de cultura, todos podemos e devemos participar. Criemos uma cultura que faça da criança o centro da família e da sociedade. Não protejamos a família com um manto de privacidade. Os maus tratos às crianças não são questões privadas mas públicas. E de acordo, com a máxima da teoria feminista do direito, *o que é privado é público e o que é pessoal é político.* O sistema patriarcal, não é imutável nem ahistórico, assim como teve um princípio terá o seu fim.

APONTAMENTOS À MARGEM DO ENCONTRO ...

ANA ISABEL FONSECA
LEONÍDIA COSTA FERNANDES[*]

ACERCA DA IDEIA ...

Este Encontro surgiu enquadrado no processo de elaboração das listas de Juízes Sociais para o Tribunal de Família e Menores do Porto, atribuição definida ao Município pela Lei n.º 156/78 de 30 de Junho.
Pretendeu-se com a sua organização:
- Contribuir para a reflexão sobre a problemática das crianças e jovens em perigo e sobre a função dos Juízes Sociais, relevando o papel da comunidade na justiça de crianças e jovens;
- Qualificar o processo de nomeação de candidatos a Juiz Social para o Tribunal de Família e Menores do Porto.

Convidaram-se as instituições e entidades da cidade que intervêm directa ou indirectamente com crianças e jovens, profissionais e estudantes de áreas afins, juízes sociais no activo, especialistas nas áreas do Direito, da Psicologia, da Medicina e representantes de instituições de acolhimento, para conjuntamente se "Cuidar" da Justiça de Crianças e Jovens.

Por forma a enriquecer a reflexão/debate, constou ainda do programa a representação da peça de teatro "A Cor da Morte", pela Companhia do Saco, com encenação de José Carretas e a *participação de crianças da Obra de Frei Gil* (Instituição de Acolhimento).

---

[*] Equipa Técnica C.M.P.

ACERCA DOS PARTICIPANTES ...

Participaram no Encontro 161 pessoas, das quais 84% eram mulheres e 16% homens, distribuídas pelas seguintes profissões

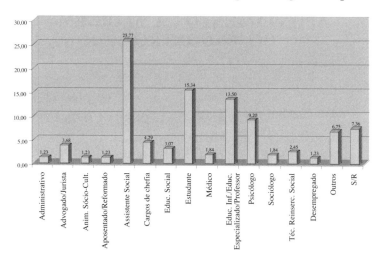

Fonte: Fichas de Inscrição/CMP – 2002

ACERCA DA AVALIAÇÃO DO ENCONTRO PELOS PARTICIPANTES ...

A avaliação do Encontro foi feita através do preenchimento de um pequeno questionário, sendo concretizada por 42 pessoas, constituindo 25% do universo total dos participantes.

O questionário propunha a classificação do Encontro, nos seus diferentes aspectos, numa escala de um a cinco, sendo um a classificação mais baixa e cinco a mais alta.

- Avaliação global do Encontro

    GRÁFICO 2 – **Avaliação global do Encontro**

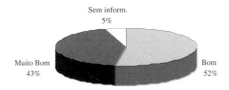

Fonte: Questionário de avaliação//CMP – 2002

- Contribuição para o reconhecimento das funções de juiz social

GRÁFICO 3 – **Grau de contribuição do Encontro para o reconhecimento da função de juiz social**

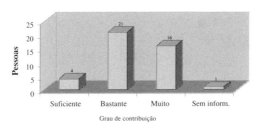

Fonte: Questionário de avaliação/CMP – 2002

- Enriquecimento dos conhecimentos sobre a problemática

    GRÁFICO 4 – **Grau de contribuição do Encontro para o conhecimento da problemática**

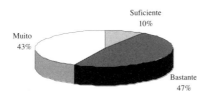

Fonte: Questionário de avaliação/CMP – 2002

- Interesse dos painéis temáticos face aos objectivos do Encontro

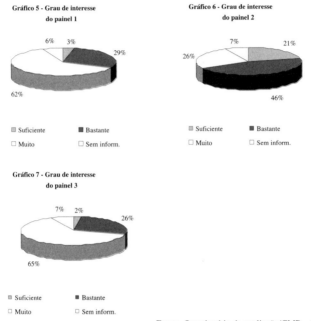

Fonte: Questionário de avaliação/CMP – 2002

Comparando o grau de interesse dos três painéis, destacam-se o primeiro "As crianças e os jovens em perigo, a família e a comunidade" e o terceiro "Os maus tratos infantis e a função do juiz social", relativamente ao segundo "A reforma do direito dos menores e a função do juiz social".

ACERCA DAS LISTAS DOS JUÍZES SOCIAIS ...

De acordo com a Lei n.º 156/78 de 30 de Junho, a lista de Juízes Sociais para o Tribunal de Família e Menores do Porto deveria conter um total de 120 candidatos.

A Câmara recorreu à cooperação de 243 entidades, públicas e privadas, "ligadas por qualquer forma à assistência, formação e educação de menores", para proporem candidatos e ainda a contactos individuais.

TABELA 1 – **Instituições contactadas e candidatos por tipo de proposta**

Candidatos			
Propostos pelas Instituições	Auto--propostos	Subtotal	Excluídos	Total
88	51	139	19[1]	120

Fonte: Listas de Juízes Sociais/CMP - 2003

ACERCA DOS CANDIDATOS A JUIZ SOCIAL ...

• Candidatos por Grupos etários

TABELA 2 – **Distribuição dos candidatos por grupos etários**

25-29	30-34	35-39	40-44	45-49	50-54	55-59	60-64	Total
13	14	18	21	24	19	19	11	139[3]

Fonte: Fichas de candidatura/CMP – 2003

• Candidatos por habilitações literárias

TABELA 3 – **Distribuição dos candidatos por habilitações literárias**

4.º Ano	6.º Ano	9.º Ano	12.º Ano	Curso Técnico	Bacharelato	Licenciatura	Mestrado	Doutoramento	Outros S/Inform.	Total
4	1	9	12	1	8	73	9	3	9[2]	10	139[3]

Fonte: Fichas de candidatura/CMP – 2003

---

[1] Candidatos excluídos por não cumprirem os requisitos da Lei, nomeadamente residir na área do município do respectivo tribunal e por incompatibilidade profissional.

[2] Inclui frequência de curso universitário.

[3] Comporta os 19 candidatos excluídos.

Relativamente às profissões constata-se que as profissões mais comuns são professor (25%) e serviço social (14,4%), seguindo-se-lhes os reformados (7,2%).

Refira-se ainda que cinco dos candidatos eram juízes sociais no activo e pretendiam continuar a exercer as funções.

ACERCA DA JUSTIÇA DE CRIANÇAS E JOVENS ...

Conscientes de que este foi apenas um passo do longo e longínquo processo da **PROMOÇÃO DOS DIREITOS DA CRIANÇA**, julga-se ter contribuído para a divulgação e valoração da função do juiz social no *Cuidar da Justiça de Crianças e Jovens* e concomitantemente para o debate em causa.

ÍNDICE GERAL

Discurso de Abertura – Prof. Doutor Francisco Carvalho Guerra 1

Discurso de Abertura – Dr. Rui Rio 3

O Poder Paternal como Cuidado Parental e os Direitos da Criança – Maria Clara Sottomayor 9

Paredes de pele, muros de pedra – Milice Ribeiro dos Santos 65

Olhando à nossa volta – Ana Luísa Coutinho 83

Apresentação do projecto de apoio à família e à criança – Maria José Gamboa 89

Antes que seja tarde... – Maria da Luz Silva 107

Instituto de Reinserção Social – Centro Educativo de Santo António – Rui Bahia 117

Seminário dos Meninos Desamparados – Centro Juvenil de Campanhã – 188 anos ao serviço das crianças mais desfavorecidas – Fausto Ferreira 127

A reforma do direito dos menores: do modelo de protecção ao modelo educativo — Rui Assis 135

O processo tutelar educativo e as funções dos juízes sociais – Eliana Gersão 149

O juiz social – entre necessidades de socialização e pressões de defesa social – António Carlos Duarte-Fonseca 161

A intervenção médico-legal em casos de maus tratos em crianças e jovens – Teresa Magalhães 175

Crimes sexuais contra crianças e jovens – MARIA DA CONCEIÇÃO FERREIRA DA CUNHA 189

Quando as portas do medo se abrem... Do impacto psicológico ao(s) testemunho(s) de crianças vítimas de abuso sexual – CELINA MANITA 229

Intervenção da Câmara Municipal do Porto no Processo de Nomeação de Juízes Sociais para o Tribunal de Família e Menores do Porto – LUÍS MESQUITA 255

A decisão no processo de promoção e protecção – CARLOS JORGE PORTELA 263

O olhar de um "Juiz Social" – DULCE GUIMARÃES 271

Tudo ou quase tudo é uma questão de perspectiva ... – MANUEL NUNES DE FARIA 277

Conclusões – MARIA CLARA SOTTOMAYOR 287

Apontamentos à margem do Encontro ... – ANA ISABEL FONSECA, LEONÍDIA COSTA FERNANDES 291